Sammlung Vandenhoeck

V&R

Wehrmacht und Vernichtungspolitik

Militär im nationalsozialistischen System

Herausgegeben von
Karl Heinrich Pohl

Vandenhoeck & Ruprecht

Umschlagbild:
Erntearbeiten unter Bewachung
(Rußland-Nord, September 1941)
mit freundlicher Genehmigung des Bundesarchivs Koblenz
(Signatur 212/220/8A)

Die Deutsche Bibliothek – CIP-Einheitsaufnahme

Wehrmacht und Vernichtungspolitik:
Militär im nationalsozialistischen System /
hrsg. von Karl Heinrich Pohl. –
Göttingen : Vandenhoeck und Ruprecht, 1999
(Sammlung Vandenhoeck)
ISBN 3-525-01382-5

Satz: Satzspiegel, Nörten-Hardenberg.
Druck- und Bindearbeiten: Hubert & Co., Göttingen.

Inhalt

Vorwort

Wo auch immer in den letzten Jahren die Ausstellung des Hamburger Instituts für Sozialforschung »Vernichtungskrieg. Verbrechen der Wehrmacht 1941 bis 1944« gezeigt wurde, erhielten die Themen »Nationalsozialistische Vernichtungspolitik« und »Kriegführung der Wehrmacht« alsbald eine enorme öffentliche Brisanz, erreichten breite Kreise der Bevölkerung und wurden aus dem Getto der rein wissenschaftlichen, der akademischen Diskussionen herausgeholt. Wichtig war dabei vor allem, daß durch die Ausstellung auch viele Menschen angesprochen wurden, die sich bis dahin mit diesem Teil ihrer Vergangenheit noch niemals so intensiv beschäftigt hatten. Über 70.000 Besucher allein im Kieler Landeshaus, in dem die Ausstellung vom 8. Januar bis zum 14. Februar 1999 gezeigt worden ist, belegen dieses breite Interesse in eindrücklicher Weise.

Die Ausstellung polarisierte. Sie eröffnete aber auch überall die Chance zu Diskussionen. Darüber hinaus gab und gibt sie der Geschichtswissenschaft nach über fünfzigjähriger – von einer breiten Öffentlichkeit kaum wahrgenommenen – wissenschaftlichen Forschungstätigkeit die Chance, ein offenes, aufgewühltes und interessiertes breites Publikum, das nach mehr Erkenntnissen, tieferem Wissen, kurzum nach mehr Informationen verlangt, endlich mit ihren Forschungsergebnissen vertraut machen zu können. Zugleich aber blieben und bleiben die Fronten zwischen denjenigen, die bereit sind, sich diesem Kapitel der deutschen Vergangenheit mit offenen Augen erneut oder immer noch zu stellen, und denjenigen, die die rationale Auseinandersetzung (noch) verweigern, trotz dieser Ausstellung immer noch sehr tief.

Im Zusammenhang mit diesem Spannungsfeld und im Rahmen eines umfangreichen Begleitprogramms, das vom Landesverband der Volkshochschulen in Schleswig-Holstein und dem Bildungswerk »Anders lernen« (Heinrich-Böll-Stiftung) zur

Hamburger Ausstellung organisiert wurde, ist auch die Vortrags- und Diskussionsreihe zu sehen, die vom Kulturwissenschaftlichen Institut der Erziehungswissenschaftlichen Fakultät der Christian-Albrechts-Universität zu Kiel im Januar und Februar 1999 veranstaltet wurde. Zum einen wollte die Vortragsreihe, die einen außergewöhnlichen Besucherzuspruch verzeichnete, die Ausstellung historisch-wissenschaftlich begleiten, gewissermaßen fachwissenschaftlich »fundieren«. Andererseits beabsichtigte sie auch, die erregte und sehr emotionale öffentliche Diskussion über die Ausstellung aufzunehmen, um vor diesem Hintergrund den Stand der Forschung zum Thema Militär, Vernichtungskrieg und Nationalsozialismus partiell vorzustellen. Dies sollte »versachlichend« wirken. Ziel war es, auf diesem Wege öffentliches Geschichtsbewußtsein mitzugestalten und dies nicht nur den Medien zu überlassen.

Die Vorträge bezogen sich daher nicht nur direkt auf die Ausstellung und ihre eher enge Fragestellung, sondern sie wollten zugleich die generelle Problematik der nationalsozialistischen Vernichtungspolitik aufgreifen. Deutlich wird dabei, daß trotz einer Fülle von verdienstvollen Studien wesentliche Elemente der nationalsozialistischen Politik nach wie vor noch weiterer Untersuchungen bedürfen und vor allem auch, daß noch eine Reihe von empirischen Studien nötig sind, um das gesamte Ausmaß des nationalsozialistischen Terrors (einschließlich der Wehrmachtsverbrechen) im Osten sichtbar zu machen.

Die Beiträge des Sammelbandes sind also einem wissenschaftlichen und zugleich einem pädagogisch-aufklärerischen Ziel verpflichtet. Sie beleuchten die Thematik auf jeweils ganz verschiedene Weise. Jochen-Christoph Kaiser fragt etwa nach dem Verhältnis des Protestantismus zu Krieg, Militär und Nationalsozialismus. Andere Beiträge wiederum gehen direkt auf die Rolle der Wehrmacht im Vernichtungskrieg ein, zeigen den Stand der Forschung und geben Hinweise auf neuere Forschungsfelder wie die von Thomas Sandkühler und Christian Gerlach über »Die Täter des Holocaust« und »Die Verbrechen der Fronttruppen in Weißrußland«. Peter Steinbach wiederum analysiert die brisante Mischung von »Krieg, Verbrechen und Widerstand« und damit die gesamte Spannbreite militärischen Handelns. Hans-Walter Schmuhl erinnert an »Vergessene Opfer« und weist damit auf neue Forschungsfelder. Karl Heinrich Pohl schließlich bezieht sich direkt auf die Ausstellung »Vernichtungskrieg« und setzt sich vor allem mit ihren Wirkungen auf die Besucher auseinander.

Der Sammelband will – wie erwähnt – der historischen Wissenschaft und zugleich der politischen Aufklärung dienen. Daß diese Zielsetzung auch praktisch umgesetzt werden konnte, ist vor allem dem AStA der Christian-Albrechts-Universität zu Kiel und der Landeszentrale für Politische Bildung in Schleswig-Holstein zu verdanken, die die Vortragsreihe mitgetragen haben. Den Referenten danke ich, daß sie bereit waren, innerhalb kürzester Zeit ihre überarbeiteten mündlichen Beiträge zur schriftlichen Publikation zur Verfügung zu stellen. Michael Peters hat in bewährter Art und Weise die Manuskriptgestaltung betreut, auch dafür herzlichen Dank.

Kiel, im März 1999 Karl Heinrich Pohl

Peter Steinbach

Krieg, Verbrechen, Widerstand

Die deutsche Wehrmacht im NS-Staat zwischen Kooperation und Konfrontation

Das Thema berührt einen heute besonders umstrittenen geschichtspolitischen Bereich, der auch mehr als fünfzig Jahre nach dem Ende des Krieges immer noch eng mit eigenen, mit familiengeschichtlichen und lebenshistorischen Fragen verknüpft ist. Denn Eltern und Großeltern erzählen bis heute von Krieg und Bombenangriffen und müssen sich immer wieder Rechenschaft ablegen über ihr Verhalten – und keineswegs nur Erleiden – im nationalsozialistischen Deutschland. Zur Deutung der Zusammenhänge zwischen Krieg und Leiden, Verfolgung, Anpassung und Verbrechen nach 1939 und vor 1945 haben ganz sicherlich viele Menschen ein eigenes Urteil. Wehrmacht als zeitgeschichtliches Thema interessiert deshalb fast alle. Nicht ganz so stark ist die Aufmerksamkeit, die die Frage nach dem Widerstand von Militärs findet. Wenn man jedoch fragen würde, was vom militärischen Widerstand im Dritten Reich oder auch vom Erliegen der Wehrmacht gegenüber dem Nationalsozialismus zu halten sei, haben die meisten ganz klare Meinungen und relativ feste Positionen. Manche werden denken, der soldatische Widerstand kam zu spät, er gilt als ein Widerstand der letzten Stunde. Vielleicht gibt es auch noch den einen oder anderen, der sagen würde, daß dieser Widerstand eigentlich unbotmäßig, ja sogar Verrat gewesen sei.

Mein Beitrag soll einen weiten Bogen schlagen, um deutlich zu machen, weshalb sich heute selbst die Bundeswehr sehr positiv, sehr produktiv mit dem Widerstand gegen den Nationalsozialismus auseinandersetzen kann – und tatsächlich auch auseinandersetzt. Das ist keine Selbstverständlichkeit. Ich gestehe zugleich, daß ich bei der Vorbereitung dieses Beitrags mehrere Anläufe unternehmen mußte. Denn fremd ist mir – dem eingefleischten Zivilisten – das Moralgefüge des Soldaten. Zu fremd sind mir – dem Ungedienten – die Zusammenhänge zwischen Befehl und Gehorsam, zwischen Eid und Verpflichtung, zwischen dem soldatischen Gelöbnis und der soldatischen Bereitschaft zum Einsatz des Lebens. Zu fremd sind mir schließlich auch die Umstände und die Voraussetzung militärischer Tapferkeit.

Ich gestehe aber auch, daß ich keine Probleme habe, mich zu Grundfragen eines Widerstandes zu äußern, der nicht nur höhere Militärs berührt, sondern auch einfache Soldaten. Denn seit dem Anschlag auf Adolf Hitler sind der Unterschied und die Differenz zwischen dem soldatischen Widerstand und dem Widerstand von Zivilisten – Carl Goerdeler, auch Ludwig Beck waren damals Zivilisten – weitgehend aufgehoben. Das mag vielleicht überraschen, denn alle Jahre wieder, am 20. Juli, hat man das Gefühl, wir feiern einen militärischen Aufstandsversuch. Der republikanische Politiker Franz Schönhuber sprach als Wahlkämpfer sogar von einem Militärputsch. Aber wenn wir ganz genau hinschauen, dann sehen wir, daß die Militärs bei diesem Umsturzversuch nur den ersten Schritt gehen wollten. Sie wollten, wie Hans Mommsen betont hat,[1] »die Politik« wieder in ihr Recht einsetzen, also die »Politikfähigkeit« des Deutschen Reiches herstellen; sie wollten durch die Beseitigung Hitlers politische Entwicklungen erst wieder möglich machen. Claus Schenk Graf von Stauffenberg wollte nicht Kriegsminister oder Verteidigungsminister werden, sondern hätte sich mit einem relativ weit zurückgezogenen Posten bewußt begnügt.

Hier wird deutlich, daß im Umsturzversuch des 20. Juli zum ersten Mal so etwas wie eine freiwillige Unterwerfung der Militärs unter die Politik zu erahnen ist. Das macht den Widerstand, den Umkreis des 20. Juli, auch für die heutige Bundeswehr traditionsfähig.[2] Das war allerdings nicht immer so. Die Deutschen haben sich nach 1945 sehr schwer getan, den Widerstand anzuerkennen. Es gab Soldaten, die 1955 bis weit in die 60er Jahre unter ihrem Namen gelitten haben, weil sie einen Namen trugen, den andere Soldaten mit dem 20. Juli in Verbindung brachten – und äußerst negativ beurteilten. Das hat sich erst in den achtziger Jahren geändert.

Die Ausstellung »Vernichtungskrieg. Verbrechen der Wehrmacht 1941–1944« macht insbesondere in den Kontroversen, die sie entfacht hat, deutlich, daß wir uns weiterhin sehr schwer tun, die Wehrmacht als Teil eines Unrechtsregimes zu bewerten und folglich militärische Regimegegner und Deserteure als ehrenwerte Zeitgenossen des Dritten Reiches anzuerkennen. Vielleicht haben viele für ihren ganz persönlichen Teil keine Probleme damit, sich vorzustellen, daß die deutsche Wehrmacht bei dem, was wir die Realisierung nationalsozialistischer Gewaltverbrechen nannten, eine wichtige Rolle spielte. Manche der Schwierigkeiten, die wir immer wieder in der Bewertung dieser Ausstellung artikulieren, mögen schlicht damit zusammenhängen, daß wir uns nicht klarmachen, welchen Stellenwert die Wehrmacht im Herrschaftsgefüge des Dritten Reiches und bei der Realisierung nationalsozialistischer Gewaltpolitik hatte.

Es geht also nicht darum – das wollen auch die Ausstellungsmacher nicht –, jeden Uniformträger gleichsam zum Verbrecher zu erklären, sondern es kommt darauf an, daß man sich in der Auseinandersetzung mit dieser Ausstellung klarmacht, welche Rolle in diesem diktatorisch-nationalsozialistischen System die Wehrmacht gespielt hat. Der Streit um die Ausstellung hat sehr viel mit unserer eigenen Konditionierung zu tun und relativ wenig – und im Zeitablauf immer weniger – mit der realen Geschichte. Dieser Streit, der immer wieder neu ausbricht, ist verständlich. Denn während der Jahre 1933 bis 1945 gehörten mehr als 18 Millionen Deutsche einer bewaffneten Macht an, die von der nationalsozialistischen Führung zu einem Instrument rassenideologisch begründeter Herrschaftspläne gemacht wurde.

Nach ihrer persönlichen Überzeugung hatten die meisten deutschen Soldaten ihr Leben für die Verteidigung des Reiches, der Heimat – wie sie sagten –, eingesetzt. Deshalb waren manche geneigt, der nationalsozialistischen Propaganda – »seit 5.45 Uhr wird zurückgeschossen«[3] – zu glauben. Sie nahmen es für bare Münze, daß mit dem Angriff auf die Sowjetunion die deutsche Wehrmacht eigentlich nur einem Angriff der Roten Armee zuvorgekommen sei.[4] Sie waren bereit zu glauben, daß Deutschland der Krieg von der britischen und von der französischen Regierung erklärt und vom amerikanischen Präsidenten Roosevelt geradezu aufgezwungen worden sei. Alles das sind Argumente, die wir in öffentlichen Debatten immer wieder finden und die zeigen, wie lange Elemente nationalsozialistischer Propaganda nachwirken.

Es ist verständlich, daß man in der Generation von Wehrmachtssoldaten solchen Argumenten gern folgte. Bis heute finden wir sie auch in der fälschlich als revisionistisch bezeichneten Literatur jener, die sich weiterhin in diese Lebenslügen einer Weltkriegsgeneration flüchten und die nicht selten die Rechtfertigungsschriften hoher Militärs willig akzeptiert haben. Es muß uns, den Nachlebenden, bewußt werden, daß unser Bild vom Krieg in der schriftlichen Form zu einem ganz erheblichen Teil durch Erinnerungen hoher Militärs bestimmt wird. An dieser Stelle setzt die Ausstellung an und hält eine ganz andere und deshalb schockierende Perspektive dagegen. Sie konfrontiert den Betrachter mit Verbrechen, die das Bild von der Wehrmacht nachhaltig irritieren werden.

Hinzu kamen weitere Erklärungen des Verhaltens von Soldaten nach 1939. So wurde behauptet, daß die Wehrmacht auch der Ort der inneren Emigration gewesen sei. Soldaten seien »sauber« geblieben und hätten sich immer an den Regeln des Völkerrechts orientiert und vor allem seit 1944 in der Verteidigung des Heimatgebietes eine entscheidende Motivation für den Durchhaltewillen bewiesen. Das war z. B. die Argumentation von Andreas Hillgruber.[5] Diese Argumentation ist insofern nicht einmal völlig falsch, als Hillgruber in die Köpfe der Soldaten schauen und deren Verhalten in den letzten Kriegsmonaten erklären wollte, aber das Denken dieser Soldaten nicht objektivierte. Er sagte, die Wehrmachtsangehörigen hätten *gedacht*, daß sie durch ihren Einsatz – etwa in Kurland, in Schlesien, an der Oderfront oder in Polen auf dem Rückzug – die Räumung der Gebiete und die Flucht der deutschen Zivilbevölkerung ermöglicht oder zumindest erleichtert hätten. Hillgruber behauptete hingegen nicht, daß dies tatsächlich so gewesen sei. In der Tat: Es muß geklärt werden, was die Menschen damals bewegte zu tun, was sie taten, welche Motive sie antrieben. Aber es muß auch sichergestellt werden, daß nicht jede innere Regung als Ausdruck der Realität genommen wird.

Kennzeichen aller dieser Argumente, die ich erwähnt habe, ist der Versuch, die Kriegsereignisse von den Zielen der NS-Führung zu trennen. Das ist der didaktische Kunstgriff dieser Argumentation. Er wurde allerdings auf seiten der militärischen Gegner Deutschlands nicht akzeptiert. Für sie blieb nicht fraglich, daß die deutsche Führung einen Angriffskrieg vorbereitet und sich dabei auf die militärische Führung gestützt hatte. Und es wurde natürlich über Kriegsverbrechen verhandelt, die während des Krieges unter Bruch des Völkerrechts verübt worden waren. Kriegsverbrechen waren nicht deckungsgleich mit »Verbrechen gegen die Menschlichkeit« – der Übergang konnte aber fließend sein.

Für die von der deutschen Wehrmacht angegriffenen und militärisch besetzten europäischen Staaten stellte sich die Zeit des Zweiten Weltkrieges in der Tat ganz anders dar. Überfallartig, sagten sie, seien deutsche Truppen eingefallen, unterstützt von den modernsten Waffen, die jede Unterscheidung zwischen Hauptkampflinie und Heimatgebiet aufhoben. Von Anbeginn habe sich der Kampf auch gegen die Zivilbevölkerung, vor allem gegen jüdische Bevölkerungsteile, gerichtet. Die nichtjüdische Bevölkerung der von den Nationalsozialisten unterworfenen Staaten wurde nicht nur in die Kampfhandlung verwickelt, sondern vor allem auch einer drückenden Besatzungsherrschaft ausgesetzt, die auf Verschleppung, Ausbeutung und systematische Benachteiligung etwa durch die Verweigerung einer fundamentalen schulischen Bildung setzte. Arbeitskräfte wurden zwangsweise rekrutiert, Juden deportiert, das Wirtschaftssystem der besiegten Völker ausgenutzt und oftmals zum Instrument der deutschen Kriegswirtschaft gemacht.

Christian Gerlach[6] hat ebenso wie andere jüngere Erforscher der nationalsozialistischen Vernichtungspolitik und -praxis deutlich machen können, welcher Zusammenhang zwischen Ernährungspolitik der Nationalsozialisten und ihrer Kriegführung bestand. Die deutsche Wehrmacht, die sich aus den besetzten Gebieten ernährte, reduzierte automatisch die Lebenschancen der dort lebenden Bevölkerung. Die Frage ist nur, ob der militärischen Führung klar war, daß sie mit der Anordnung, sich aus dem Land zu ernähren, den Tod von vielen Millionen Menschen in Kauf nahm. In dem Moment, in dem eine Armee sich aus einem besetzten Gebiet versorgt, schmälert sie die Lebenschancen der dort ansässigen Menschen und überschreitet die Grenze, die Kriegsrecht von schlichtem Unrecht trennt. Die Frage war, inwieweit von seiten der Führung dennoch Rücksicht auf die allgemeine Ernährungslage genommen wurde, inwieweit der Kampf gegen Partisanen (man sprach von »Banden« auf deutscher Seite) ebenso bewußt wie bereitwillig mit dem Völkermord an Juden, Sinti und Roma verknüpft worden war oder in die Dezimierung der »slawischen Zivilbevölkerung« mündete.

Die militärische Vorherrschaft der Deutschen in Europa war eine grundlegende und entscheidende Voraussetzung für eine Ausbeutungspolitik, die – und das gilt es, besonders hervorzuheben – ihren Garanten in der Wehrmacht hatte. Zunehmend wurden die deutschen Kriegsbestrebungen, die in der Kontinuität des Kampfes um den Einfluß auf die Mitte Europas gesehen werden müssen, von einer weitergehenden Weltherrschaftsdoktrin überlagert. Diese Pläne fanden ihren sinnfälligsten Ausdruck im Generalplan Ost, einem Entwurf aus dem Umkreis Heinrich Himmlers, den wir inzwischen auch präziser bewerten können.[7] Es ging dort nicht nur um die Errichtung eines Ostimperiums, sondern es ging vor allen Dingen um Ausbeutung, Unterwerfung und Vernichtung der Bevölkerung im Wege einer Politik der »ethnischen Flurbereinigung«.

Das heißt: Der Krieg, den die Wehrmacht im Osten führte, sollte die Voraussetzung dafür schaffen, daß die ethnischen Vermengungen – also das Neben- und Miteinander von Polen, Letten, Deutschen, Rumänen und Ungarn – aufgelöst wurden. Wenige Wochen nach dem Ende des Angriffskrieges gegen Polen setzte bereits eine breite Umsiedlung von Zigtausenden ein. Polen und Juden wurden aus dem Warthegau sehr schnell deportiert, um Bessarabiendeutsche, Baltikumsdeutsche und andere möglichst schnell aufnehmen zu können. Das ist gewissermaßen die sichtbare Folge dieses Krieges gewesen. Es waren in Deutschland sowie in den besetzten Gebieten Hunderttausende buchstäblich auf Achse. Deutsche wußten, daß sie im Warthegau unterkommen konnten. Polen hofften, daß sie im Generalgouvernement unterkämen, und Juden wußten nicht, daß sie letztlich im Generalgouvernement ermordet werden sollten. Allerdings erschöpfte sich die Politik der »ethnischen Säuberung« keineswegs in bevölkerungspolitischen Maßnahmen, sondern hatte immer eine auf die Vernichtung des europäischen Judentums zielende Intention.

Im Generalgouvernement wurden seit Anfang 1940 große Gettos eingerichtet, ohne zu klären, wie die Ernährung der Bevölkerung in diesen bald hermetisch abgegrenzten Bezirken sichergestellt werden konnte. Innerhalb der Reichsführung und des Oberkommandos der Wehrmacht gab es Kontroversen über die Vorgehensweise bei der Behandlung der Bevölkerung in den Gettos. Einige plädierten dafür, sie verhungern zu lassen und das »Problem« auf diese Weise loszuwerden. Andere wollten die Arbeitskraft der Gettoisierten nutzen, die Gettos »produktiv« einsetzen und Fabriken errichten. Und dritten kam es wiederum nur darauf an, die Deportierten auszuplündern und so die Einrichtung der Gettos zu finanzieren. All diese Konzepte standen nebeneinander. Ermöglicht wurde die Realisierung, weil im Vorfeld dieses großen ethnischen Experimentierfelds die Wehrmacht stand und die nationalsozialistische Rassenpraxis ermöglichte, also: weil die Fronten hielten. Das meinte der ehemalige deutsche Sozialminister Norbert Blüm, als er vor einigen Jahren betonte, ohne die Rolle der Wehrmacht sei auch die Vernichtungspolitik der Nationalsozialisten nicht denkbar gewesen.[8]

Hinzu kommt allerdings – und damit gehe ich weit zurück –, daß dieser Generalplan Ost eigentlich in den Köpfen der Zeitgenossen seit langer Zeit angelegt war. Hitler hatte bereits im Februar 1933 vor der Reichswehrführung das Ziel verkündet, im Osten Lebensraum erobern zu wollen. Seit Ende 1937 war keinem hohen Militär mehr verborgen geblieben, daß Deutschland sich für einen Waffengang rüstete, der nur noch als Angriffskrieg zu deuten war.[9] Generaloberst Ludwig Beck zog aus seiner Einsicht Konsequenzen: Er forderte seine Kameraden in der militärischen Führung zum kollektiven Rücktritt auf. Sein Appell blieb ohne jede Resonanz. Beck war der einzige, der zurücktrat. Die Tragödie des Widerstandes ist, gerade durch diesen Rücktritt die Intensivierung des nationalsozialistischen Zugriffs auf das Militär erleichtert zu haben.[10]

In der Folgezeit, nach dem Rücktritt von Beck, wurden im Generalstab Aufmarsch- und Angriffspläne aufgestellt, deren Ziele durch Hitler immer weiter gesteckt wurden. Ging es zunächst um die Realisierung einer Korrektur der Versailler Friedensordnung durch eine von Deutschland vorangetriebene Remilitarisierung des Rheinlandes, später um die Revision der deutschen Ostgrenzen und um den Anschluß Österreichs, so war es spätestens seit 1938 nicht mehr zweifelhaft, daß die deutsche Regierung die Auseinandersetzung um die Vorherrschaft in der Mitte Europas als Voraussetzung für die geplante Ostexpansion suchte. Die »Resttschechei« war zu besetzen, dann Polen anzugreifen, und danach stand der Weg in die militärische Expansion in den Osten offen.

Ende Januar 1939 drohte Hitler im Reichstag für den Fall eines Krieges auch dem europäischen Judentum schlimmste Konsequenzen an,[11] im übrigen nicht in einer Geheimrede, sondern in einer Rede, die im Reichstag gehalten und oftmals zitiert wurde. Kernsätze fand man sogar in deutschen Standesämtern als Wandschmuck. Die nationalsozialistische Führung operierte also immer mit der militärischen Drohung, die über die eigenen Grenzen und Eigengesetzlichkeiten des Militärischen hinausging. Der Krieg um die Vorherrschaft in Europa war für die Nationalsozialisten immer ein Rassenkrieg – das ist der Kern des sich oft so persönlich äußernden Schmerzes, den die Hamburger Wehrmachtsausstellung meines Erachtens trifft –, er wurde von Anfang an als Weltanschauungskrieg legitimiert. Der Rassenkampf als Weltanschauungskrieg, Vermengung von Judentum und Bolschewismus, von Gegenwartsfurcht und Zukunftsangst – im Grunde ist hier die Verwirrung aller ethischen Begriffe zu greifen, die Bonhoeffer einmal als »Maskerade des Bösen« bezeichnet hat. Erst im Rückblick erkennen wir den systematisch vorbereiteten Verblendungszusammenhang. Und weil dies so ungeheuerlich zu sein und sich überhaupt nicht mit dem Respekt vor manchen Angehörigen zu verbinden scheint, kommt uns die selbstverständlichste aller Verknüpfungen des militärischen Konflikts mit rassenideologischen Zielen und rassenpolitischer Praxis heute so überraschend vor.

Es gilt sich zu vergegenwärtigen, daß der »Kreuzzug gegen den Bolschewismus« in der damaligen politischen Kultur der Deutschen angelegt war. Es war nicht nur Hitler, der davon phantasierte und damit seine Verhaltensweise rechtfertigte. Es war etwa auch die katholische Kirche, die ganz deutlich in zentralen Äußerungen der Bischöfe zum Krieg gegen den Bolschewismus aufrief.[12] Man stellte sich nicht vor, wie dieser Krieg geführt wurde. Aber man wollte ihn, da es gewissermaßen um das angebliche Sein oder Nichtsein des Abendlandes ging. Das war der Schlüsselbegriff. Der Bolschewismus galt faktisch als Ausdruck einer Gefährdung des christlichen Abendlandes. An dieser Stelle finden wir schon sehr viele semantische Übereinstimmungen und Verwerfungen, die uns deutlich machen, daß die Nationalsozialisten durch ihre Propaganda in den Köpfen Vorstellungen zum Tragen brachten, die andere schon vorbereitet und angelegt hatten. Kam es im August 1939 auch zu einem Vertrag mit Stalin, so wurde seit dem Überfall auf die Sowjetunion deutlich, daß der Krieg endgültig zum totalen Weltanschauungskrieg geworden war. Als Goebbels im Berliner Sportpalast Anfang 1943 den totalen Krieg beschwor, drückte er nur etwas aus, was es längst gab.

Von vornherein stand fest, daß der Krieg auch eugenische Maßnahmen, etwa die Ermordung von Geisteskranken, legitimieren sollte. Das ist der einzige schriftlich beweisbare Vernichtungszusammenhang zwischen Krieg und Lebensvernichtung: Hitler datierte im September auf einem Privatschreiben eine Anweisung zurück auf den Tag des Kriegsbeginnes, in dem er anordnete, die deutschen geisteskranken Kinder auszusondern und zu töten.[13] Das führte zwar zu Protesten, aber entsprach auch manchen Vorstellungen, welche die Deutschen in der damaligen Zeit hatten. Übrigens nicht nur die Deutschen, wir finden eugenische Vorstellungen auch in Skandinavien, Großbritannien und in den USA. Ich habe zuweilen den Eindruck, wir sind bis heute noch nicht an dem Punkt angelangt, der gestattet, menschliches Leben vorbehaltlos zu bejahen. Das zeigt die Debatte über Thesen des australischen Philosophen Singer und seine Vorstellungen vom Lebenswert eines Menschen und vom Wert seines Lebens. Und manchmal ahne ich: Die einzige Bevölkerungsbefragung, die wir uns bis heute nicht leisten könnten, wäre die Frage nach dem Umgang mit Geisteskranken vor dem Hintergrund wirtschaftlicher Schwierigkeiten oder Schwierigkeiten etwa der Krankenhausfinanzierung.

Weiterhin sollte die militärische Expansion mit einer systematisch betriebenen Verschiebung von ganzen Bevölkerungsgruppen oder von Volksgruppen einhergehen.[14] Auch die Verwirklichung dieser Pläne hatte die militärische deutsche Vorherrschaft zur Voraussetzung. Mit dem Angriff der deutschen Wehrmacht auf Polen im September 1939 begann somit ein Krieg, den die Deutschen nicht mehr nur um die Vorherrschaft in Europa oder ihre Beteiligung an der Weltherrschaft führten, sondern es ging um einen Umbau Europas, um eine Verschiebung ganzer Völker, um radikale Maßnahmen, die nicht selten umschrieben wurden. Endlösung konnte doch nur – wie Eingeweihte und Zeugen von Übergriffen wußten – Völkermord bedeuten. Diejenigen, die diesen Begriff in der Zeit nach 1940 verwendeten, wußten, daß Mord gemeint war.

Der Gerichtsbarkeitserlaß[15] bezeichnete nicht den Versuch, Gerichtsbarkeit herzustellen, sondern er bezeichnete gerade den Versuch, Verbrechen straflos zu stellen. Der Kommissarbefehl[16] war die Anweisung zu einem politisch motivierten Gruppenmord, in dessen Schatten sich andere Verbrechen auch gleichzeitig noch vollziehen konnten.[17] Dies ist der Kern des Problems. Denn Völkermord, Endlösung, Sonderbehandlung, Gerichtsbarkeitserlaß, Kommissarbefehl hatten zur Voraussetzung, daß mit Hilfe der bewaffneten Macht die Deutschen ein Herrschaftsgebiet erobert hatten, in dem sie diese Ziele durchsetzen konnten.

Nun wird sehr oft behauptet, daß man als Soldat mit den in den beiden zentralen Erlassen verwendeten Begriffen nichts verbinden konnte oder daß man die Befehle, etwa den Gerichtsbarkeitserlaß und den Kommissarbefehl, nicht einmal kannte. Er soll nur mündlich weitergegeben worden sein, und manche Kommandeure haben glaubwürdig erklärt, daß sie diesen Befehl nicht weitergegeben hätten. Das Problem dieser Begriffe liegt allerdings in der bewußten Vermischung von Aktivitäten, Zielen und Zukunftsvorstellungen. Alle diese Begriffe dienten im Grunde dazu, daß eine Wirklichkeit des Krieges systematisch verzeichnet wurde. Sie sollten keinen Sachverhalt schildern, sondern einen Sachverhalt bis zur Unkenntlichkeit undeutlich machen: Maskerade des Bösen – ganz konkret. Nur diejenigen, die in die unmittelbaren Mordaktionen verknüpft waren – als Soldat konnte man zufällig und nicht selten blitzschnell beteiligt werden – wußten in etwa, was damit gemeint war. Diese zufälligen Beteiligungen sind dann im Zusammenhang mit den Prozessen gegen nationalsozialistische Gewalttäter relativ präzise erforscht worden.

Ich will jetzt nicht Kompanien erwähnen, die an Tötungsaktionen beteiligt gewesen sein mußten und auch beteiligt waren und die dann, als die Staatsanwälte in den sechziger Jahren ermittelten, geschlossen krank gewesen sein wollten. Ich will auch nicht berichten von den normalen Soldaten, die mit Lastwagen voller Munition nach Osten fahren mußten und plötzlich angehalten wurden, den Befehl bekamen, ihre Wagen abzuladen und Menschen zu Erschießungsstellungen zu transportieren. Das sind Situationen, in die der Soldat kommen konnte und mit denen er später nicht selten nur dadurch fertig werden konnte, indem er die dunklen Stunden, sein Entsetzen, seine Lähmung und vielleicht auch sein schlechtes Gewissen verdrängte.

Diese Regung berührt auch manche in der Diskussion um die Ausstellung getane Äußerung. Oftmals hat man den Eindruck, daß gerade diejenigen, die mit ihren Erlebnissen nicht fertig geworden sind, das Feld der Diskussionen bestimmen. Allerdings haben andere die Kraft gehabt zu sagen, was sie gesehen hatten. Sie haben Kameraden gegenüber über Dinge gesprochen, die sie erlebt haben, und ihnen war klar, daß der Krieg, den sie führten und den die Nationalsozialisten als Verteidigungskrieg bezeichnet hatten, in Wirklichkeit ein alle Grenzen sprengender Rassenkrieg geworden war, ein Krieg, der nur auszuhalten war, wenn man sich gleichzeitig klarmachte, daß es in diesem Krieg angeblich um Sein oder Nichtsein von Weltanschauungen gehen sollte.

Der Zweite Weltkrieg war deshalb von deutscher Seite aus niemals ein herkömmlicher Verteidigungskrieg. Er läßt sich auch nicht als Präventivkrieg bezeichnen. Er wurde langfristig vorbereitet und war sowohl die Voraussetzung als auch der Begleitumstand einer großangelegten ethnischen Säuberung, die in ganz Europa nicht mehr zu tilgende Spuren hinterließ und als das Makroverbrechen, wie Sozialwissenschaftler sagen, schlechthin gilt. Das europäische Judentum wurde durch den Zweiten Weltkrieg im Kern bedroht, und das osteuropäische Judentum wurde weitgehend ausgerottet. Keiner der beteiligten Zeitgenossen war angesichts dieser Verbrechen schuldlos, auch die Wehrmacht nicht. Denn der systematisch betriebene Völkermord war nur im Rücken der Front möglich.

Deshalb wurde die Wehrmacht immer mit den nationalsozialistischen Gewaltverbrechen in Verbindung gebracht. Dies nun berührte eine Lebenslüge vieler Soldaten, die sich immer wieder versichert hatten, anständig gekämpft und nur das Reich vor dem Einfall der Roten Armee – manche sprachen auch noch in den fünfziger Jahren von bolschewistischen Horden – bewahrt zu haben.

Dieses Kaschieren von Illusionen, von Versagen, auch von fehlendem Mut führte nach der Befreiung von der NS-Herrschaft zu heftigen Diskussionen nicht nur in Verbindung mit der Frage, ob die Wehrmacht insgesamt oder nur der Generalstab als verbrecherische Organisation zu bezeichnen oder gar zu verurteilen sei und ihre Führung strafrechtlich zur Verantwortung gezogen werden müsse. Das geschah bei einem der wichtigen Nachfolgeprozesse in Nürnberg, der den deutschen Generalstab auf die Anklagebank setzte,[18] und die Auseinandersetzung mit diesem Prozeß in Nürnberg hat dann in der Nachkriegszeit noch einmal ganz entscheidend unser Bild vom Widerstand gespiegelt.[19] Die Deutschen übernahmen dabei die Argumente der hohen Offiziere, die dort angeklagt waren und die das taten, was jeder Angeklagte tut: Er verteidigt sich mit allen ihm möglichen Mitteln. Die Frage ist allerdings: Wieso glaubte eine ganze Gesellschaft dem Selbstschutz, den Selbstverteidigungsargumenten dieser Angeklagten?

Bis heute sind die Nachwirkungen dieser Diskussion zu spüren. Sie prägen die Auseinandersetzung in der deutschen Gesellschaft im Zusammenhang mit der deutschen Wiederbewaffnung seit den fünfziger Jahren. Sie beeinflußten die Diskussionen über die Prinzipien der inneren Führung und sie brechen eben bis heute in der Auseinandersetzung mit den wissenschaftlichen Prinzipien einer modernen Militärgeschichte aus, die sich seit den sechziger Jahren innerhalb der deutschen Geschichtswissenschaft entwickelt hat und die international einen sehr hohen Standard besitzt.

In der Tat bedeutete die NS-Zeit für die Geschichte der bewaffneten Macht in Deutschland einen Wendepunkt. Sie berührte nicht zuletzt das Selbstverständnis der führenden Militärs. Von ihrem Selbstverständnis her sind Soldaten nicht nur sichtbarer Ausdruck des Willens staatlicher Souveränität. Sie sind vor allem auf die Verteidigung ihres Staates gegen Übergriffe von außen verpflichtet.

Dieser defensive Grundcharakter der deutschen bewaffneten Macht wurde vor allem nach der Niederlage im Kaiserreich betont, als sich die bewaffnete Macht noch *Wehr* nannte. So betrachtet konnte es seit der NS-Zeit keine Rechtfertigung des blinden Gehorsams durch die Verpflichtung zum unbedingten Gehorsam mehr geben. Seit der Erfahrung des NS-Staates rückt ein verdrängter Begriff in den Vordergrund, der im militärischen Denken eine lange Tradition hat, der Begriff des soldatischen Widerstandes. Damit komme ich zum zweiten Hauptaspekt meines Beitrages.

Soldatischer Widerstand bezeichnet eigentlich eine Ungewöhnlichkeit, vielleicht sogar eine deutsche Besonderheit. Widerstand des Soldaten richtet sich nach landläufiger Meinung auf das soldatische Verhalten im Feld, im Kampf. Der Soldat hat dem Kampf standzuhalten. Das ist der Widerstand, den man von ihm erwartet. Widerstand ist dem Gegner im Feld zu leisten. Widerstand im Inneren, gegen die politische Führung, aus innenpolitischer Absicht, kann für den Soldaten in der Regel nur dann eine akzeptable Herausforderung sein, wenn er sich nach einer militärischen Niederlage in der Auseinandersetzung mit einem Besatzungsregime befindet. Der Auftrag des Soldaten lautet im Frieden: »Ausbilden, Erziehen, Üben, Einsatzbereitschaft sichern«. Im Krieg lautet dieser Auftrag hingegen, das hat Adolf Graf von Kielmannsegg knapp konstatiert: »Kämpfen«.[20] Unter Kämpfen verstand er: »Unter dem Gesetz von Befehl und Gehorsam auf Befehl sterben und andere dem Tod aussetzen zu müssen.« Das ist der Notfall, über den wir nicht so gerne nachdenken.

Im 19. Jahrhundert wurde immer fester fundiert, daß der Soldat seiner politischen Führung zu folgen hat. Grundlegendes findet sich hierzu bei Carl von Clausewitz, der den Primat des Politischen reflektierte und damit ein neues Selbstverständnis und Selbstbewußtsein der Träger militärischer Macht ausdrückte, die ihre politische Funktion akzeptierten und auf diese Weise die Übereinstimmung mit der Gesellschaft suchten, der sie militärisch zu dienen hatten.[21] Dies war eine Folge der Ära der Befreiungskriege.

Seit dieser Zeit befanden sich Militärs und Bevölkerung häufig in einer Art Gleichklang. Zugleich ist diese Befreiungszeit, dieser Kampf nach Napoleon und gegen Napoleon insofern besonders wichtig, als plötzlich deutlich wird, daß es nicht immer auf den blinden Gehorsam ankommt, sondern auch darauf, daß Militärs wissen, wann sie nicht mehr zu gehorchen haben. Scharnhorst, Gneisenau, Boyen waren ja keine kadavergehorsamen Offiziere. Besonders muß hier von Yorck von Wartenburg die Rede sein, der sich seiner militärischen Führung widersetzte und gemeinsam mit den Russen des Zaren nach einer Möglichkeit suchte, gegen den Willen seines Königs Napoleon zu bekämpfen. Was er tat, läßt sich nur als Widersetzlichkeit deuten; und dennoch war es moralisch geboten. Fontane drückte dies später durch Berndt in »Vor dem

Sturm« treffend aus: »*Mit* dem König, solang es geht; *ohne* ihn, wenn es sein muß.«[22]

Seit dieser Zeit reflektieren nicht nur Militärs immer wieder über die Grenzen militärischen Gehorsams. Dazu brauchen wir die NS-Zeit eigentlich nicht. Von der Virulenz des grundsätzlichen Problems zeugen Tragödien und Dramen – etwa »Der Prinz von Homburg« von Heinrich von Kleist, der Roman »Vor dem Sturm« von Theodor Fontane. Hier finden wir Bemerkungen, an die man sich erinnern sollte: »Jeder Mensch«, so lesen wir hier, »aus dem etwas geworden sei, der eine früher, der andere später, habe eine Desertion begangen.«[23] In dieser Tradition standen dann auch Essays der »Weltbühne« oder manche Romane der Weimarer Republik.[24] Es gab also nicht nur abgeleitete, sondern es gab auch genuin-militärische Normen für eine Abweichung von Befehl und Gehorsam. Seitdem reflektiert der Soldat nicht mehr nur darüber, daß er unbedingt gehorsam zu sein hat, sondern er stellt sich auch die Frage, ab wann er nicht mehr gehorsam sein muß: Ab wann *darf* ich einen Befehl verweigern, ab wann *muß* ich einen Befehl verweigern?

Die Älteren, die vielleicht noch im Dritten Reich Offiziere waren, erinnern sich, daß in ihrem Wehrpaß häufig ein Katalog von zehn Geboten eingeklebt oder eingedruckt war. Dabei handelte es sich nicht um die zehn Gebote aus der Bibel, sondern um zehn Gebote, die gewissermaßen das Militärstrafgesetzbuch in eine Umgangssprache umsetzten. Da läßt sich die Grenze des Gehorsams greifen. Mich hat immer sehr der Hinweis von Axel von dem Bussche beeindruckt, der sagte: »Wir hatten auch zu lernen, daß es in diesem Militärstrafgesetzbuch einen Notwehrparagraphen gab.«[25]

Es gab für Offiziere und für Soldaten also die Möglichkeit der Notwehr. Viele hatten sich innerlich wohl auch mit den berühmten Akten eines vorbildlich gedeuteten militärischen Ungehorsams auseinandergesetzt, welcher zugleich in den Argumentationshaushalt des gebildeten Offiziers überging. Häufiger Ausgangspunkt dieser Überlegung war eine Ermahnung von Prinz Friedrich Karl von Preußen, der Ludwig Graf Yorck von Wartenburg in der Pocheruner Mühle entgegengehalten hatte: »Seine Majestät hat Sie nicht zum Offizier gemacht, damit Sie einfach alle Befehle ausführen, sondern damit Sie auch wissen, wann Sie Befehle nicht ausführen müssen.«[26]

Hier wird deutlich, daß keineswegs der Zusammenhang

zwischen Befehl und Gehorsam das ethische Grundprinzip des Soldaten darstellt, sondern vielmehr – ich betone es noch einmal – die exakte Markierung der Grenzen des Befehls als Voraussetzung der Verweigerung von Gehorsam.

Gehorsam in diesem Sinne stellte sich allerdings nicht als Gegensatz zum Widerstand dar, sondern markierte eine höhere soldatische Verantwortung. Verweigerung des Gehorsams – etwa bei einem dienstlich oder taktisch unsinnigen Befehl – konnte sich dadurch legitimieren, daß sich herausstellte, daß die Nichtdurchführung eines Befehls militärisch angemessener war als der sogenannte Kadavergehorsam.

Natürlich hat man in den Auseinandersetzungen, in den Prozessen gegen nationalsozialistische Gewalttäter insbesondere von der Seite der Verteidiger alle Mühen unternommen, um nachzuweisen, daß die Verweigerung eines Befehls die ethischen Prinzipien militärischen Gehorsams verletzt und daß diese Verweigerung zum Tod geführt hätte. Daß Befehlsverweigerung mit dem Tode endet, hat keiner der Verteidiger auch nur in einem einzigen Fall nachweisen können. Es spukten immer viele Geschichten von denen in den Köpfen der Nachlebenden, die den Befehl in einer Mordaktion verweigert hätten und die sich deshalb neben die zu ermordenden Opfer stellen mußten. Bekannt wurde die Geschichte von dem sogenannten Gefreiten Schulze, der in Jugoslawien einen Befehl verweigert haben sollte und dann erschossen wurde. Aber auch dieser Fall stellte sich als das Produkt von Gerüchten heraus.

Einen der beeindruckenden Fälle für Befehlsverweigerung in diesem Sinne fand ich durch Zufall in den Akten der Ludwigsburger Zentralstelle.[27] Es war der Hinweis auf einen unglaublichen Vorgang. In Przemysl, einem polnischen Ort an der Sanmündung, gab es auf einer Insel im Fluß ein Wehrmachtsgetto. Dieses Getto hatte die Versorgung der Truppe etwa durch Reparatur des Schuhwerks oder der Kleidung sicherzustellen. Es gab sogar Bäcker, die dort tätig waren. Im Jahre 1942 sollte dieses Inselgetto, das nur durch eine Brücke zugänglich war, geräumt werden. Es rückten Einheiten der SS und des SD an. In diesem Getto befand sich nur der Oberleutnant Alfred Battel. Er hatte am Vorabend gehört, daß die Räumung der Insel bevorstand, woraufhin er den dort untergebrachten Juden empfohlen hatte, ihren Angehörigen Bescheid zu sagen, in das Getto zu fliehen. Er wollte es schützen, und er tat dies auch, indem er Soldaten seiner Einheit auf der Sanbrücke postierte. Ein Maschinengewehr wurde in Stellung gebracht, und als der anrückende SS-Offizier seinem Pferd die Sporen gab und Hauptmann Battel aufforderte, die Brücke zu räumen, ließ dieser die Waffen durchladen.

Oberleutnant Battel widerstand mit seiner Truppe lange Stunden und Tage diesen SS-Leuten, die das Getto räumen wollten. In diesen Tagen ereignete sich Hochdramatisches in der Kommunikation zwischen dem SS-Offizier und dem Reichssicherheitshauptamt: Es gab einen Briefwechsel zwischen Przemysl und Berlin (Himmler). Interessant ist dabei das letzte Telegramm von Himmler. Oberleutnant Battel sei sofort nach dem Krieg zu verhaften, war die Anweisung.[28] Also: Sofort *nach* dem Krieg zu verhaften, *nicht* auf der Stelle. Oberleutnant Battel beendete den Krieg als Oberst Battel: er machte trotz seines massiven persönlichen Widerstands noch Karriere.

Vor dem Hintergrund der ethischen Postulierung eines Umgangs oder eines Erlernens des Umgangs mit Gewalt, mit Verantwortung, mit den Grenzen von Befehl und Gehorsam wird auch die Handlungsweise von Ludwig Beck verständlich. Beck sah durch Hitlers Kriegspläne den Bestand der Nation gefährdet und forderte seine Kameraden in der obersten Leitung zum gemeinsamen Rücktritt auf. Diese Art der Befehlsverweigerung zielte also auf mehr als auf die Verweigerung eines dienstlichen Befehls im soldatischen Alltag. Die Begründung von Beck zielte auf eine Notlage seines Staates: Wenn der Bestand der Nation auf dem Spiele stehe, argumentierte er, sei im Grunde keine andere Verhaltensweise mehr geboten als der geschlossene Rücktritt der Verantwortlichen. Dies zeigt, daß offensichtlich einige der hohen Offiziere die Lektion des Krieges und des Nachdenkens sehr gut gelernt hatten.

Hitler hatte zunächst großen Respekt vor der Eigenständigkeit der Reichswehr. Er wußte, daß die Reichswehr die einzige Kraft sein konnte, die seinen Zugriff auf die deutsche Gesellschaft und den deutschen Staat zu gefährden vermochte. Deshalb wollte er zunächst die Eigenständigkeit der bewaffneten Macht respektieren. Er opferte dieser Eigenständigkeit sogar seinen eigenen Kampfverband – die SA – am 30. Juni 1934.[29] Es folgte eine beispiellose Aufrüstung der Wehrmacht, die bis dahin nicht vorstellbare Aufstiegschancen für die hohen Militärs bedeutete. Niemals wurde in Deutschland so schnell eine militärische Karriere gemacht wie zwischen 1937/38 und 1944. Der beste Repräsentant dieser Karriereorientierung war Hitlers Lieblingsgeneral Erwin Rommel[30], der als junger Mann schon höchste militärische Ränge erreicht hatte.

Der Verhaltenskodex der Wehrmacht blieb allerdings nach 1933 zunächst noch traditionell geprägt. Weiterhin empfanden sich viele Soldaten als Angehörige eines Staates im Staate und erklärten auch später, sie seien »in die Wehrmacht emigriert«. Dennoch war unübersehbar, in welchem Maß die Wehrmacht politische Ziele der Nationalsozialisten umsetzte oder dafür instrumentalisiert wurde. Die Nationalsozialisten versuchten immer wieder, politisch indoktrinierend in die Wehrmacht einzuwirken. Es ist wiederum eine Tragödie der Geschichte, daß ihnen der völlige Zugriff eigentlich erst einen Tag nach dem 20. Juli 1944 gelang, als Himmler Befehlshaber des Ersatzheeres wurde: Heinrich Himmler, Reichsführer der SS und Chef der Polizei, wurde nach dem Scheitern des Anschlages als Befehlshaber aller Verbände, die im Reich standen und die innenpolitisch von Bedeutung waren, auf den Gipfel seiner Macht getragen.

Fasziniert waren viele Militärs zunächst von Hitlers außenpolitischen Erfolgen. Das Rheinland wurde von deutschen Truppen besetzt, gar nicht zu reden davon, daß die Frage der Reparationen bald schon von Hitler durch die Aussetzung der Zahlungen als ein Erfolg verbucht wurde. Innerhalb weniger Jahre entstand in der Mitte Europas die modernste Wehrmacht, die es damals weltweit gab. Sie bot hervorragende Karrierechancen. Diese Wehrmacht besaß eine hocheffiziente Luftwaffe, eine außerordentlich moderne Panzerwaffe, und sie erprobte mit viel Erfolg auch ganz neue Formen der Kriegführung. So ist es kein Wunder, daß nach 1939 die Wehrmacht zur tragenden Säule einer militärischen Expansion werden konnte, die aggressiv betrieben wurde. Sie unterwarf sich willig der Forderung, Lebensraum im Osten zu erobern. Sie gab willig – insbesondere im Zusammenhang mit militärischen Krisen – ihre Stellung als Staat im Staate auf. Einige der höchsten Militärs übernahmen dann – nach 1939/40 – die weltanschaulichen Überzeugungen der Nationalsozialisten und setzten sie in Befehle an die Truppe um. Einige, aber nicht alle.

An der Geschichte des Militärs im Dritten Reich überraschend ist die Tatsache, daß sich relativ früh oppositionelle Formierungsversuche finden, die auf Widerstand zielen. Bereits 1938 lassen sich die ersten Gruppen und Zirkel feststellen, die versuchen, Hitler zu beseitigen. Zum Teil waren diese Versuche relativ subtil angelegt. Man wollte nicht Hitler beseitigen, sondern strebte zunächst danach, Druck auf die britische Regierung auszuüben, damit sie gegenüber Hitler eine harte Haltung einnahm, um auf diese Weise Hitler sein Kriegsrisiko ganz deutlich zu machen. Das ist gewiß eine subtile Argumentation. Aber sie ist nicht abwegig und schon gar keine nachträgliche Konstruktion von Zeitgenossen, die sich selbst um ihre politische Entlastung gemüht haben.

Wir finden auch schon 1938 Versuche von Militärs, einen kleinen Kreis von entschiedenen Mitverschwörern zu bilden, die in der Lage gewesen wären, Hitler auszuschalten. Viele Namen der späteren Regimegegner tauchen in diesem Zusammenhang auf, wenngleich es verkürzt ist, in Anlehnung an Fabian von Schlabrendorff nur die Offiziere in den Blick zu nehmen, die gegen Hitler waren. Sein früh erschienener und immer wieder nachgedruckter Bericht macht aus der zeitlichen Distanz nur allzu deutlich, daß es dem späteren Verfassungsrichter vor allem um eine soziale Rehabilitation der militärischen Führung ging.[31]

Der 20. Juli 1944 ist der Endpunkt einer sechsjährigen Geschichte des militärischen Widerstandes. Das Problem der Nachlebenden mit dem militärischen Widerstand besteht darin, daß er sich nicht kontinuierlich entwickelt hat, sondern durch ein ständiges Auf und Ab gekennzeichnet ist, fast durch immer neue Anfänge, daß er durch eine erstaunliche Fluktuation der Beteiligten auffällt. Im Herbst 1938 formierten sich erstmals Kreise, die einen Umsturz durch die Ausschaltung Hitlers erreichen wollten. Diese wollten nicht zur Weimarer Republik zurückkehren, sondern lediglich das Kriegsrisiko minimieren, weil sie der Meinung waren, dieses Risiko könne die deutsche Regierung bei ihrem Rüstungsstand noch nicht tragen. Das war zunächst einzig und allein ihr Motiv, also nicht die Empörung über die Entrechtung der Juden nach den Nürnberger Gesetzen oder gar – wenig später – die Reaktion auf das Novemberpogrom von 1938.

1939/40 müssen wir einen Niedergang der militärischen Widerstandsbereitschaft konstatieren. Hohe Militärs bereiteten sich nun auf die von Hitler befohlenen Angriffskriege vor, die

Hitler in Polen und insbesondere dann gegen Frankreich plante. Sie sind auch beteiligt an den Planungen zur Überwältigung der kleinen Niederlande. Einer der Offiziere, der von diesen Plänen erfuhr, versuchte mühsam, seine Verbindungen zu Niederländern auszunutzen, um sie von den bevorstehenden Angriffsaktionen in Kenntnis zu setzen, sie zu warnen. Dabei handelte es sich um Oberst Hans Oster, dem bis weit in die sechziger Jahre hinein diese Verhaltensweise als Verrat ausgelegt wurde.[32]

Oster hatte engen Kontakt zu einem anderen Regimegegner, dessen Namen weit bekannt ist, Hans von Dohnanyi, Vater des späteren Hamburger Bürgermeisters, der seit 1933 systematisch Nachrichten über Rechtsverletzungen sammelte, die von Nationalsozialisten begangen wurden. Er träumte von einem Prozeß gegen Hitler. Dohnanyi hatte enge Verbindungen zu Oster, und dieser hatte seinerseits engste Verbindungen zur militärischen Abwehr, zum sogenannten Amt »Canaris«. In diesem Amt bildete sich ab 1939/40 wiederum ein kleiner Kreis von Oppositionellen, die nicht nachließen, daraufhin zu wirken, daß die NS-Führung ausgeschaltet werden sollte.

Es muß betont werden, daß es sich wirklich nur um einen sehr kleinen begrenzten Kreis von Militärs handelte. Nach dem Kriege haben viele Abwehrleute versucht, die Existenz dieses kleinen Kreises zu einer Gesamtaktivität der Abwehr zu machen. Das ist offenbar eines der beliebtesten Argumentationsmuster: Man versucht, einen kleinen Kreis von Oppositionellen, der sich innerhalb einer Institution gebildet hat, als Repräsentanten der gesamten Institution hinzustellen.

Das kennen wir auch aus dem Widerstand der evangelischen Kirche. Dietrich Bonhoeffer war bestimmt einer der einsamsten Christen, die es in Deutschland gab, und dennoch wurde er nach 1945 fast, wenn es so etwas gäbe, zu einem evangelischen Heiligen hochstilisiert. Ein Pater Alfred Delp oder ein Pater Rupert Meyer hatten innerhalb der katholischen Kirche eine große Einsamkeit zu überwinden und wurden erst Jahre, Jahrzehnte später zu Repräsentanten der gesamten Institution erklärt. Das gleiche wurde mit dem Widerstand in der Abwehr gemacht, wobei wir dann noch einmal ein ähnliches Identifikationsmuster finden, das die militärischen Regimegegner plötzlich zu Repräsentanten der gesamten Wehrmacht machen sollte. 1940 versuchte jemand wie Generalleutnant Franz Halder, sich als widerständig hinzustellen, aber auch diese Geschichte ist eine nachträgliche Rekonstruktion, die sich diesmal aus dem Bestreben erklärt, nach 1945 Persilscheine zu produzieren, um so Entlastungsargumente nachträglich herbeizuschaffen.[33] Das ist nach dem Ende von Diktaturen und der Auflösung von Verstrickungen sehr häufig so wie im realen Leben. Das was man sich einredet, das glaubt man irgendwann auch und ist zutiefst davon überzeugt, daß das Aushilfsargument, das man sich einmal mühsam beschafft hat, vielleicht doch oder ganz sicher mit der Wirklichkeit übereinstimmt. Man vergißt die Situation, in der es entstanden ist. Nietzsche hat diesen Vorgang unvergleichlich gut geschrieben als Kampf zwischen dem »Ich« und dem Gewissen.

Die entscheidenden Impulse für die Formierung eines militärischen Widerstandes gingen schließlich von Offizieren aus, die in Berlin, im Heimatgebiet, aus professionellen Gründen mit der Bearbeitung der Feindpropaganda befaßt waren. Es waren zwei Namen, die in diesem Zusammenhang fielen: Rudolf von Scheliha[34], der sehr früh die Verbrechensnachrichten bearbeiten mußte, welche die BBC über Verbrechen im Osten gesendet hatte, und Helmut James Graf von Moltke, der als Völkerrechtler die Nachrichten der BBC zu überprüfen hatte und nun seine große Chance nutzte, weil er manche der Schreckensmeldungen überprüfte.[35] Ganz sicherlich wird ihm niemand widersprochen haben, wenn er sagte, er werde alles tun, damit dieser Krieg im Einklang mit dem Völkerrecht geführt werden könne. Deshalb habe er das Recht, von allen Einheiten, die im Zusammenhang mit den Verbrechen genannt werden, Aufklärung darüber zu erhalten, ob manche der gegnerischen Meldungen über die nationalsozialistischen Greuel tatsächlich einen realen Hintergrund hatten. Auf diese Weise kam er immer näher an die nationalsozialistischen Gewaltverbrechen heran.

Im Oktober 1942 schrieb er seiner Frau in einem Brief, er habe erfahren, daß an jedem Tag 6.000 Menschen getötet würden.[36] Er spielte damit auf die Vernichtungslager an, die im Osten entstanden waren: Treblinka, Majdanek, Sobibór und Auschwitz. Sein Brief belegt eindeutig, daß auch der Widerstand innerhalb der Wehrmacht über Ziel und Ausmaß, nicht zuletzt auch über Methode und Technik der Vernichtung von Menschenleben aus rassischen Gründen informiert war.

Wenn die Regimegegner sich klar waren, daß Hunderttausende ermordet wurden, dann ist es völlig unverständlich, was sich im Umkreis der Ausstellung »Vernichtungskrieg. Verbrechen der Wehrmacht 1941–44« ereignet hat. Wenn sie angeblich einen großen Skandal verursachte, dann betrifft er nicht die Ausstellung, sondern die Gesellschaft, die erst auf eine unterstellte Skandalisierung längst überfällige Diskussionen beginnt. Und wenn dabei einer der Bereiche, der für die Widerstandsgeschichte besonders wichtig war – die Heeresgruppe Mitte –, in ein kritisches Licht gerückt wird, so sollte das kein Anlaß für publizistische Attacken auf Nachwuchswissenschaftler[37] sein, sondern als Einladung zur Überprüfung versteinerter Deutungen genommen werden, die sich eben mit Quellenbefunden und auch Interpretationen konfrontieren müssen. Hierbei geht es um die Heeresgruppe Mitte, die auf Moskau – also nicht auf das Baltikum – hin orientiert war und dessen Führungsstab es sich auch zur Aufgabe gemacht hatte, die Auseinandersetzung mit Partisanen im Hinterland zu koordinieren. Im Zusammenhang mit Kampfaktionen gegen Partisanen im Hinterland wurde aber, und dies ist bestens bekannt und vielfach erforscht, auf eine empirisch nachweisbare Weise eine Vielzahl von Menschen ermordet, die keineswegs Partisanen waren, sondern als rassische Feinde galten. Bandenbekämpfung war häufig nur ein Verschleierungsbegriff für eine praktizierte Ermordung von nicht in Kampfhandlungen verstrickten Menschen. So machte ein Nachwuchswissenschaftler die Verbindung von Partisanenkrieg und Völkermord deutlich und stellte jene Klarheit her, die zur Erkenntnis der Kriegswirklichkeit unverzichtbar ist.[38]

Es gibt einige Telegrammwechsel, die alle Zweifel diesbezüglich beseitigen. Im Sommer 1942 bekam der Befehlshaber der Sicherheitspolizei in Kowno ein merkwürdiges Telegramm auf den Tisch. Dieses Telegramm forderte ihn auf, die Zahl der durch sein Einsatzkommando durchgeführten Exekutionen aufzulisten.[39] Hierbei handelt es sich um eines der ganz wenigen Dokumente, in denen nicht von »Sonderbehandlung« die Rede ist, sondern von »Exekutionen« gesprochen wird. Und »Exekution« ist nun einmal ein eindeutiger militärischer Begriff. Aus der handschriftlichen Antwort auf diese Telegrammanfrage geht hervor, daß innerhalb von 14 Tagen 56 Partisanen ermordet worden sind, 1064 Kommunisten, 653 Geisteskranke, 5 Zigeuner, insgesamt aber 136.421 Juden, darunter fast 56.000

Frauen und mehr als 34.000 Kinder. Das ist der »Partisanenkrieg«, dessen Realität so schwer angenommen wird von denen, die den Krieg weniger als seine Erforschung moralisieren.

In der Ausstellung wird deutlich gemacht, daß die führenden Stäbe der Heeresgruppe Mitte von diesem sogenannten Partisanenkrieg wußten und im Grunde auch durch Befehle, die abgezeichnet und weitergegeben wurden, über die Ziele dieses Partisanenkrieges informiert waren. Wir können natürlich nicht genau sagen, ob jeder, der solch einen Befehl, solch eine Anweisung unterzeichnete, wirklich genau wußte, daß er durch seinen Beitrag an diesem »Partisanenkrieg« auch gleichzeitig einen Beitrag zur Endlösung der Judenfrage leistete und ob er den systematisch hergestellten, lange intendierten Vernichtungszusammenhang wirklich sah. Aber wenn andererseits im Hinblick auf Arthur Nebe, den Einsatzgruppenleiter und vierzigtausendfachen Mörder, sogar behauptet wurde, man habe ihm aus Widerstandskreisen empfohlen, »in den Osten zu gehen«, um den Widerstand nicht zu gefährden – dann stellen sich schon drängende Fragen im Hinblick auf die Substanz an Moral, die der Widerstand verkörpern sollte.

Ganz andere Diskussionen hätten sich angeboten. Man hätte den Zusammenhang von Kooperation und Konfrontation ansprechen können, vielleicht auch unter Hinweis auf den Begriff der metaphysischen Schuld, den Karl Jaspers geprägt hat, unmittelbar nach seiner Befreiung vom Nationalsozialismus, prinzipielle Dimensionen verwirklichter oder verfehlter Verantwortung ansprechen können.[40] Statt dessen flüchtete man sich in Angriffe auf nachwachsende Wissenschaftler, die am Beginn ihrer Laufbahn stehen.

Es ist nicht verständlich, warum oft davon ausgegangen wird, daß die Regimegegner im Umkreis des 20. Juli durch die Verstrickung in die nationalsozialistische Politik nicht schuldig geworden wären. Wer könnte denn als Zeitgenosse einer Diktatur von sich behaupten, daß er ohne Verstrickung existiert hätte? Keiner von ihnen konnte sich letztlich unschuldig fühlen. Und keiner tat es. Albrecht Haushofer hinterließ uns ein Sonett über »Schuld«, Dietrich Bonhoeffer reflektierte über Schuld und Verantwortung. Im Unterschied zu vielen anderen haben sie sich aber ihre Schuld ganz bewußt gemacht. Schuld bedeutet, Bereitschaft zur Verantwortung empfinden und nicht: Voraussetzung für eine Verurteilung zu schaffen. Das Gefühl für Schuld ist die Voraussetzung dafür, daß wir ein Verantwortungsgefühl entwickeln. Nur wer Einsicht in die zutiefst verbrecherische Struktur des Systems und seine Verstrickung in eben diese Struktur hatte, die eine konsequente Vermengung von Rassen-, von Weltanschauungs- und Verteidigungskrieg war, wird überhaupt die Motivation, die Kraft zum Handeln *im* Widerstand und *durch* Widerstand aufgebracht haben können. Und dazu gehörte das Wissen von Verbrechen.

Man mußte also den Unrechtscharakter des Regimes insbesondere als Militär erkennen, um sich widersetzen zu können. Anderen Regimegegnern, Christen, Katholiken, Protestanten, Kommunisten, Vertretern der Arbeiterbewegung, war durch die nationalsozialistische Politik seit 1933 klargemacht worden, wogegen sie sich eigentlich zu stellen hatten. Manche bekennende Christen, manche Katholiken taten das mit großer Konsequenz. Sie sahen ganz genau hin. Manche wie die Geschwister Scholl wußten genau, welches Risiko sie eingingen, als sie ihre Flugblätter verteilten. Sie ahnten wahrscheinlich sogar, daß für sie das Spiel verloren war, als sie die Flugblattaktion am 18. Februar 1943 durchführten. Wir wissen seit dem Umbruch in der DDR durch die dort gefundenen Dokumente des Ministeriums für Staatssicherheit, daß 1943, am 17. Februar, also am Vortag, in Ulm ein Verhör stattgefunden hatte, bei dem die Gestapo fast alles über die »Weiße Rose« erfahren hatte.[41]

Militärs sind aufgrund der Strukturen, die ich eingangs geschildert habe, eigentlich auf Anpassung, auf Gehorsam, auf Verteidigung des Bestehenden angelegt. Erst wenn sie mit aller Eindeutigkeit auf Verbrechen gestoßen werden, reagieren sie. Über diese Verbrechen waren sie informiert, und manche Militärs waren an diesen Verbrechen beteiligt. Manche Regimegegner des 20. Juli waren sehr tief in diese Verbrechen verstrickt. Eine der wichtigen Funktionen für die Zeit nach dem Umsturz sollte z. B. in Berlin der Berliner Polizeipräsident Wolf Heinrich Graf von Helldorf wahrnehmen. Er war bereits Polizeipräsident seit den ersten Tagen der nationalsozialistischen Machtergreifung – elf lange Jahre. Das heißt: Ein Mann, der verantwortlich für Konzentrationslager wie das Columbiahaus war, sollte eine tragende Rolle bei diesem Umsturzversuch spielen. Eine weitere ganz wichtige Person für den Widerstand in Berlin war der bereits erwähnte Kriminaldirektor Arthur Nebe. Nach dem

Krieg wurde er fast zum Mythos hochstilisiert. Nebe war als Einsatzgruppenleiter im Baltikum für die Erschießung von fast 45.000 Menschen verantwortlich – und gleichzeitig war er wichtig für den Umsturzversuch vom 20. Juli 1944.

Dies verweist auf ein grundlegendes Problem. In Diktaturen gibt es ganz wenige schuldlose Menschen. Nicht einmal Hans Scholl hat sich als schuldlos empfunden, denn er war ein glühender Fähnleinführer bei der HJ.

Die Menschen, die im Dritten Reich Funktionen hatten, waren in diese nationalsozialistische Politik verstrickt. Das gilt für einen Carl Goerdeler ebenso wie für einen Graf von der Schulenburg. Es gilt auch für die Militärs – ja, vielleicht gilt es noch am allerwenigsten für Ludwig Beck. Aber bis 1938 gilt es eben auch für Beck. Denn er war derjenige, der die Aufrüstungspolitik der deutschen Wehrmacht zunächst ganz entscheidend forciert hatte.

Das Problem ist nun, daß wir nicht gelernt haben, in der Auseinandersetzung mit dem Widerstand in diesen Ambivalenzen zu denken oder gar mit jenen Aporien fertig zu werden, die Diktaturen im 20. Jahrhundert kennzeichnen. Wir verlieren in diesen geschichts- und erinnerungspolitisch hoch aufgeladenen Debatten etwas, was uns häufig im alltäglichen Leben nahegebracht wird: Wir verlieren die Erkenntnis, daß es Menschen gibt, die in der Regel beides sind: schuldig und unschuldig, kooperativ, und konfrontativ – auch das geht. Graf Stauffenberg etwa war bis 1942 kooperativ, und erst ab 1943 wurde er zum Motor des Umsturzplanes. Hier wird im Grunde ein Dilemma angesprochen, wird eine Aporie entfaltet, die nicht zu lösen ist.

Dies gilt selbst für einen Mann wie Dietrich Bonhoeffer, der Abwehrmann war und möglicherweise nach dem Krieg große Probleme bekommen hätte, weil er im Amt Canaris Dienst tat. Selbst er fühlte sich immer mitverantwortlich und auch mitschuldig. In seinen Reflexionen nach 10 Jahren, die Ende 1943, also noch in Freiheit erschienen, finden sich zwei merkwürdige Sätze, die meiner Ansicht nach das Dilemma von Kooperation und Konfrontation gültig ausdrücken. Er schreibt seinen Freunden: »Wir sind stumme Zeugen böser Taten gewesen, wir sind mit vielen Wassern gewaschen, wir haben die Künste der Verstellung und der mehrdeutigen Rede gelernt, wir sind durch Erfahrung mißtrauisch gegen die Menschen geworden und mußten ihnen die Wahrheit und das freie Wort oft schuldig bleiben, wir sind durch unerträgliche Konflikte mürbe oder vielleicht sogar zynisch geworden.« Und an diese klare, kritische, in keiner Zeile selbstgerechte Zustandsbeschreibung schloß sich die dringendste und am meisten drängende Frage an: »Sind wir noch brauchbar?«[42]

Bonhoeffer ist weiter, viel weiter gewesen als manche derjenigen, die sich heute über die Ausstellung erregen. Wenige Sätze früher finden wir eine Bemerkung von Bonhoeffer, die geradezu klassisch das entscheidende Problem beschreibt, das diese Ausstellung berührt: »Nichts von dem, was wir im anderen verachten, ist uns selbst ganz fremd.«

Anmerkungen

1 Hans Mommsen, Der Kreisauer Kreis und die Wiederherstellung der Politik. Vortrag im Otto-Braun-Saal der Berliner Staatsbibliothek, 1994.

2 Rudolf Scharping hat den bereits unter seinem Vorgänger einsetzenden Diskussionsprozeß noch einmal konzentriert und die Zeit der Befreiungskriege, die Geschichte des militärischen Widerstands und die mehr als vierzigjährige Geschichte der Bundeswehr als Kern der Tradition der Bundeswehr bezeichnet.

3 Vgl. Albert Wucher, Seit 5 Uhr 45 wird zurückgeschossen: Ein Dokumentarbericht über Vorgeschichte und Beginn des Zweiten Weltkrieges, München 1959.

4 Dazu jetzt Gerd R. Ueberschär und Lev A. Bezymenskij (Hg.), Der deutsche Angriff auf die Sowjetunion 1941: Die Kontroverse um die Präventivkriegsthese, Darmstadt 1998.

5 Andreas Hillgruber, Zweierlei Untergang: Die Zerschlagung des Deutschen Reiches und das Ende des europäischen Judentums, Berlin 1986. Er präsentierte zwei Vorträge, die bereits 1985 gesondert publiziert worden waren, in einem Band der Reihe »Corso« und stellte so einen Zusammenhang zwischen der deutschen Niederlage 1945 und dem Völkermord an den Juden her – nicht kausal, sondern assoziativ.

6 Christian Gerlach, Krieg, Ernährung, Völkermord: Forschungen zur deutschen Vernichtungspolitik im Zweiten Weltkrieg, Hamburg 1998.

7 Vgl. Czeslaw Madajczyk (Hg.), Vom Generalplan Ost zum Generalsiedlungsplan, München 1994. Vgl. ferner ders., Die Okkupationspolitik Nazideutschlands in Polen 1939–1945, Köln 1988. Bahnbrechend Walter Manoschek, »Serbien ist judenfrei«: Militärische Besatzungspolitik und Judenvernichtung in Serbien 1941/42, München 1993.

8 Vgl. allg. Peter Longerich, Politik der Vernichtung: Eine Gesamtdar-

stellung der nationalsozialistischen Judenverfolgung, München u. Zürich 1998.

9 Vgl. Friedrich Hoßbach, Zwischen Wehrmacht und Hitler 1934–1938, Wolfenbüttel 1949.

10 Vgl. dazu Klaus-Jürgen Müller, Generaloberst Ludwig Becks Entwicklung vom regimebejahenden General zur Zentralfigur des Widerstandes, Hamburg 1998 (= Führungsakademie aktuell. 1).

11 Hitlers Reichstagsrede vom 30.1.1939.

12 Vgl. dazu den Beitrag von Jochen-Christoph Kaiser in diesem Band.

13 Vgl. dazu den Beitrag von Hans-Walter Schmuhl in diesem Band.

14 Dies heraus gearbeitet und in allgemeine bevölkerungspolitische Zusammenhänge gerückt zu haben, ist die große Leistung von Götz Aly, »Endlösung«: Völkerverschiebung und der Mord an den europäischen Juden, Frankfurt/M. 1995; vgl. ferner ders./Susanne Heim, Vordenker der Vernichtung: Auschwitz und die deutschen Pläne für eine neue europäische Ordnung, Hamburg 1991.

15 Erlaß über die Ausübung der Kriegsgerichtsbarkeit im Gebiet »Barbarossa« und über besondere Maßnahmen der Truppe vom 13. Mai 1941, in: Alfred Streim, Die Behandlung sowjetischer Kriegsgefangener im »Fall Barbarossa«: Eine Dokumentation, Karlsruhe 1981, S. 315 ff.

16 Richtlinien für die Behandlung politischer Kommissare v. 6.6.1941, in: Alfred Streim, Sowjetische Gefangene in Hitlers Vernichtungskrieg: Berichte und Dokumente 1941–1945, Heidelberg 1982, S. 222 ff.

17 Helmuth Krausnick/Hans-Heinrich Wilhelm, Die Truppe des Weltanschauungskrieges: Die Einsatzgruppen der Sicherheitspolizei und des SD 1938–1942, Stuttgart 1981.

18 Jörg Friedrich, Das Gesetz des Krieges: Das deutsche Heer in Rußland 1941–1945: Der Prozeß gegen das Oberkommando der Wehrmacht, München 1993.

19 Zur exemplarischen Figur wird in dieser Auseinandersetzung Erich von Manstein, dem es wie kaum einem anderen gelingt, sein eigenes Verhalten so zu präsentieren, daß sich andere darin spiegeln und entsprechend identifizieren.

20 Johann Adolf Graf von Kielmannsegg, Gedanken eines Soldaten zum Widerstand, in: Aufstand des Gewissens: Militärischer Widerstand gegen Hitler und das NS-Regime 1933–1945, Herford [4]1994, S. 205 ff. Hier auch das folgende Zitat.

21 Hinweis auf Carl von Clausewitz, Vom Kriege – hinterlassenes Werk, Frankfurt/M. 1980; Günter Dill (Hg.), Clausewitz in Perspektive: Materialien, Frankfurt/M. 1980.

22 Theodor Fontane, Vor dem Sturm, München 1969, S. 193.

23 Ebda., S. 167.

24 Man denke an Erich Maria Remarque, Im Westen nichts Neues, Berlin 1929.

25 Manuskript eines Gesprächs mit Jürgen Engert, 1984, vorhanden in der Gedenkstätte Deutscher Widerstand. Vgl. auch Jürgen Engert, »Er wollte Hitler töten«: Ein Portrait des Axel von dem Bussche, in: Gervinom von Medem (Hg.), Axel von dem Bussche, Mainz und München 1994, S. 143 ff.

26 Vgl. allgemein Johann G. Droysen, Das Leben des Feldmarschalls Graf Yorck von Wartenburg, 2 Bände, Leipzig 1913.

27 Dieser Vorgang ist vollständig in der Ludwigsburger Zentralen Stelle für die Verfolgung nationalsozialistischer Gewaltverbrechen dokumentiert, s.v. Battel. Dort auch die entsprechenden Briefwechsel.

28 Battel selbst gehörte zu den in Yad Vashem geehrten »Gerechten der Völker.«.

29 Heinz Höhne, »Gebt mir vier Jahre Zeit«: Hitler und die Anfänge des Dritten Reiches, Berlin 1996, S. 181 ff.

30 Ralf Georg Reuth, Erwin Rommel: Des Führers General, München 1987.

31 Fabian von Schlabrendorff, Offiziere gegen Hitler: Erlebnisbericht, zuerst Zürich 1946, als Taschenbuch erstmals Frankfurt/M. 1950 und seitdem immer wieder leicht verändert. Beste Edition hg. von Walter Bußmann, Berlin 1984.

32 Vgl. Hermann Graml, Der Fall Oster, in: Vierteljahrshefte für Zeitgeschichte 14 (1966), S. 26–39.

33 Christian Hartmann, Halder – Generalstabschef Hitlers 1938–1942, Paderborn 1991.

34 Ulrich Sahm, Rudolf von Scheliha 1897–1942: Ein deutscher Diplomat gegen Hitler, München 1990.

35 Ger van Roon (Hg.), Helmuth James Graf von Moltke: Völkerrecht im Dienste der Menschen, Berlin 1986.

36 Helmuth James Graf von Moltke, Briefe an Freya 1939–1945, hg. von Beate Ruhm von Oppen, München 1988, S. 419 f.

37 Die Attacken beziehen sich auf Christian Gerlach, Männer des 20. Juli und der Krieg gegen die Sowjetunion, in: Hannes Heer u. Klaus Naumann (Hg.), Vernichtungskrieg – Verbrechen der Wehrmacht 1941–1944, Hamburg 1995, S. 427–446.

38 Omer Bartov, Hitlers Wehrmacht: Soldaten, Fanatismus und die Brutalisierung des Krieges, Reinbek 1995.

39 Vgl. das Faksimile in: Peter Alter u. a. (Hg.), Grundriß der Geschichte: Dokumente, Bd. 2, Stuttgart 1985, S. 174 f.

40 Karl Jaspers, Die Schuldfrage. Für Völkermord gibt es keine Verjahrung, München 1979, S. 21.

41 Vgl. Christiane Moll, Die Weiße Rose, in: Peter Steinbach/Johannes Tuchel, (Hg.), Widerstand gegen den Nationalsozialismus, Berlin 1994, S. 443 ff.

42 Dietrich Bonhoeffer, Rechenschaft an der Wende zum Jahr 1943: Nach zehn Jahren, in: Ders., Widerstand und Ergebung. Briefe und Aufzeichnungen aus der Haft, Gütersloh 1998, S. 38.

Thomas Sandkühler

Die Täter des Holocaust

Neuere Überlegungen und Kontroversen[1]

Deutsche, Österreicher und ihre nichtdeutschen Helfer ermordeten im Zweiten Weltkrieg Millionen wehrloser jüdischer Männer, Frauen und Kinder. Dies ist eine elementare Wahrheit über Täter und Opfer eines monströsen Verbrechens, von der jede Forschung über die Täter auszugehen hat.

Entgegen verbreiteter Auffassung hat sich die Forschung über den Nationalsozialismus und seine Verbrechen durchaus mit den Tätern des Holocaust auseinandergesetzt. Das geschah in der Bundesrepublik zunächst im Rahmen der Strafverfolgung nationalsozialistischer Gewalttaten, später mit eigenen Fragestellungen. Große Kenntnislücken bestanden allerdings über die Durchführung des Massenmordes in den östlichen Besatzungsgebieten des »Dritten Reiches«. Inzwischen liegen jedoch eine Reihe von Fallstudien über verschiedene »Tatorte« des Holocaust vor, die nicht nur Befehlsgeber, sondern auch Tatbeteiligte im mittleren und unteren Glied der NS-Hierarchie analysieren.[2]

Die hitzige Debatte um Daniel Goldhagens Thesen über den Antisemitismus der Deutschen hat den Blick auf diese neueren Forschungstendenzen allerdings eher verstellt. Goldhagen weicht von ihnen weder durch seinen Fokus auf Osteuropa noch durch seine besondere Berücksichtigung der ausführenden Täter ab, sondern vor allem durch seine monokausale Antwort auf die Frage nach den Motiven und Emotionen, nach kulturell sedimentierten Einstellungen und Mentalitäten »gewöhnlicher Deutscher«. Vielen Lesern vermittelte Goldhagens Buch wohl erstmals Eindrücke von der unvorstellbaren Grausamkeit der Judenvernichtung im Osten und vom Erscheinungsbild der Täter, die den Mord durchführten. Seine These, ihr tiefsitzender Antisemitismus habe die Deutschen zu Hitlers »willigen Vollstreckern« gemacht, schien außerdem eine leicht nachvollziehbare Antwort auf die Frage zu geben, wie es zum Holocaust hatte kommen können.[3]

Aus der Perspektive der neueren Holocaust-Forschung ist die Goldhagen-Kontroverse allerdings eher zwiespältig. Einerseits popularisierte sie eine empirisch fruchtbare Schwerpunktverlagerung von den Entscheidungszentren des »Dritten Reiches« zu seinen »östlichen Randgebieten«, von Eliten zu durchschnittlichen Tätern, und versah das merkwürdig ahistorische Bild von »Auschwitz« mit einem neuen Realitätsgehalt. Andererseits wurde diese Historisierung der »Judenvernichtung« durch die Konstruktion eines »nationalen Projekts« überlagert, wonach angeblich »gewöhnliche« Mörder im unteren Glied mit den Tätern insgesamt, die Täter mit dem Holocaust und der Holocaust mit dem »Land der Täter« gleichgesetzt werden können, so daß substantielle Unterschiede zwischen Józefów und Jerichow, Brest-Litowsk und Berlin verschwimmen.[4] Wer aber waren die Täter des Holocaust?[5] Wozu und wie erforscht man sie? Wie ist der gegenwärtige Kenntnisstand, wo besteht noch Forschungsbedarf?

Unter den Tätern des Holocaust sollen im folgenden alle Personen verstanden werden, die durch Vorbereitung, Anordnung oder Durchführung an der Ermordung als jüdisch stigmatisierter Männer, Frauen und Kinder durch den NS-Staat partizipierten.

Die Judenvernichtung war arbeitsteilig organisiert. Daher muß der Täterbegriff weit genug sein, um verschiedene Beteiligungsformen zu erfassen, und zugleich differenziert genug, um Unterschiede zwischen der Position von Gruppen und Individuen in Institutionen und Hierarchien, beim Ausmaß des befehlsmäßigen Zwangs, bei der Nähe oder Distanz zum Mordgeschehen, beim situativen Kontext, in dem die Täter standen usw. zuzulassen. Weiterhin muß der Begriff des Täters analytisch sein, also auch Abgrenzungen zwischen Tätern und sonstigen Beteiligten zulassen, was im Einzelfall schwierig sein kann. Der Vizepräsident der Deutschen Reichsbank, Emil Puhl, nahm beispielsweise von der SS geraubtes Gold ermordeter Juden und verwertete es weiter. Dies gilt auch für Geschäftsbanken, die zu diesem Zweck von der Reichsbank eingeschaltet wurden. Weder Puhl noch die Bankiers bemühten sich aktiv um diese Vermögenswerte. Und doch war die Beraubung der Opfer ein integraler Bestandteil der Judenvernichtung, die Übernahme des Goldes somit ein objektiver Tatbeitrag. Zu Mittätern des Holocaust wurden Personen wie Puhl in dem Maße, wie sie von der Herkunft des übernommenen Goldes Kenntnis erhielten und dennoch an dieser fragwürdigen Praxis festhielten.[6]

Das Alltagsverständnis teilt mit der wissenschaftlichen Literatur einerseits die Auffassung, daß strafbares Tun vorliegen muß, wenn sinnvoll von Tätern die Rede sein soll. Andererseits verfolgt die Geschichtswissenschaft andere Erkenntnisinteressen als die Justiz. Wo die historische Forschung die Rahmenbedingungen und kausalen Zusammenhänge staatlicher Großverbrechen analysiert, muß die Rechtsprechung solche Voraussetzungen auf der Ebene von individuellen Motiven und persönlichem Verhalten durchführen, um eine Verurteilung wegen Mordes, Beihilfe zum Mord oder Totschlags zu erwirken.[7] Eine moderne Täterforschung kommt daher ohne Berücksichtigung von historischen *und* kriminologischen Befunden nicht aus.

Das zeigt sich indirekt auch am Verhältnis zwischen Strafrecht und Geschichtswissenschaft in der Bundesrepublik seit den sechziger Jahren. Bei der Strafverfolgung ging es im wesentlichen um den Grad der Befehlsbindung und die persönlichen Handlungsspielräume, vor allem um das Problem des Befehlsnotstandes, auf den sich Beschuldigte und Angeklagte immer wieder beriefen.[8] Seit 1958 wurden die Ermittlungen wegen nationalsozialistischer Gewaltverbrechen von der Zentralen Stelle der Landesjustizverwaltungen in Ludwigsburg koordiniert. In der Praxis der Rechtsprechung kam jedoch eine krude Lesart der Totalitarismustheorie zum Tragen, wonach Haupttäter der NS-Verbrechen nur Hitler, Himmler und Heydrich waren, während alle übrigen befehlsgemäß Beteiligten selbst beim Tatbestand des Mordes solange als abhängige Tatgehilfen galten, wie ihnen nicht eine aktive Beteiligung aus niederen Beweggründen, also Rassenhaß und Antisemitismus, oder eine besonders grausame Durchführung der Tat nachgewiesen werden konnte.[9]

Diese Regelung privilegierte vor allem die Befehlsgeber von Judendeportationen und Mordaktionen, die sich als Beschuldigte über ihre Motive ausschwiegen oder andere Beweggründe vorschoben, um eine lebenslängliche Freiheitsstrafe wegen Mordes abzuwenden. Ein besonderer Sadismus war aber bei solchen Distanz- und Schreibtischtätern oft nicht vorhanden oder jedenfalls nicht beweisbar. Da die Gerichte bei Holocaust-Verbrechen nur selten von der Möglichkeit Gebrauch machten, auch wegen Beihilfe zum Mord die Höchststrafe zu verhängen, konnten die höheren und mittleren Ränge der ehemaligen NS-Hierarchie zunächst damit rechnen, mit Zeitstrafen davon zu kommen. Anders erging es oft den ausführenden Tätern am Ende der Befehlskette: Sie standen dem Mordgeschehen und ihren Opfern so nahe, daß überschießende Grausamkeit in vielen Fällen bewiesen und sie wegen Mordes verurteilt werden konnten.[10]

Den Versuch der Berliner Staatsanwaltschaft, den Kreis der Haupttäter zu erweitern und auch die leitenden Beamten des ehemaligen Reichssicherheitshauptamtes (RSHA) auf die Anklagebank zu bringen, brachte eine Novellierung des Strafgesetzbuches im Oktober 1968 zu Fall, in deren Folge quasi alle nach dem 8. Mai 1950 eröffneten Verfahren eingestellt werden mußten. Der Gesetzgeber hatte im novellierten § 50 Abs. 2 StGB (Beihilfe zum Mord) das Merkmal »niedrige Beweggründe« dahingehend verschärft, daß den Tätern seither eigene Motive persönlich nachzuweisen sind. Als vom Deutschen Bundestag nicht beabsichtigte Folge dieses Täterbezugs trat für alle anderen auf die NS-Zeit bezogenen Fälle die rückwirkende Verjährung ein.

Vor diesem rechtspolitischen Hintergrund ist der Versuch des Kriminologen Herbert Jäger von 1965 zu sehen, die starre Gegenüberstellung von Haupttätern und Tatgehilfen durch eine vielschichtige Typologie von Exzeßtaten, Initiativtaten und Befehlstaten aufzulösen, die schnell Eingang in die Rechtsprechung fand. Befehls- oder Gehorsamstaten seien »völlig unselbständige Kriminalität«, die dem Befehlsempfänger keine eigenen Ermessensspielräume, wohl aber unterschiedliche persönliche Einstellungen zum befohlenen Verbrechen beließen. Als Initiativtaten definierte Jäger strafbare Handlungen, an denen der Täter »auf relativ selbständige Weise« und mit eigenen Motiven beteiligt gewesen war. Exzeßtaten schließlich seien Verbrechen, die aus eigenem Antrieb, jedoch unter enthemmenden situativen Bedingungen begangen wurden, das heißt »individuelle Taten in kollektiven Ausnahmezuständen.«[11] Jäger schätzte das Zahlenverhältnis nach den Urteilen bis 1963 auf etwa 60 (Befehlstaten) zu 20 und 20 Prozent (Initiativ- und Exzeßtaten).[12]

Unter den Tätern des Holocaust verstand er vor allem Angehörige von SS und Polizei sowie Soldaten der Wehrmacht, die im Zweiten Weltkrieg den Vorschriften des Militärstrafgesetzbuches unterlegen hatten und daher zumindest wissen konnten, daß die Ausführung eines eindeutig verbrecherischen Befehls auch im »Dritten Reich« unter Strafe stand.[13] Jägers Studie ist auch aus heutiger Sicht sehr lesenswert, weil er zwar dem damals noch dominierenden Erklärungsmodell der totalitären Diktatur verpflichtet war, dieses aber nicht schematisch anwendete und daher zu einer Reihe von Feststellungen kam, die auch aus heutiger Sicht tragfähig sind. Das gilt für den Zusammenhang von Krieg und Genozid,[14] im einzelnen aber auch für »Aktionsexzesse« bei Gettoräumungen und Deportationen, für Willfährigkeitstaten, eigenmächtige Befehle, die Gewöhnung von Mordkommandos an das Töten mit dem Effekt eines »freiwilligen Zwangs«, die Initiative untergeordneter Instanzen nach oben und das kooperative Verhalten von Tätern bei der Suche nach möglichst effektiven Tötungsmethoden. In einigen Fällen scheint die Abgrenzung untereinander und die Zuordnung zu den drei Typen der NS-Verbrechen zweifelhaft. Auch hat Jäger selbst seine Befunde nicht systematisch ausgearbeitet. Sie sind trotzdem einem amorphen Täterbegriff deutlich überlegen und sollten im Rahmen der neueren Täterforschung wieder stärker berücksichtigt werden.

Bereits die Gesamtdarstellungen der Judenvernichtung von Gerald Reitlinger, Wolfgang Scheffler und Raul Hilberg hatten schwerpunktmäßig die Täter behandelt und sich auf deren Überlieferung gestützt.[15] Hilberg arbeitete den bürokratischen Charakter der Judenvernichtung mustergültig heraus und verdeutlichte, wie breit der Teilnehmerkreis gewesen war.[16] Mit den Tätern, ihren Motiven und Handlungen, hat er sich in einem späteren Buch noch einmal gesondert auseinandergesetzt, ohne aber den Täterbegriff zu definieren.[17]

In der Bundesrepublik hatte die strafrechtliche Verfolgung der NS-Täter zunächst eine Leitfunktion für die historische Forschung, weil die Justiz um zeitgeschichtliche Gutachten nachsuchte, bevor eine eigenständige Auseinandersetzung der Zunft mit diesem Thema überhaupt begonnen hatte.[18] Strafprozesse, vor allem der erste Frankfurter Auschwitz-Prozeß 1965, trugen maßgeblich dazu bei, die Dunstglocke der »Vergangenheitspolitik«, die das intellektuelle Klima der fünfziger Jahre geprägt hatte, aufzulösen.[19] Gleichzeitig markierten die Gutachten des Instituts für Zeitgeschichte zum Auschwitz-Prozeß lange Zeit den Kenntnisstand über die SS und ihre Verbrechen, über die Konzentrationslager und den Judenmord. Im Vordergrund standen auch hier die Aufhellung von Entscheidungswegen und Befehlsmechanismen. Die deutsche Forschung war insofern ebenfalls Täterforschung, allerdings mit Schwerpunkt auf der Regimeführung, der SS und den Konzentrationslagern.

In den siebziger und achtziger Jahren gingen Justiz und Geschichtswissenschaft verschiedene Wege. Während sich in den Gerichten das Grauen der Massaker und Vergasungen im Osten enthüllte, verlor die Geschichtswissenschaft ihre Ansätze einer historischen Täterforschung aus dem Auge, obwohl diese durchaus in den Rahmen einer politischen Sozialgeschichte der deutschen Gesellschaft im »Dritten Reich« gepaßt hätte, die jetzt an die Stelle einer primär politikgeschichtlichen Zeitgeschichtsforschung zu treten begann.[20] Hiervon auszunehmen sind Historiker wie Wolfgang Scheffler, der als Gutachter in zahlreichen Verfahren wegen der Judenmorde in Polen maßgeblich zur Aufhellung der zahlenmäßigen Dimension beitrug, und ein von Adalbert Rückerl (Zentrale Stelle) herausgegebener Band über die Vernichtungslager, der die Ermittlungsergebnisse der Justiz einer breiteren Öffentlichkeit zugänglich machte.[21]

Befehlsfragen bildeten zwar nach wie vor einen wichtigen Gegenstand der fachlichen Auseinandersetzung. Diese konzentrierte sich jetzt aber fast ausschließlich auf Hitler und sein engeres Umfeld; auf die Existenz und Datierung eines »Führerbefehls« zur Judenvernichtung.[22] Diese Debatte übertrug den Richtungsstreit zwischen Intentionalisten und Funktionalisten auf das Gebiet des Holocaust. Sie setzte wichtige konzeptionelle Impulse, doch wurden diese nicht aufgenommen, weil die Forschung stagnierte. Da sich in Deutschland nach wie vor nur wenige Historiker mit dem Judenmord befaßten, verpaßte man den Anschluß an die internationale Forschung. Das machte sich vor allem beim eigentlichen Vernichtungsgeschehen und seiner

Verbindung zur deutschen Kriegführung und Besatzungspolitik bemerkbar.[23]

Diese Situation hat sich im letzten Jahrzehnt deutlich geändert. Der Schwerpunkt der Forschung verlagerte sich auf die besetzten Gebiete Ost- und Ostmitteleuropas. Dort wurde die »Endlösung« in Gang gesetzt und zunächst an der einheimischen jüdischen Bevölkerung durchgeführt. Dort standen aber auch die Vernichtungslager, in denen seit 1942 täglich Abertausende aus ganz Europa umgebracht wurden. Die neuere Holocaust-Forschung befaßt sich mit der Bau- und Organisationsgeschichte der Konzentrations- und Vernichtungslager, vor allem aber mit der Ingangsetzung und Durchführung der systematischen Judenvernichtung am »Tatort« selbst.[24] Allenthalben stieß man dabei auf Tätergruppen im SS- und Polizeiapparat, in der Verwaltung, in der Wirtschaft und in der Wehrmacht, welche die Verfolgung der Juden mit zum Teil erheblichem Engagement vorangetrieben hatten. Die Forschung der neunziger Jahre hat auch wieder stärker die Kooperation mit der Justiz gesucht, jetzt allerdings auf der Ebene der Verfahrensakten, die als wertvolle Quelle »entdeckt« und umfassend ausgewertet werden.[25] Diese Tiefenlotungen ins Netzwerk der Täter stellten das verbreitete Bild einer Vernichtungsmaschinerie, die von ideologisch unbeteiligten Funktionären in Gang gehalten wurde und ihre Opfer mit kalter Effizienz verschlang, nachhaltig in Frage.[26]

Neben institutionellen Faktoren sind auch zeitliche Differenzierungen zu beachten. Der Begriff »Holocaust« bezeichnet jene Phase der deutschen Judenverfolgung, die überwiegend oder ausschließlich vom Mord bestimmt war. Dies war spätestens seit dem deutschen Überfall auf die Sowjetunion im Sommer 1941 der Fall. Hiergegen ist neuerdings eingewandt worden, daß bereits der Kriegsbeginn die wesentliche Zäsur zwischen Judenverfolgung und Judenmord dargestellt habe, weil aus Sicht der NS-Akteure Krieg und »Rassenkrieg« aufs engste miteinander verknüpft waren.[27] So nahmen die Tötungsaktionen von SS-Einheiten gegen Juden und die polnische Führungsschicht beim deutschen Einmarsch in Polen die Massenerschießungen des »Unternehmens Barbarossa« bis in die Einzelheiten vorweg.[28] Trotz dieses Zusammenhangs von antijüdischer Vernichtungspolitik und deutscher Kriegführung sollte man die substantiellen Unterschiede nicht verkennen, welche die deutschen »Blitzkriege« der Jahre 1939/40 vom Vernichtungskrieg gegen die UdSSR trennen. Die Ermordung der Juden wurde erst jetzt – teilweise vorbereitet durch entsprechende »Erfahrungen« nach der Besetzung Polens – bestimmende Praxis und führte im Laufe des Jahres 1942 zur »Endlösung« im gesamten deutschen Machtbereich in Europa.[29]

Dieser Völkermord forderte nach neuesten Berechnungen des Instituts für Zeitgeschichte rund 6 Millionen Opfer, die sich, ausgehend von der jeweiligen Vorkriegsbevölkerung, wie folgt auf die einzelnen Länder verteilen:[30]

Land	Zahl der jüd. Opfer	Anteil (Vorkriegsbevölkerung)
Polen	2.700.000	94,9 %
Sowjetunion	2.100.000	70,0 %
Ungarn	550.000	64,4 %
Rumänien	211.214	35,6 %
Deutsches Reich	160.000	32,0 %
Tschechoslowakei*	143.000	69,0 %
Niederlande	102.000	91,1 %
Jugoslawien	60.000	72,9 %–79,0 %
Österreich	65.459	34,2 %
Griechenland	59.185	84,5 %
Frankreich und Belgien	32.200**	ca. 21 %
Bulgarien	11.393	ca. 100 %***
Italien	6.513	19,6 %
Luxemburg	1.200	32,4 %
Norwegen	758	ca. 43 %
Albanien	591	?****
Dänemark	116	1,5 %
Zus.	6.203.629	–

*»Protektorat Böhmen und Mähren« und slowakische Republik, ohne an Ungarn abgetretene Gebiete.
**Nicht gezählt sind hierbei rund 72.000 ausländische Staatsangehörige, die aus Frankreich und Belgien deportiert wurden.
***Diese Zahl bezieht sich auf die bulgarischen Besatzungsgebiete Mazedonien und Thrazien, deren jüdische Einwohner auf deutschen Druck nach Treblinka deportiert und vergast wurden. Die etwa 50.000 bulgarischen Juden blieben als einzige im Machtbereich der Achsenmächte verschont.
****Für die Vorkriegszeit gibt es keine zuverlässigen Zahlen.

Rund drei Viertel aller Opfer des Holocaust waren also polnische und sowjetische Staatsangehörige. Die Ermordung der Juden war in Polen nahezu vollständig.[31]

Mit Blick auf die Tötungsmethoden zeigt sich, daß bis zu 30

Prozent, etwa 1,8 Millionen Menschen, erschossen wurden.[32] In der Sowjetunion brachten Einsatzgruppen der Sicherheitspolizei und des SD allein bis Frühjahr 1942 nahezu 600.000 Juden um. Die größten Massaker in dieser Phase waren die Erschießung von 33.771 Juden in Babj Jar bei Kiew Ende September 1941 und der im Monat darauf durchgeführte Mord von rund 50.000 Juden durch rumänische Einheiten in Odessa.[33] Ähnliche Dimensionen erreichte nochmals die sogenannte »Aktion Erntefest«, bei der deutsche Sicherheits- und Schutzpolizei an zwei Tagen im November 1943 rund 42.000 jüdische Zwangsarbeiter im polnischen Bezirk Lublin niedermetzelten.[34] Rund 45 Prozent aller Holocaust-Opfer, etwa 2,8 Millionen Juden, wurden vergast.

Von Ende 1941 bis Mitte 1942, September 1942 bis Mitte 1943 und schließlich im Juni und Juli 1944 wurden in Chełmno (»Kulmhof«) mindestens 160.000 polnische und nichtpolnische Juden aus dem Getto Łódź (»Litzmannstadt«) in Gaswagen und zuletzt einer stationären Gaskammer mit Motorabgasen getötet.[35]

Im März 1942 ging das Vernichtungslager Belzec im Generalgouvernement Polen »in Betrieb«, bis zum Sommer dieses Jahres folgten die Vernichtungslager Sobibór und Treblinka. In diesen drei Lagern wurden bis November 1943 rund 1,7 Millionen Juden mit Motorabgasen erstickt: in Belzec 600.000 bis Ende 1942, in Sobibór 250.000 bis Oktober 1943, in Treblinka mindestens 900.000 bis August 1943.[36] In Lublin-Majdanek, dem einzigen Konzentrationslager im Generalgouvernement, führte die SS ab Oktober 1942 ebenfalls Vergasungen durch, wie in Auschwitz-Birkenau mit dem Blausäuregas Zyklon B. Angaben über die Zahl der Opfer dieser Tötungen – wie auch über die Opfer von Majdanek insgesamt – schwanken erheblich.

Im Lager Auschwitz-Birkenau im Bezirk Oberschlesien setzten die massenhaften Vergasungen durch Zyklon B im Juli 1942 ein.[37] Hier wurden rund 900.000 Juden getötet. Die letzte und zugleich größte dieser Vernichtungsaktionen war die Ermordung der ungarischen Juden seit Frühsommer 1944. Der Unterschied zum Vernichtungslager Treblinka, das eine vergleichbare Zahl von Opfer forderte, bestand einmal darin, daß in Auschwitz Juden aus ganz Europa umgebracht wurden, zum anderen darin, daß Auschwitz-Birkenau ein Konzentrations- *und* Vernichtungslager war, während Treblinka nur zum Zweck des massenhaften Mordens bestand.

Erschießungen und Vergasungen waren die wichtigsten Tötungsmethoden des Holocaust. Es gab daneben aber noch andere Verfahren, durch die ebenfalls Hunderttausende von Juden ermordet wurden. Hier ist zunächst die Vernichtung durch Arbeit zu nennen. Reinhard Heydrich beschrieb diese Mordmethode bei der Wannsee-Konferenz Ende Januar 1942. Danach sollten die Juden unter Trennung der Geschlechter »straßenbauend in den Osten« geführt und hierdurch bereits weitgehend dezimiert werden. Die Übriggebliebenen waren auf andere Weise zu ermorden, bevor der ganze Prozeß sich wiederholte. Die Forschung hat dieses »komplementäre Element«[38] der »Endlösungs«-Planungen lange unterschätzt.

Allerdings war die »Vernichtung durch Arbeit« ein regional und zeitlich begrenztes Phänomen: Ostgalizien 1941/42 und unterirdische Ausbauprojekte zur Raketenrüstung 1944 sind hier vorrangig zu nennen.[39] Nicht jedes Konzentrationslager oder Außenlager war ein Vernichtungslager. Zudem kamen auch in der letzten Kriegsphase überwiegend nichtdeutsche Juden, vor allem aus Ungarn, in den mörderischen Arbeitseinsätzen des sogenannten Kammler-Stabes um.

Eine schwer schätzbare Zahl von Juden kam in den Gettos durch Hunger und Seuchen um. Da die Gettoisierungspolitik in mancher Hinsicht einen Schlüssel zum Verständnis des Täterverhaltens darstellt, wird hierauf von der Forschung noch näher einzugehen sein.

Man kann nun die in der Tabelle aufgeführten Ziffern nach den Tötungsmethoden differenzieren. Der auffälligste Befund ist dabei, daß Massenerschießungen nur in Osteuropa (Sowjetunion, Teile des Generalgouvernements) und Südosteuropa (etwa Serbien) durchgeführt wurden. Im Reichsgebiet und im besetzten Westeuropa bestimmte der Abtransport der jüdischen Bevölkerung »nach Osten« das Bild der Judenverfolgung. Auch Gettos gab es mit Ausnahme der Niederlande nur in Osteuropa.

Die Ermordung der europäischen Juden war ein komplexer Vorgang, der in verschiedene Politikbereiche des NS-Staates eingriff. Der Holocaust war mit siedlungs- und wirtschaftspolitischen Zielsetzungen des Regimes eng verbunden. Nicht selten verübten dieselben Täter Morde an Juden und Nichtjuden. Diese Komplexität der »Endlösung« schlägt sich in der Breite der Tätergruppen deutlich nieder. Es ist jedoch nicht davon auszugehen, daß diese Gruppen dieselben Interessen vertraten. Übereinstimmung in ideologischen Fragen konnte sich mit unterschiedlichen Motiven verbinden. Das tat der Wirksamkeit der NS-»Weltanschauung« keinen Abbruch, sondern stärkte sie durch den Bezug auf angebliche oder tatsächliche »Sachzwänge« nationalsozialistischer Politik, die als legitimatorischer Hintergrund hohe Bedeutung hatten.

Wer sich mit Adolf Hitler als Täter der Judenvernichtung befaßt, kommt gar nicht umhin, zu sehr kontroversen Problemen Stellung zu nehmen: Welche tatsächliche Macht hatte der Diktator in der »Judenfrage«? Welche Rolle spielte in seinem Denken der Antisemitismus? Verfolgte Hitler das Ziel, die Juden zu ermorden, konsequent und geradlinig, oder müssen wir von »verschlungenen Wegen« nach Auschwitz ausgehen? Befahl Hitler den Judenmord, und wenn ja, wann?

Die Auffassungen zu dieser Frage gingen lange Zeit sehr auseinander. »Intentionalisten« wie Eberhard Jäckel betonten Hitlers zentrale Rolle im NS-Herrschaftssystem, seinen fanatischen Antisemitismus und damit auch seine Befehlsgewalt bei der Judenvernichtung. Setzte der aufsteigende Politiker Hitler den Antisemitismus noch durchaus instrumentell ein,[40] so kann an seiner fanatischen Judenfeindschaft als Reichskanzler kein Zweifel bestehen. Hitler machte immer wieder deutlich, daß er jede noch so radikale Maßnahme gegen die Juden deckte und billigte. Insofern war die Person des »Führers« unentbehrlich.[41] »Funktionalisten« wie Martin Broszat und Hans Mommsen bestritten nicht Hitlers Rolle als charismatischer »Führer« des NS-Regimes und die Bedeutung des auf politischem Gehorsam beruhenden Führerprinzips auf allen Ebenen von Staat und Verwaltung. Sie wiesen aber auf die unleugbare Tendenz des NS-Regimes zur gesellschaftlichen Selbstblockade und auf den inhaltsleeren Aktionismus des Systems hin, der folgerichtig in die Judenvernichtung eingemündet sei.[42]

Hinsichtlich der Befehlsfrage haben die »Intentionalisten« überwiegend einen relativ frühen Termin für eine Weisung Hitlers angenommen, die europäischen Juden zu ermorden. So hat Richard Breitmann einen solchen Befehl kürzlich auf März 1941 datiert.[43] Die »Funktionalisten« gehen eher von einem späteren Termin aus, da die »Endlösung« sich nicht aus einem vor dem Überfall auf die Sowjetunion feststehenden »Programm«, sondern aus einer Vielzahl von Einzelinitiativen, namentlich in den besetzten Ostgebieten, improvisatorisch herausgebildet habe. Broszat und Hans Mommsen gehen sogar davon aus, daß gar kein solcher Befehl erteilt wurde, während Christopher Browning, der sich als »gemäßigten Funktionalisten« bezeichnet, Hitlers Weisung auf Oktober 1941 datiert.[44]

Die neuere regionalgeschichtliche Holocaust-Forschung hat zu dieser Frage eine Reihe von neuen Befunden beisteuern können. Diese bestätigen einerseits die funktionalistische Bedeutung des Holocaust, was den Zusammenhang des Judenmords mit der Kriegführung des Deutschen Reiches, die Rolle nachgeordneter Instanzen und die These betrifft, daß es wegen der ständigen Radikalisierung der Judenverfolgung seit Frühjahr 1941 mit *einer* Entscheidung Hitlers nicht getan war. Die jüngere Forschung veranschlagt jedoch andererseits den Stellenwert der NS-Ideologie höher, als das in den siebziger und achtziger Jahren der Fall gewesen ist, weil die »weltanschaulichen« Motive der führenden Nationalsozialisten ganz offenkundig als Handlungsantriebe ernst genommen werden müssen. So hat Christian Gerlach jüngst die These vertreten, daß Hitler nach der deutschen Kriegserklärung an die Vereinigten Staaten am 12. Dezember 1941 eine »Grundsatzentscheidung« zur Vernichtung der europäischen Juden gefällt habe, die als konsequente Umsetzung von Hitlers wiederholten »Prophezeiungen« zu deuten sei, im Falle eines erneuten Weltkrieges gegen Deutschland werde die »jüdische Rasse in Europa« vernichtet.[45]

Es ist bisher nicht gelungen, den Streit um Befehle und Datierungen beizulegen. Wegen der schwierigen Quellenlage wird dies vermutlich auch nicht möglich sein. Die Forschung hat daher auch immer wieder versucht, Hitlers Rolle indirekt zu bestimmen, sei es durch eine genaue Analyse der Vorgänge in den besetzten Gebieten, die in gewissen Grenzen Rückschlüsse auf Entscheidungen im Zentrum zulassen, sei es neuerdings mit Blick auf den Reichsführer-SS, Heinrich Himmler.[46]

Im Spiegel seines kürzlich edierten Dienstkalenders wird sehr gut sichtbar, daß Himmler ein ideologischer Fanatiker war, vor allem in Fragen der sogenannten Rassen- und Siedlungspolitik, die im Denken Himmlers und seiner Umgebung die Entfernung aller Juden und Slawen aus den projektierten deutschen Kolonien im Osten zwingend voraussetzte. Seit dem Krieg gegen die UdSSR war er die entscheidende Figur in der Judenverfolgung, weil Himmler mit dem SS- und Polizeiapparat die gesamte Exekutive des Holocaust befehligte. Allerdings war er von seinem »Führer« völlig abhängig und suchte sehr häufig dessen Entscheidung.

Trotz Himmlers zentraler Rolle bei der Durchführung des Völkermords finden sich in seinem Kalendarium aber nur vergleichsweise wenige Einträge zu diesem Thema; noch seltener sind dezidierte Weisungen Hitlers, bestimmte jüdische Bevölkerungsgruppen zu ermorden. Es spricht also viel dafür, daß Himmler die wiederholten Äußerungen Hitlers, die Vernichtung der Juden betreffend, auch ohne konkreten Befehl als des Führers »Wunsch« aufnahm und in praktische Politik umsetzte, was wiederum häufige Rücksprachen und Rückversicherungen erforderlich machte. Himmler, so die Herausgeber des Dienstkalenders, war weniger »Architekt« denn »Manager« des Genozids.

Die SS war, wie schon Hans Buchheim im Zusammenhang des Frankfurter Auschwitz-Prozesses herausgearbeitet hat, das wichtigste Herrschaftsinstrument des NS-Regimes.[47] Es handelt sich aber nicht um eine einheitliche Organisation, sondern um eine Vielzahl von politischen, polizeilichen und militärischen Instanzen, deren Hierarchien in die besetzten Gebiete hinabreichten. Die Judenvernichtung wurde vom Reichssicherheitshauptamt (RSHA) und seinen Ämtern, von den Höheren SS- und Polizeiführern (HSSPF), der Waffen-SS und der Ordnungspolizei durchgeführt. Diese Organisationen stellten folglich den größten Teil der Täter.[48]

Das kurz nach Kriegsausbruch von Reinhard Heydrich geschaffene RSHA bestand aus der Geheimen Staatspolizei (Gestapo), dem Sicherheitsdienst (SD) und der Kriminalpolizei. Der SD, Heydrichs Schöpfung, war parteiinterner Nachrichtendienst, Instrument zur Beobachtung der deutschen Volksmeinung und weltanschaulicher Kern des RSHA. Mitarbeiter des SD projektierten schon in den frühen dreißiger Jahren jene radikalen »Lösungen« der Judenfrage durch erzwungene Auswanderung, die seit 1938 bestimmend wurden.[49] Adolf Eichmann und seine Kollegen ließen sich in ihrer Arbeit von einem rassenbiologischen Weltbild leiten, das unter dem Eindruck von Hannah Arendts Formel von der »Banalität des Bösen«[50] lange übersehen wurde, in neu aufgefundenen Quellen jetzt aber deutlich zutage tritt.[51] Eichmann war sowohl für die Deportation der Juden als auch für Transporte zuständig, mit denen Volksdeutsche in die besetzten Gebiete geschafft wurden. Wie Götz Aly herausgearbeitet hat, bestand ein enger Zusammenhang von Siedlungspolitik und Judenvernichtung nicht nur auf ideologischem Gebiet. Das wiederholte Scheitern von gigantischen Ansiedlungsprojekten, die unter der Regie Himmlers in seiner Funktion als »Reichskommissar für die Festigung deutschen Volkstums« (RKF) geplant wurden, ließ, so Aly, am Ende gar nichts anderes zu als die kompensatorische Vernichtung der Juden.[52]

In diesem Zusammenhang ist einerseits auf die sog. Einsatzgruppen der Sicherheitspolizei und des SD zu verweisen, die im Sommer 1941 in die Sowjetunion einmarschierten und Hunderttausende von Juden umbrachten, andererseits auf die Leiter ortsfester Sipo- und SD-Dienststellen, die im Osten aus solchen mobilen Einheiten hervorgingen.[53] Hervorzuheben ist die überdurchschnittlich hohe Zahl von Österreichern in Adolf Eichmanns RSHA-Judenreferat.[54]

In gewisser Weise waren die Höheren SS- und Polizeiführer (HSSPF), Himmlers direkte Bevollmächtigte im Reich und in den besetzten Gebieten, das genaue Gegenbild der SD-Führer. Sie waren meist »alte Kämpfer« der NSDAP, rekrutierten sich zu nicht geringen Teilen aus den Schlägerbanden der SA, verfügten über oft unzureichende formale Bildung und hatten die Karriere als hauptamtliche SS-Führer als Ausweg aus Arbeitslosigkeit und beruflichem Scheitern erlebt. Von den HSSPF wurden unbedingte Treue zum »Reichsführer«, Entschlossenheit bei der Umsetzung seiner Befehle und militärische Tugenden verlangt.[55] Sie wurden nach Kriegsausbruch deshalb wichtig, weil Himmler den HSSPF koordinierende Kompetenzen gegenüber den Hierarchien von Sicherheitspolizei/ SD einerseits, der Ordnungspolizei andererseits zuwies.

Ob sie diese Befugnisse auch durchsetzen konnten, ist eine Frage, die man von Fall zu Fall klären muß. In den zivil verwalteten Reichskommissariaten Ostland und Ukraine hatten die HSSPF durch ihre Befehlsgewalt über die von Himmler im rückwärtigen Heeresgebiet eingesetzten SS- und Polizeiverbände (1. Staffel Sonderkommandos, 2. Staffel Einsatzkommandos und Bataillone der Ordnungspolizei, 3. Staffel SS-Brigaden und SS-Kavalleriebrigaden in zivil verwalteten Gebieten) schon seit Sommer 1941 eine Schlüsselstellung inne.[56]

Im Generalgouvernement Polen gab es nicht nur den HSSPF

Friedrich-Wilhelm Krüger, sondern auch ihm unterstellte SS- und Polizeiführer in den vier, seit Sommer 1941 fünf Gebietsteilen (Distrikten). Krüger lag in Dauerkonflikt mit dem Leiter der zivilen Verwaltung des Generalgouvernements, Dr. Hans Frank, der zwar ebenfalls ein fanatischer Antisemit war, aber bestimmte Kompetenzen in der Judenverfolgung verteidigte, bis er diese Mitte 1942 an die SS abgeben mußte.[57]

Unterdessen stieg Himmlers Duzfreund Odilo Globocnik, SSPF des Distrikts Lublin, zum Organisator der »Aktion Reinhard« und nach Eichmann wohl wichtigsten Täter im zweiten Glied auf. Leitend war hierbei die von Himmler vorrangig verfolgte Siedlungspolitik, also die Zielsetzung, die Sowjetunion, später auch Zentralpolen von Lublin aus durch Ansiedlung von Volksdeutschen zu germanisieren, was im NS-Verständnis die Entfernung aller Juden voraussetzte.[58]

Himmler agierte in diesen Zusammenhängen als Reichskommissar für die Festigung deutschen Volkstums (RKF) und baute 1941/42 auch die HSSPF und SSPF in diese Hierarchie ein. Als RKF-Bevollmächtigte verfügten sie über erweiterte Kompetenzen gegenüber der Verwaltung, u. a. beim Zugriff auf das Vermögen der ermordeten Juden; ein Vorgang, der erst neuerdings stärkere Beachtung findet.

Die Rolle der Ordnungspolizei in der Judenverfolgung ist bis vor kurzem fast gänzlich übersehen worden. Christopher Browning und Daniel Goldhagen haben sich dann eingehend mit der sogenannten Truppenpolizei befaßt; weitere Forschungen folgten oder sind im Gang.[59] Es handelt sich bei diesen Polizeibataillonen um militärisch organisierte Einheiten, die in unterschiedlichen Zusammenhängen eingesetzt wurden; stets als Teil von großen Polizeiregimentern. Diese waren beim Vormarsch in der Sowjetunion den Einsatzgruppen beigeordnet und »unterstützten« ihren Vernichtungsfeldzug.[60]

Im Generalgouvernement Polen bestand seit 1942 die vorrangige Aufgabe der Polizeibataillone in der Durchführung des Judenmordes, sei es durch Erschießungen, sei es durch die Zusammentreibung der Opfer im Vorfeld von Bahntransporten in die Vernichtungslager Belzec, Sobibór und Treblinka. Bemerkenswert ist, daß im Unterschied zu vergleichbaren Verbänden die im Generalgouvernement eingesetzten Polizisten älteren Jahrgangs waren. Es handelte sich durchweg um Reserve-Polizeibataillone, die aus unterschiedlichen Schichten der reichsdeutschen Bevölkerung, aus Berufspolizisten und Reservisten, rekrutiert wurden.[61]

Neben der Truppenpolizei gab es den sogenannten Einzeldienst, also jene Polizisten, die auf dem Revier oder als Gendarmen auf dem flachen Land Dienst taten. Diese Einheiten wurden zur Absperrung von Gettos im Vorfeld von Deportationen und Erschießungen herangezogen; sie erschossen im Generalgouvernement befehlsgemäß Juden, die sich außerhalb der Städte aufhielten; Gendarmeriebeamte waren an der Suche nach Geflohenen in den Wäldern, den sogenannten Judenjagden, beteiligt.[62]

Im Unterschied zum RSHA, den HSSPF und den Polizeibataillonen, die von der Forschung lange Zeit kaum oder nur am Rande wahrgenommen wurden, hat die Waffen-SS früh Aufmerksamkeit gefunden, nicht zuletzt deshalb, weil die Wachkommandos der Konzentrationslager, die sogenannten Totenkopfverbände, diesen militärischen Einheiten entstammten. Dagegen sind die Brigaden und berittenen Verbände der Waffen-SS, die zeitweise direkt dem »Kommandostab Reichsführer-SS« unterstanden, bisher nur unzureichend erforscht. Im Sommer 1941 hatte Himmler in der Sowjetunion rund 19.000 Mann in SS-Brigaden, Kavallerieregimentern und einem Polizeibataillon zur Verfügung, die sich aus zur Front eingezogenen Totenkopfverbänden rekrutierten; dies waren deutlich mehr Männer, als die Einsatzgruppen stellten. Diese Einheiten waren im rückwärtigen Gebiet der Ostfront tätig. Sie ermordeten Zehntausende sowjetischer Zivilisten, vor allem Juden, als angebliche Partisanen und Partisanenhelfer. Dies geschah teilweise in Abstimmung mit den zuständigen Kommandeuren der rückwärtigen Heeresgebiete. So erschoß die berittene SS in Weißrußland innerhalb weniger Tage Ende Juli 1941 rund 13.000 jüdische Zivilisten; weitaus mehr als die regional zuständige Einsatzgruppe B unter Oberstgruppenführer Arthur Nebe, im Hauptberuf Chef des Reichskriminalpolizeiamtes.[63]

Zum SS- und Polizeiapparat müssen auch die vielen nichtdeutschen Hilfswilligen gezählt werden, die in Osteuropa an der Ermordung der Juden partizipierten. Hier sind zunächst die sogenannten Schutzmannschaften zu nennen; landeseigene Hilfswillige, die zur Vereinheitlichung der in der Pogromphase gebildeten Milizen aus »zuverlässigen« Ukrainern, Balten und Weißrussen aufgestellt wurden und Anfang 1942 eine Zahl von rund 45.000 Mann in den Reichskommissariaten Ostland und Ukraine stellten. Entsprechend der reichsdeutschen Polizei waren seit Spätherbst 1941 die Schutzmänner im Einzeldienst und in Polizeibataillonen organisiert. Letztere wurde oft heimatfern eingesetzt und zu Wachdiensten, u. a. in Zwangsarbeitslagern, herangezogen. Viele dieser Polizisten ermordeten Juden.

Im Generalgouvernement gab es keine Schutzmannschaften, wohl aber ukrainische Polizei zur Verfügung des Gendarmerie-Einzeldienstes. In Lemberg war beispielsweise eine ukrainische Stadtpolizei vorhanden, die maßgeblich an der Vernichtung des dortigen Gettos seit März 1942 beteiligt war. Die Befehle kamen stets vom deutschen Schupo-Kommando, das wiederum dem örtlichen SSPF Katzmann unterstand.[64]

Berüchtigt waren Angehörige des »Volksdeutschen Selbstschutzes«, der bereits während des Krieges gegen Polen an der Ermordung der polnischen Intelligenz und an der Vertreibung von Juden beteiligt war. Der schon erwähnte SSPF Globocnik rekrutierte aus dem Volksdeutschen Selbstschutz das Wachkommando seiner vielen jüdischen Zwangsarbeitslager; Angehörige dieser Mördertruppe taten sich teilweise durch außerordentliche Grausamkeit hervor. Dies gilt auch für die sog. »Trawnikis«, die Globocnik aus »Freiwilligen« unter den sowjetischen Kriegsgefangenen rekrutierte und im Lager Trawniki bei Lublin ausbilden ließ. »Trawnikis« waren ebenfalls als Wachkommandos in Zwangsarbeitslagern, aber auch in den Globocnik unterstehenden Vernichtungslagern eingesetzt, deren leitendes Personal dem Apparat der sog. »Euthanasie«-Aktion entstammte. Die Trawnikis wurden von ihren deutschen Aufsehern z. T. brutal mißhandelt, gingen aber ihrerseits unerhört grausam gegen die Juden vor. Ähnlich wird es bei vielen Selbstschutz-Angehörigen gewesen sein, die meist nicht gut deutsch sprachen und von ihren SS-Vorgesetzten herablassend behandelt wurden.

Im Unterschied zu den Ostgebieten waren vorbereitende Maßnahmen zum Judenmord im Reichsgebiet selbst stärker bürokratisch und administrativ organisiert. Dort waren daher auch Angehörige der Ministerien, der allgemeinen und inneren Verwaltung als Täter an der »Judenvernichtung« beteiligt. In der Ministerialbürokratie hat man es häufig noch mit Angehörigen der alten Eliten zu tun, also mit nationalkonservativen Beamten, die zum Teil schon in der Weimarer Republik Dienst getan hatten; daneben aber auch mit überzeugten Nationalsozialisten, die dem Regime ihre Karriere verdankten.[65] Beispielhaft ist das Auswärtige Amt unter Ribbentrop und seinem Staatssekretär von Weizsäcker zu nennen, dessen »Judenreferent« Rademacher im Sommer 1940 den Plan entwarf, alle europäischen Juden auf die Insel Madagaskar zu deportieren. Seit 1941 war das Auswärtige Amt tief in die »Endlösungs«-Politik verstrickt.[66]

Die zentrale Rolle der Reichsbahn unter dem Staatssekretär Ganzenmüller hat Raul Hilberg schon vor einigen Jahren herausgearbeitet. Sie stellte alle Züge für Judentransporte bereit und unterstützte Himmler auch dann, wenn durch Transportsperren Vorrang des militärischen Güterverkehrs gesichert werden sollte. Das Ziel, die Juden zu vernichten, erhielt somit zeitweise Vorrang vor der Versorgung der Front.[67]

Weniger erforscht ist die Rolle der Reichsbank und im weiteren Sinne der Reichsfinanzverwaltung bei der Beschlagnahme und Verwertung jüdischen Vermögens, das zum Teil direkt bei den Beutestellen der Wehrmacht eingeliefert, überwiegend jedoch aus den Vernichtungszentren in Auschwitz und Lublin nach Berlin gelangte. Erst auf dem Umweg über die Schweizer Nazi-Gold-Affäre ist die Forschung auf diese Probleme aufmerksam geworden, die nun auch anhand der deutschen Geschäftsbanken untersucht werden.[68] Neuerdings werden auch Lokalstudien über die »Arisierung« jüdischen Vermögens in deutschen Großstädten durchgeführt.

Frank Bajohrs Arbeit über Hamburg vermittelt tiefe Einblicke in Beteiligung »gewöhnlicher Deutscher« an der Beraubung ihrer jüdischen Mitbürger und sogar an der Verwertung des Eigentums in den Ostgebieten ermordeter Opfer, das ohne größere Tarnung als »Umsiedlungsgut« im Hamburger Hafen feilgeboten wurde. Bajohr belegt, daß das NS-Regime die deutsche Bevölkerung durch diese strukturelle Korruption in seine Vernichtungspolitik integrierte – das Bewußtsein eigener Schuld wird sicher davon abgehalten haben, Kritik zu üben.[69]

Weiterhin ist die Arbeitsverwaltung zu erwähnen. Da die Zwangsarbeit der Juden in verschiedenen Phasen der »Endlösung« den Verlauf des Massenmordes beeinflußte, kam den Arbeitsämtern eine besondere Bedeutung zu. Das gilt, wie Dieter Maier gezeigt hat, nicht nur für die Ostgebiete wie Zentralpolen, wo die Arbeitsverwaltung bis Mitte 1942 die Zuständigkeit für diese Bereiche innehatte und in vielen Fällen aktiv an Verbrechen partizipierte, sondern auch für das Reichsgebiet selbst, wo die Zwangsarbeit ebenfalls zu einem zentralen Bereich der Judenverfolgung ausgebaut wurde.[70]

Lange Zeit ganz übersehen wurden die mittleren Etagen der deutschen Zivil- und Militärverwaltungen in Osteuropa.[71] In diesen Besatzungsgebieten waren vergleichsweise sehr wenige Deutsche außerhalb des militärischen Apparates eingesetzt, was nicht vorrangig mit Personalmangel, sondern mit der Absicht des Regimes zu erklären ist, das »Fremdvolk« unter minimalem Einsatz von Ressourcen kolonial niederzuhalten, auszubeuten und am Ende auch umzubringen. Es ist davon auszugehen, daß die überwiegende Mehrzahl dieser Funktionäre in der einen oder anderen Weise Täter waren. Für die Zivilverwaltung im Generalgouvernement liegen inzwischen genauere Kenntnisse vor. Das gilt vor allem für die wichtige Mittelinstanz der sogenannten Kreishauptleute, die im Generalgouvernement Polen maßgeblich am Judenmord partizipierten, aber erst spät in den Blickwinkel der Justiz gelangten und die anhängigen Ermittlungsverfahren zu hintertreiben wußten. Vielen von ihnen gelang es, in der jungen Bundesrepublik hohe Stellungen in Wirtschaft, Verwaltung und Justiz zu erringen.[72]

Weitere Informationen sind in Kürze für die Reichskommissariate auf dem Gebiet der UdSSR zu erwarten, während die großen Landesteile, die bis zur Wiedereroberung durch die Rote Armee unter Militärverwaltung blieben, personell noch weniger erforscht sind.

Die moderne Täterforschung läßt sich auch als Forschung über staatliche Massenverbrechen in sozialgeschichtlicher Absicht charakterisieren. Ulrich Herbert hat am Beispiel von Heydrichs Stellvertreter Werner Best dieses rassenbiologische Weltbild als typisches Merkmal der um 1900 geborenen »Kriegsjugendgeneration« ausgemacht. »Härte« sollte exerziert, emotionsfreie »Sachlichkeit« im Umgang mit fremden Völkern geübt werden, denen man ebenso kalt das Existenzrecht rundweg absprach, wenn sie dem germanischen Ideal nicht entsprachen.[73] Der SD setzte sich mit der Forderung nach einer »gesetzlichen Lösung« der Judenfrage vom »Radauantisemitismus« in Partei und SA ab, den Goebbels letztmals bei der sogenannten Kristallnacht aktivierte.

Was für das Führerkorps der SS insgesamt gilt, trifft in bezug auf den SD in noch stärkerem Maße zu: Er war Elite. Die höheren SD-Funktionäre stammten überwiegend aus bürgerlichen Elternhäusern; sie waren außerordentlich jung, meist akademisch gebildet, oft promoviert. Angehörige dieser Tätergruppe findet man zuhauf, im Westen und im Osten, und stets an Schaltstellen des Vernichtungsapparates.

Ein großer Teil der Täter war am Holocaust in befehlsmäßigen Zusammenhängen beteiligt, etwa als Angehöriger der Waffen-SS, der Sicherheits- oder Schutzpolizei, als Soldat der Wehrmacht. Befehle zum Judenmord konnten zwar verweigert werden, was auch tatsächlich in vielen Fällen geschah. Die nachträgliche Schutzbehauptung aber, man habe nur um den Preis einer Gefährdung des eigenen Lebens die Teilnahme an Judenmordaktionen ablehnen können, ist nicht haltbar, weil ein solcher objektiver Befehlsnotstand nicht existierte.[74] Allerdings wurde auf vermeintliche »Feiglinge« in den eigenen Reihen oft ein beträchtlicher Gruppendruck ausgeübt. Von einer freiwilligen Beteiligung am Holocaust kann somit bei ausführenden Tätern nur dann die Rede sein, wenn das Milieu und der situative Kontext, in dem sie handelten, dies überhaupt zuließen.[75]

Das Problem von Befehl und Gehorsam ist aber nicht nur bei der Durchführung der Massenvernichtung, sondern auch bei ihrer Ingangsetzung und Durchsetzung zu beachten. Befehle zum Mord an den Juden sind zunächst unter der Frage analysiert worden, ob man sich dem »Befehl in Weltanschauungssachen« entziehen konnte; später mit Blick auf Hitler und die Führungsspitze.[76] Die Verbreiterung der Täterforschung in den letzten Jahren hat noch keinen Niederschlag in Untersuchungen zur Befehlsfrage gefunden. Wie die Befehlstechnik beim Judenmord beschaffen war, wie sich solche Weisungen auswirkten, bevor sie auf der unteren Ausführungsebene angelangten, welche Spielräume nachgeordnete Instanzen hatten – darüber wissen wir empirisch noch recht wenig. Es fehlt somit ein wichtiges Bindeglied zwischen »oben« und »unten«, Zentrum und Peripherie, Führung und Mittelinstanzen in der Hierarchie der antijüdischen Vernichtungspolitik.[77]

Das gilt schließlich auch für Sonderverwaltungen wie die Forstämter, Zoll- und Grenzschutzstellen, deren Angehörige im Wege der »Amtshilfe« vielfach um Unterstützung der »Judenaktionen« gebeten wurden und oft auch diesem Verlangen entsprachen, obwohl sie weder der SS/Polizei unterstellt noch sonst zum institutionellen Gefüge des Vernichtungs-Apparates gehörten. Forschungen hierzu sind ein dringendes Desiderat auf der Linie der von Browning und Goldhagen aufgeworfenen Fragen.

Goldhagens Buch über die Massaker, Lager und Todesmärsche im Osten fügt sich insofern durchaus in den neueren Trend der Holocaust-Forschung ein. Es unterscheidet sich von dieser aber durch die fast ausschließliche Nutzung von Justizakten über ausführende Täter und durch sein Argument, ein kulturell verwurzelter Judenhaß habe die Nation in ihrer Gesamtheit zu Hitlers »willigen Vollstreckern« gemacht.

Zentrales Anliegen der gegenwärtigen und einer zukünftigen Täterforschung müßte es dagegen sein, intensiv nach den Zusammenhängen zwischen den einzelnen Strängen der Judenvernichtung bzw. zwischen Peripherie und Zentrum zu suchen. Dazu wären insbesondere Studien über das Befehlssystem erforderlich. Ansonsten ist aber ein einheitlicher Zugang zu der Täterforschung noch nicht abzusehen. Sicherlich ist aber wohl eine Differenzierung nach den Tätergruppen erforderlich.

Denkbar sind auch eine Reihe von nebeneinander verlaufenden Zugriffen. Man könnte auf die ausführenden Täter Bezug nehmen, wie das bei Goldhagen der Fall ist. Es wäre auch möglich, eher sozialpsychologische Studien in den Mittelpunkt zu stellen, wie sie Browning favorisiert, oder man könnte schließlich auch Motivationsstudien bevorzugen, wie wir sie ebenfalls von Goldhagen her kennen. Vorwärtsweisend wäre sicherlich auch eine Verifizierung der Ergebnisse durch Vergleiche mit nichtjüdischen Opfergruppen. Gefragt werden könnte ebenfalls nach der mittleren Hierarchieebene, also nicht nur nach dem »oben« oder dem »unten«: Auf der oberen Ebene müßte vor allem dem Problem der Kommunikation weiter nachgegangen werden. Auf den anderen Ebenen wären Sozialisations- und Rekrutierungsstudien von erheblicher Bedeutung. Auch die Tatsache, daß das Personal jeweils einer deutlichen Rotation in bestimmten Perioden unterworfen war, würde sicherlich weiterführende Ergebnisse erbringen. Schließlich sei noch auf die Bedeutung von Lokalstudien hingewiesen, die – wie auch bei anderen Themen – unsere Kenntnisse erheblich verbreitern könnten.

Wollte man schließlich den Umgang mit den Tätern des Holocaust umfassend behandeln, so wäre sicherlich auch eine

Analyse dreier entscheidender Instanzen erforderlich: des Rechtssystems, der Wissenschaft und der Medien; vorzugsweise im Vergleich zwischen der Bundesrepublik, der DDR und Österreich als den drei Nachfolgestaaten des »Dritten Reiches«. Solche Untersuchungen liegen bislang nur in Ansätzen vor. Anzustreben wäre dabei vor allem eine Typologie der Täter, etwa im Anschluß an Jäger, die neuere historische Forschungsergebnisse und auch die inzwischen stärker angewachsene sozialpsychologische Literatur zum Thema aufnimmt.

Anmerkungen

1 Es handelt sich bei diesem Beitrag um eine leicht überarbeitete Fassung eines Vortrags vom 18.01.1999 in Kiel anläßlich der Ausstellung »Vernichtungskrieg. Verbrechen der Wehrmacht 1941–1944«. Die Anmerkungen wurden durch den Herausgeber nachträglich eingefügt und aus diesem Grunde auf ein Minimum beschränkt.

2 Aus der Fülle der neueren, den Forschungsstand zusammenfassenden Literatur hier nur Ulrich Herbert (Hg.), Nationalsozialistische Vernichtungspolitik 1939–1945. Neue Forschungen und Kontroversen, Frankfurt/Main [2]1998 und Rolf-Dieter Müller/Hans-Erich Volkmann (Hg.), Die Wehrmacht. Mythos und Realität, München 1999.

3 Daniel Jonah Goldhagen, Hitlers willige Vollstrecker. Ganz gewöhnliche Deutsche und der Holocaust, TB Berlin 1998; ders., Briefe an Goldhagen, Berlin 1997. Zur Debatte auch Dieter Pohl, Die Holocaust-Forschung und Goldhagens Thesen, in: VfZ 45 (1997), S. 1–48; Ruth Bettina Birn, Revising the Holocaust, in: The Historical Journal 40 (1997), Heft 1, S. 195–215 und Julius H. Schoeps, Ein Volk von Mördern? Die Dokumentation der Goldhagen-Kontroverse um die Rolle der Deutschen im Holocaust, Hamburg [3]1996.

4 Nicht selten findet man in der Öffentlichkeit die Auffassung, die Vorgänge im Osten seien für das »Dritte Reich« repräsentativ und folglich müßten ähnliche Mordaktionen auch im eigentlichen Reichsgebiet stattgefunden haben.

5 Dieser Problematik geht zuletzt Christopher Browning nach: Die Debatte über die Täter des Holocaust, in: Herbert, Nationalsozialistische Vernichtungspolitik, S. 148–169.

6 Adam le Bor, Hitler's Secret Bankers. How Switzerland profited from Nazi Genocide, London 1997, S. 59 f., S. 96 f.; Peter Ferdinand Koch, Geheim-Depot Schweiz. Wie die Banken am Holocaust verdienen, München 1997.

7 Herbert Jäger, Verbrechen unter totalitärer Herrschaft. Studien zur nationalsozialistischen Gewaltkriminalität, Olten 1967, S. 13 f.

8 Ebd., S. 44: »Die meisten Verbrechen oder verbrecherischen Teilakte ... lassen sich auf Befehle zurückführen«.

9 Ebd., S. 21 ff.; vgl.ferner: Totalitarismus und Faschismus. Eine wissenschaftliche und politische Begriffskontroverse. Kolloquium des Instituts für Zeitgeschichte, München 1980; Ian Kershaw, Der NS-Staat. Geschichtsinterpretationen und Kontroversen im Überblick, Reinbek 1988, bes. S. 43 ff.

10 Jäger, Verbrechen, S. 21; danach auch die folgenden Gedanken.

11 Ebd., S. 22.

12 Ebd., S. 76 ff.

13 »Wird durch die Ausführung eines Befehls in Dienstsachen ein Strafgesetz verletzt, so ist dafür der befehlende Vorgesetzte allein verantwortlich. Es trifft jedoch den gehorchenden Untergebenen die Strafe des Teilnehmers: ... 2. wenn ihm bekannt gewesen ist, daß der Befehl des Vorgesetzten eine Handlung betraf, welche ein allgemeines oder militärisches Verbrechen oder Vergehen bezweckte.«

14 Jäger, Verbrechen, S. 331–368, danach auch die folgenden Gedanken.

15 Gerald Reitlinger, The Final Solution – The Attempt to Exterminate the Jews of Europe, 1939–1945, London 1953 (deutsche Ausgabe unter dem Titel: Die Endlösung. Hitlers Versuch der Ausrottung der Juden Europas 1939–1945, Berlin 1956), Wolfgang Scheffler, Judenverfolgung im Dritten Reich 1933–1945, Berlin 1960; Raul Hilberg, Die Vernichtung der europäischen Juden, 3 Bde., überarbeitete Taschenbuchausgabe, Frankfurt/Main 1990; Wolfgang Scheffler/Helga Grabitz, Letzte Spuren, Berlin 1988.

16 Hilberg, Die Vernichtung, S. 1061–1099.

17 Raul Hilberg, Täter, Opfer, Zuschauer. Die Vernichtung der Juden 1933–1945, Frankfurt/Main 1992.

18 Gutachten des Instituts für Zeitgeschichte, 2 Bde., München 1958 und 1966.

19 Norbert Frei, Vergangenheitspolitik. Die Anfänge der Bundesrepublik und die NS-Vergangenheit, München 1996. Zusammenfassend zu den NS-Prozessen Heiner Lichtenstein, NS-Prozesse und Peter Steinbach, NS-Prozesse und historische Forschung, in: Heiner Lichtenstein/Otto R. Romberg (Hg.), Täter-Opfer-Folgen. Der Holocaust in Geschichte und Gegenwart (Schriftenreihe der Bundeszentrale für Politische Bildung), Bonn [2]1997, S. 114–124 und 136–153. Zu den Frankfurter Prozessen Hermann Langbein, Der Auschwitz-Prozeß. Eine Dokumentation, Wien 1965; Bernd Naumann, Auschwitz. Bericht über die Strafsache gegen Kulka u. a., Frankfurt/Main 1968; Wolfgang Scheffler, Judenverfolgung im Dritten Reich, ders./Helga Grabitz, Der Ghetto-Aufstand Warschau 1943 aus der Sicht der Täter und Opfer in Aussagen vor deutschen Gerichten, München 1993; Adalbert Rückerl (Hg.), NS-Prozesse. Nach 25 Jahren Strafverfolgung, Karlsruhe 1971; ders., Die Strafverfolgung von NS-Verbrechen 1945–1978. Eine Dokumentation, Heidelberg 1979; ders., NS-Verbrechen vor Gericht. Versuch einer Vergangenheitsbewältigung, Heidelberg 1984.

20 Zur Historiographie vgl. knapp und präzise Ulrich Herbert, Vernichtungskrieg. Neue Antworten und Fragen zur Geschichte des Holocaust, in: Ders. (Hg.), Nationalsozialistische Vernichtungspolitik, S. 9–66, hier S. 19 ff.

21 Adalbert Rückerl (Hg.), NS-Vernichtungslager im Spiegel deutscher Strafprozesse. Belzec, Sobibór, Chełmno, München 1977.

22 Vgl. dazu zuletzt Christian Gerlach, Krieg, Ernährung, Völkermord. Forschungen zur deutschen Vernichtungspolitik im Zweiten Weltkrieg, Hamburg 1998, S. 85–166; dort auch eine detaillierte Darstellung der Gesamtproblematik und des gegenwärtigen Forschungsstandes.

23 Dies ist um so auffälliger, als schon seit Jahrzehnten Quellensammlungen in deutscher Übersetzung vorlagen, die eine differenzierte Behandlung der Vorgänge in Polen ermöglicht hätten.

24 Hierbei wurden vor allem Anregungen des amerikanischen Historikers Christopher Browning (Ganz normale Männer. Das Reserve-Polizeibataillon 101 und die »Endlösung« in Polen, Reinbek 1996), aber auch von Wolfgang Scheffler (Judenverfolgung im Dritten Reich) aufgenommen.

25 In diesem Zusammenhang wäre kritisch auf Goldhagens Unkenntnis der rechtspolitischen Zusammenhänge hinzuweisen.

26 Herbert, Vernichtungspolitik, S. 57.

27 Götz Aly/Susanne Heim, Vordenker der Vernichtung. Auschwitz und die deutschen Pläne für eine neue europäische Ordnung, Hamburg 1991.

28 Vgl. dazu den Beitrag von Christian Gerlach in diesem Sammelband.

29 Hilberg, Die Vernichtung, S. 1062.

30 Vgl. hierzu insbesondere Wolfgang Benz (Hg.), Dimension des Völkermords. Die Zahl der jüdischen Opfer des Nationalsozialismus, München 1991.

31 In diesem Zusammenhang ist besonders auf die hohe Zahl in den Niederlanden hinzuweisen.

32 Davon entfielen rund 200.000 auf das Generalgouvernement, hier vor allem Ostgalizien, und auf den polnischen Bezirk Białystok, der administrativ dem Reichskommissariat Ukraine unterstand; 1 Mio. auf die Ukraine ohne Galizien sowie den Süden Rußlands; 500.000 auf Weißrußland und 300.000 auf die baltischen Staaten. Vgl. Benz, Dimension des Völkermords.

33 Vgl. dazu u. a. Die Schoa von Babij Jar. Das Massaker deutscher Sonderkommandos an der jüdischen Bevölkerung von Kiew 1941. Fünfzig Jahre danach zum Gedenken, hg. von Erhard R. Wiehn, Konstanz 1991; Dora Litani, The Destruction of the Jews of Odessa in the Light of Romanian Documents, in: Yad Vashem Studies 6 (1967), S. 135–154; Hannes Heer, Killing Fields, in: ders./Klaus Naumann (Hg.), Vernichtungskrieg. Verbrechen der Wehrmacht 1941 bis 1944, Hamburg 1995, S. 57–77. Siehe zu diesem Thema auch Hilberg, Die Vernichtung, S. 393, der aber keine identischen Zahlenangaben macht.

34 Yitzhak Arad, Belzec, Sobibór, Treblinka: The Operation Reinhard Death Camps, Bloomington 1987, S. 365 ff.; Hilberg, Die Vernichtung, S. 393.

35 Planungen für ein vergleichbares Vernichtungslager im baltischen Riga wurden nicht realisiert.

36 Nach Scheffler: 974.000; Frank Golczewski, (Hg.), Geschichte der Ukraine, Göttingen 1993.

37 Vgl. zum Themenkomplex und den folgenden Angaben Peter Longerich, Politik der Vernichtung. Eine Gesamtdarstellung der nationalsozialistischen Judenverfolgung, München 1998.

38 Ebd., S. 476.

39 Dieter Pohl, Nationalsozialistische Judenverfolgung in Ostgalizien. Organisation und Durchführung eines staatlichen Massenverbrechens, München 1996; Thomas Sandkühler, »Endlösung« in Galizien. Der Judenmord in Ostpolen und die Rettungsinitiativen von Berthold Beitz, Bonn 1996.

40 Wie wir seit 1996 aus Brigitte Hamanns minutiöser Rekonstruktion von Hitlers Erfahrungswelt im Wien der Jahrhundertwende wissen, war der spätere »Führer« keineswegs von Anfang an judenfeindlich eingestellt. Hitler verkehrte im Gegenteil durchaus freundschaftlich mit verschiedenen jüdischen Familien und Personen. Er saugte aber, seiner gänzlich unschöpferischen Natur entsprechend, die antisemitische Propaganda verschiedener völkischer Gruppierungen durch das Medium der rechtsradikalen Publizistik auf, legte das Gelesene im Speicher seines außerordentlich guten Gedächtnisses ab und holte all dies später nach Bedarf hervor. Vgl. Brigitte Hamann, Hitlers Wien. Lehrjahre eines Diktators, München 1996.

41 Eberhard Jäckel, Hitlers Herrschaft, Stuttgart 1986.

42 »Das NS-Regime«, so Broszat, »konnte die ›Bewegung‹, die sein Gesetz war, nicht anhalten, wenn es die in Gang gesetzte plebiszitäre soziale Dynamik nicht entbehren und damit sich selbst überflüssig machen wollte. Nur die weitere Aktion verbürgte Integration und Ablenkung der antagonistischen Kräfte der entfesselten Gesellschaft des Dritten Reiches. Diese mußte sich aber rationaler Bändigung und Kalkulation mehr und mehr entziehen und in selbstzerstörerischen Wahn umschlagen.« Hitlers ideologische Zielsetzungen, namentlich die Gewinnung von »Lebensraum im Osten« und die »Lösung der Judenfrage«, erscheinen hier als utopische Phrasen zur Mobilisierung des Massenanhangs, die sich am Ende »selbst beim Wort« nehmen mußten. »Die während des Prozesses der Machtergreifung und im Laufe der späteren Entwicklung des Dritten Reiches stattfindende Selektion der negativen Weltanschauungselemente (nur sie wurden Gegenstand praktischer Durchführung, die positiven Utopien blieben weiter nur Fernziele und Gegenstand der propagandistischen Erbauung) bedeutete aber zugleich eine zunehmende Radikalisierung, Perfektionierung und Institutionalisierung der Inhumanität und Verfolgung. ... In der Diskriminierung konnte es jedoch keinen unendlichen Progressus geben. Infolgedessen mußte hier die ›Bewegung‹ schließlich in der ›Endlösung‹ enden. Darin lag die von Hitler repräsentierte Konsequenz des Nationalsozialismus. Aber in der Judenpolitik wie in der Verfolgung der irrationalen Lebensraum-Utopie war die NS-Führung außerstande, die Konsequenzen ihrer eigenen Dynamik zu reflektieren. Deshalb hatte die ›Konsequenz‹ Hitlers nichts mit planvollem Handeln zu tun.« (Martin Broszat, Nach Hitler, Der schwierige Umgang mit unserer Geschichte, München 1988, S. 28 f.).

43 Richard Breitman, The Architect of Genocide. Himmler and the Final Solution, London 1992, S. 145 ff.

44 Christopher Browning, Der Weg zur »Endlösung«. Entscheidung und Täter, Bonn 1998.

45 Christian Gerlach, Die Wannsee-Konferenz, das Schicksal der deutschen Juden und Hitlers politische Grundsatzentscheidung, alle Juden Europas zu ermorden, in: Ders., Krieg, Ernährung, Völkermord, S. 85–166.

46 Richard Breitman, Der Architekt der Endlösung. Himmler und die

Vernichtung der europäischen Juden, München 1996, S. 274–300; ders., Plans for the Final Solution in Early 1941, in: German Studies Review 17 (1994), S. 483–493; Uwe Lohalm/Michael Wildt (Redaktion), Der Dienstkalender Heinrich Himmlers 1941/42, (Hamburger Beiträge zur Sozial- und Zeitgeschichte, Bd. 3) Hamburg 1999.

47 Hans Buchheim, Das Dritte Reich. Grundlagen und politische Entwicklung, München 1967.

48 Hans Buchheim, Befehl und Gehorsam, in: Ders., Anatomie des SS-Staates, Gutachten des Instituts für Zeitgeschichte, 2 Bde., München [5]1989, hier Bd. 1, S. 215–318.

49 Michael Wildt (Hg.), Die Judenpolitik des SD 1935 bis 1938. Eine Dokumentation, München 1995.

50 Götz Aly, »Endlösung«. Völkerverschiebung und der Mord an den europäischen Juden, Frankfurt 1995. Vgl. dazu auch Hannah Ahrendt, Eichmann in Jerusalem. Ein Bericht über die Banalität des Bösen, München 1964.

51 Vgl. dazu nur Götz Aly, »Judenumsiedlung«. Überlegungen zur politischen Vorgeschichte des Holocaust, in: Herbert, Nationalsozialistische Vernichtungspolitik, S. 69 ff.

52 Ebd.

53 Hans-Heinrich Wilhelm, Die Einsatzgruppe A der Sicherheitspolizei und des SD 1941/42 (ergänzte Diss. 1974), Frankfurt/Main 1996; Helmut Krausnick/Hans-Heinrich Wilhelm, Die Truppe des Weltanschauungskrieges. Die Einsatzgruppen der Sicherheitspolizei und des SD 1938–1942, Stuttgart 1981.

54 Mit diesen »Eichmann-Männern« hat sich Hans Safrian eingehend befaßt: Hans Safrian, Die Eichmann-Männer, Wien 1993.

55 Ulrich Herbert, Best: Biographische Studien über Radikalismus, Weltanschauung und Vernunft, 1903–1989, Berlin 1996.

56 Vgl. Wilhelm, Einsatzgruppe und Die Truppe.

57 Vgl. Sandkühler, »Endlösung« und Pohl, Ostgalizien.

58 Ebd.

59 Vgl. jetzt auch Browning, Der Weg zur »Endlösung«.

60 So ermordete das von fanatisierten Offizieren aufgehetzte und stark alkoholisierte Polizeibataillon 309 bereits am 27. Juni 1941 mindestens 600 Männer, Frauen und Kinder, die in die Synagoge gesperrt und offenbar lebendig verbrannt wurden. Ein Befehl zu diesem Massaker lag nicht vor; die Offiziere handelten aus eigener Initiative. Vgl. Goldhagen, Hitlers willige Vollstrecker, S. 226 ff. sowie Bernd Boll/Hans Safrian, Vernichtungsfeldzug. Die 6. Armee auf dem Weg nach Stalingrad, in: Heer/Naumann, Vernichtungskrieg, S. 260–296, bes. S. 279.

61 Vgl. Browning, Ganz normale Männer, S. 59 ff.

62 Sandkühler, »Endlösung«, Bernd Boll/Hans Safrian, Vernichtungsfeldzug, in: Heer/Naumann, Vernichtungskrieg, S. 260–296.

63 Vgl. zu Nebe auch den Beitrag von Peter Steinbach in diesem Sammelband.

64 Sandkühler, »Endlösung«, S. 426–429.

65 Christopher Browning, The Final Solution and the German Foreign Office. A Study of Referat D III of Abteilung Deutschland 1940–1943, New

York 1978; Hans-Jürgen Döscher, SS und Auswärtiges Amt im Dritten Reich. Diplomatie im Schatten der »Endlösung«, Frankfurt/Main 1991; Hilberg, Täter, Opfer, Zuschauer, S. 48–64.

66 Zum Problemkomplex auch Magnus Brechtken, »Madagaskar für die Juden«: Antisemitische Idee und politische Praxis 1885–1945, München 1997; Döscher, SS und Auswärtiges Amt im Dritten Reich, S. 213–256.

67 Hilberg, Vernichtung, S. 516 f.

68 Zuletzt Johannes Bähr (unter Mitarbeit von Michael C. Schneider), Der Goldhandel der Dresdner Bank im Zweiten Weltkrieg, Leipzig 1999.

69 Frank Bajohr, »Arisierung« in Hamburg. Die Verdrängung der jüdischen Unternehmer 1933–45, Hamburg 1997.

70 Dieter Maier, Arbeitseinsatz und Deportation. Die Mitwirkung der Arbeitsverwaltung bei der nationalsozialistischen Judenverfolgung in den Jahren 1938–1945, Berlin 1994; Ulrich Herbert, Fremdarbeiter. Politik und Praxis des »Ausländer-Einsatzes« in der Kriegswirtschaft des Dritten Reiches, Berlin 1985; ders. (Hg.), Europa und der Reichseinsatz. Ausländische Zivilarbeiter, Kriegsgefangene und KZ-Häftlinge in Deutschland 1938–1945, Essen 1991.

71 Zum Stand der Forschung vgl. Robert Bohn (Hg.), Die deutsche Herrschaft in den »germanischen« Ländern 1940–1945, Stuttgart 1997.

72 Vgl. hierzu u. a. Jörg Friedrich, Die kalte Amnestie. NS-Täter in der Bundesrepublik, Frankfurt/Main 1984.

73 Vgl. Herbert, Best.

74 Vgl. dazu den Beitrag von Peter Steinbach in diesem Sammelband.

75 Browning, Ganz normale Männer.

76 Vgl. schon Hans Buchheim: Befehl und Gehorsam, in: Anatomie des SS-Staates, Bd. 1, S. 215–318; Jäger, Verbrechen, S. 83–160.

77 Ein Grund hierfür dürfte darin liegen, daß die funktionalistische Interpretation des Holocaust als Konsequenz einer von Hitler und der NSDAP freigesetzten Dynamik zur »Selektion der negativen Weltanschauungselemente« (vgl. schon Martin Broszat, Soziale Motivation und Führer-Bindung des Nationalsozialismus [1970], in: ders., Nach Hitler, S. 11–33, bes. S. 28 f., 33) mit der Vorstellung von Befehl und Gehorsam im Führerstaat nur schwer vereinbar schien. Vgl. jedoch die Bemerkungen Broszats zum »Kampf- und Vernichtungsbefehl an einen hierfür geeigneten Apparat« in: ders., Der Staat Hitlers. Grundlegung und Entwicklung seiner inneren Verfassung (1969), München [12]1989, S. 398–402, der allerdings die Judenvernichtung nur knapp behandelt (S. 401 f.).

Jochen-Christoph Kaiser

Protestantismus und Krieg

»Seit dem gestrigen Tage steht unser deutsches Volk im Kampf für das Land seiner Väter, damit deutsches Blut zu deutschem Blut heimkehren darf. Die Deutsche Evangelische Kirche stand immer in treuer Verbundenheit zum Schicksal des deutschen Volkes. Zu den Waffen aus Stahl hat sie unüberwindliche Kräfte aus dem Worte Gottes gereicht: die Zuversicht des Glaubens, daß unser Volk und jeder einzelne in Gottes Hand steht, und die Kraft des Gebetes, die uns in guten und bösen Tagen stark macht. So vereinigen wir uns auch in dieser Stunde mit unserem Volk in der Fürbitte für Führer und Reich, für die gesamte Wehrmacht und alle, die in der Heimat ihren Dienst für das Vaterland tun. Gott helfe uns, daß wir treu erfunden werden und schenke uns einen Frieden der Gerechtigkeit.«

Diese Erklärung veröffentlichte die Kirchenkanzlei der Deutschen Evangelischen Kirche am 2. September 1939.[1] Unterschrieben hatten ihr Präsident, Dr. Werner, und die Mitglieder des Geistlichen Vertrauensrates, die Landesbischöfe Marahrens (Hannover) und Schultz (Schwerin) sowie der kommissarische geistliche Vizepräsident des preußischen Evangelischen Oberkirchenrates Hymmen. Nur Schultz verstand sich als »Deutscher Christ«, Marahrens galt als Wortführer der sogenannten intakten lutherischen Landeskirchen, zu denen noch Württemberg und Bayern zählten, und Hymmen läßt sich nicht eindeutig einer der beiden großen kirchlichen Fraktionen (Bekennende Kirche und Deutsche Christen) zuordnen. Die Erklärung deutet aber darauf hin, daß der deutsche Protestantismus ungeachtet seiner divergierenden Flügel in dem beginnenden Zweiten Weltkrieg eine Art Wiederholung des großen Konflikts von 1914/18 sah und weit davon entfernt war, den wahren Charakter dieses Weltanschauungskrieges zu erkennen. Wie seit jeher stellte man sich auch jetzt loyal auf die Seite der Staatsmacht und beschwor die Einheit von Christentum, Nation und politischer Führung. Nach den Ursachen des Krieges und danach, wer ihn ausgelöst hatte, fragte man nicht. Dahinter stand die alte Überzeugung von der »Überparteilichkeit« der Kirche, die sich zu politischen Fragen nicht zu äußern habe.

Das wurde vereinzelt noch unmittelbar nach dem katastrophalen Zusammenbruch im Mai 1945 deutlich: So, als habe man einen »ganz normalen« Krieg geführt, in dem man von den Gegnern militärisch besiegt worden sei, klang es in dem Text, den der scheidende Präsident des Central-Ausschusses für die Innere Mission, Pfarrer Constantin Frick, auf der Vorstandssitzung dieses Gremiums am 23. August 1945 verlas:[2]

> »Der Krieg ist beendet. Wir sind nach heldenhaftem Kampf besiegt. Wir müssen nun alles an Leid Leibes und der Seele ertragen, was besiegten Völkern auferlegt wird. Deutschland muß sich aus dunkelsten Tiefen wieder zum Licht emporarbeiten. Kirche und Innere Mission teilen die Not unseres Volkes. Mit der Kirche bekennt sich die Innere Mission mitschuldig an der schweren Schuld, die unser Volk auf sich geladen hat. Kirche und Innere Mission unterwerfen sich demütig und bußfertig dem Gericht, daß der heilige und gerechte Gott über uns verhängt hat. Kirche und Innere Mission sind sich aber auch dessen gewiß, daß Gottes Gnade in Christus, unserem Herrn und Heiland, größer ist als alle unsere Schuld und daß der barmherzige Gott unserem Volk, unserer Kirche und unserer Inneren Mission aus aller Not helfen und alle Not in Segen wandeln kann, wenn wir ihn um seine Gnade bitten. Er schenke uns seinen heiligen Geist und verhelfe Kirche und Innerer Mission zu einem neuen Anfang.«

Gewiß, hier ist auch von Schuld die Rede. Aber diese Schuld bleibt merkwürdig unkonkret und wird nicht näher benannt. Gleichzeitig spricht Frick jedoch vom »heldenhaften Kampf« und beklagt das Schicksal der Besiegten, das auch die Deutschen nun erleiden müssen, als seien sie ganz »normale« Verlierer einer ganz »normalen« militärischen Auseinandersetzung. Auch hier vermittelt sich wieder der Eindruck, als werde der Zweite Weltkrieg in die Abfolge anderer Kriege der Geschichte eingereiht und sei Ergebnis einer Art höheren Schicksals, das wie eine Naturkatastrophe über die Deutschen hereinbrach. – Frick wußte, daß dem nicht so war. Als führende Persönlichkeit der Diakonie hatte er in härtesten Auseinandersetzungen mit dem NS-Regime an vorderster Front gestanden und mitansehen müssen, wie die Arbeit der Inneren Mission Zug um Zug zurückgedrängt wurde und schließlich auch die schutzlosen schwerstbehinderten Patienten der Anstalten in den Sog der Vernichtungsmaschinerie hineingezogen wurden.[3] Aber er wie andere Protestanten in hervorgehobener Funktion versuchten bis zuletzt, Nation, Krieg und verbrecherisches Regime voneinander zu scheiden – die Semantik des Krieges war für sie keine Kategorie praktisch gestaltender Politik. Auf diesem Hintergrund dürften die zitierten Aufrufe zum Krieg und seiner Deutung zu interpretieren sein. Es ging nicht um die konkreten Geschehnisse, Hintergründe, Verantwortlichkeiten, sondern um das ganz selbstverständliche Ja zu nationaler Selbstbehauptung angesichts einer feindlichen Umwelt, die das Existenzrecht der Nation zu bedrohen schien. Daneben gilt es an das Phänomen zu erinnern, daß Kriege in den christlich geprägten Gesellschaften Europas seit jeher auffallend religiöse Bedürfnisse artikulierten und dies offenbar auch noch in einer sich zunehmend säkularisierenden Welt: Der Krieg weckt »fromme Einstellungen, ruft offenbar sonst eher verdeckte Muster religiöser Legitimation und Bewältigung auf – von ›Gott mit uns‹ bis zu ›Not lehrt beten‹.«[4]

Diese formalisierte Redeweise vom Krieg erschwert es den Nachgeborenen, die Haltung der evangelischen Kirchen zwischen 1939 und 1945 angemessen zu beurteilen. Und natürlich gab es auch andere Stimmen, die vor und während des Zweiten Weltkriegs ihrer Sorge um die Zukunft Ausdruck gaben und – im privaten Kreis – ihre kritische Einstellung nicht verschwiegen. Aber auch vielen von ihnen galt der Krieg als das »große Moratorium des Alltags«,[5] das die täglichen Konflikte wenn nicht aufhob, so doch neutralisierend überformte und Gelegenheit gab, sich den politischen und ideologischen Bedrängungen des NS-Systems zu entziehen.

Hintergründe

Angesichts der heftigen Diskussionen über das Verhalten der Wehrmacht im Krieg und ihre aktive wie passive Verstrickung in die Massenmordaktionen des NS-Regimes müssen sich auch die Kirchen erneut ihrer eigenen Geschichte während des Dritten Reiches und der Kriegszeit stellen. Diese Geschichte bildet freilich eine Spezialgeschichte innerhalb der größeren politischen, militärischen und gesellschaftlichen Prozesse dieser Epoche; sie fußt zudem auf einer Reihe von hochkomplexen Voraussetzungen, die es notwendig machen, auch einige allgemeinere konfessionshistorische Zusammenhänge anzusprechen. Erst auf diesem Hintergrund können die Verwerfungen, die widersprüchlichen Verhaltensweisen, Zustimmung und Kritik, innere Distanzierung bis hin zu politischer Resistenz und politischem Widerstand von einzelnen Christen und christlichen Gruppen deutlich werden. Daß sich das Folgende auf die evangelische Kirche beschränkt, gibt der Titel dieses Beitrags vor.

Von *der* evangelischen Kirche im Dritten Reich und Zweitem Weltkrieg wird man nicht sprechen können: Zwar hatten sich die 28 eigenständigen Landeskirchen 1933 – teils mitgerissen durch die von vielen Zeitgenossen so interpretierte »nationale Revolution« des Jahres 1933, teils unter dem Druck nationalsozialistischer evangelischer Kirchenparteien wie der Deutschen Christen – zu einer Reichskirche vereinigt. Aber diese wurde nie wirklich zur anerkannten Vertretung des deutschen Gesamtprotestantismus: Ihre offenkundige Politisierung im Sinne des Nationalsozialismus, ihre gewaltsamen, von der neuen Kirchenverfassung nicht abgedeckten Eingriffe in die Landeskirchen und ihre Versuche zur Übernahme der rassistischen Ideologie des Systems (»Arierparagraph«) führten zu inneren Auseinandersetzungen und Parteibildungen, die man kennen muß, um die geringen Spielräume zu erfassen, die evangelischen Christen und ihren Kirchen innerhalb des totalitären Staates noch verblieben.

Hinzu trat seit der Reformation eine alte staatskirchliche Tradition, die in der Weimarer Reichsverfassung zwar formal überwunden schien, aber das Bewußtsein vieler Kirchenführer, Pfarrer und »Laien« nach wie vor nachhaltig prägte. Danach schien es unvorstellbar, daß die nach Römer 13 gottgewollte Obrigkeit ihren Auftrag, die Belange des Gemeinwesens bzw. der Nation in *gerechter Weise* zu regeln, zugunsten einer auf nackte Machtentfaltung und -erweiterung orientierten, an rassistischen Vorgaben ohne jede Rücksicht auf humanes Handeln ausgerichteten Politik mit gewaltsamen und terroristischen Mitteln durchsetzen könnte. Dies war der Grund, warum die überwältigende Mehrheit der deutschen Protestanten und ihrer Landeskirchen in den Ereignissen des Jahres 1933 eine Art Neuauflage des alten wilhelminischen Obrigkeitsstaates sah. Erst nach langwierigen und schmerzlichen Erfahrungen mußte sie lernen, daß der Nationalsozialismus ein politisches System von grundsätzlich neuer, bisher nicht gekannter Qualität darstellte, in dem Religion, Christentum und Kirchen als Störfaktoren[6] galten und programmatisch eines Tages zugunsten der NS-Weltanschauung überwunden werden sollten.

Anders als zum Ersten Weltkrieg, zu dem wir reiche, von der Kirchlichen Zeitgeschichte inzwischen weitgehend aufgearbeitete[7] Dokumentationen an Kriegspredigten und andere Äußerungen von Pastoren, Theologieprofessoren und einzelnen Christen besitzen, fehlt noch immer eine Gesamtdarstellung zur protestantischen Kirche im Zweiten Weltkrieg.[8] Die Kirchen beider Konfessionen sahen sich hier einer völlig veränderten Lage gegenüber: Anders als 1914/18 waren ihre Beiträge zur Sinndeutung nicht mehr gefragt, ja die Partei versuchte, wo sie nur konnte, öffentliche kirchliche Stellungnahmen zum Krieg und seinen Belastungen zu verhindern, um den Anspruch ihres Weltanschauungsmonopols nicht zu gefährden. Der einzige Wirkungsraum, den man den Kirchen zugestand, war ihre *individuelle* Trostspendefunktion für jene, die durch Tod und Verwundung ihrer Angehörigen an den Fronten oder durch Verluste im Bombenkrieg dieses Trostes bedurften – eine rein instrumentalistische Sicht, auf die wir im Kontext der Militärseelsorge noch zu sprechen kommen und die nur einem Ziel diente: der sozialmoralischen Stabilisierung der Heimatfront während des Krieges, nach dessen siegreichem Ende jeder kirchliche Einfluß endgültig ausgeschaltet werden sollte. Das und die desolate Organisationsform des deutschen Protestantismus nach erbitterten innerkirchlichen Auseinandersetzungen der Jahre 1933/34 und den Verwüstungen der NS-Religionspolitik der Jahre seit 1933 haben dazu geführt, daß die Quellenlage schlecht ist. Gedrucktes Material gibt häufig nur staatlicherseits erwünschte Stellungnahmen wieder, die Publikation kritischer Voten und Predigten wurde vielfach gewaltsam unterbunden, die lückenlose Beherrschung der Medien durch das Regime machte jede Form einer kritischen Gegenöffentlichkeit unmöglich und bedrohte jeden Versuch in diese

Richtung durch Gefängnis, Lagerhaft und auch Tod. Das meiste, was wir aus dieser Zeit wissen, stammt aus privaten Aufzeichnungen oder auch den Berichten des SD, den Verhörprotokollen der Gestapo und den mit politischen Delikten befaßten Staatsanwaltschaften. Hinzu kommt, daß der Ausbruch des Zweiten Weltkriegs und die Folgejahre in christlich bestimmten Bevölkerungskreisen weitaus skeptischer betrachtet und kommentiert wurden als im Weltkrieg von 1914/18. Kaum ein protestantischer Geistlicher mit Ausnahme fanatisierter Deutscher Christen empfand die militärische Auseinandersetzung ab 1939 als *gerechten Krieg*. Deutschland war nicht von einer »Welt von Feinden« eingekreist, wie es 1914 der Fall schien, die Nation mußte sich nicht machthungriger Gegner erwehren, sondern hatte – ungeachtet aller gegenteiligen Aussagen der Staatsführung und ihrer Partei – diesen Krieg selbst vom Zaun gebrochen, um ihre imperialistischen und rassistischen Ziele ohne Rücksicht auf Verluste durchzusetzen.

Ich möchte das Folgende in drei Punkte untergliedern: *Erstens* gebe ich einen Abriß der kirchlichen Lage, wie sie sich in Deutschland seit 1933 entfaltete. Dann folgt *zweitens* eine knappe Betrachtung des Verhältnisses von Protestantismus und Krieg, wie es sich seit der Reformation entwickelt hat. *Drittens* soll ein Blick auf den besonders engen Schnittpunkt von Staat, Kirche und Wehrmacht in Gestalt der Militärseelsorge ein Streiflicht auf deren spezifische Situation werfen. Daran anknüpfend geht es anhand von einigen Beispielen um die Hilflosigkeit, mit der auch jene das Kriegsgeschehen beobachteten, die keine Nationalsozialisten waren, sondern im Gegenteil den Sturz dieses Regimes herbeisehnten.

Staat und Kirche im Nationalsozialismus

Das Verhältnis von Staat und Kirche im Nationalsozialismus ist in acht Punkten beschreibbar:

1. Die Nationalsozialisten sahen Religion, Christentum und Kirchen nur unter instrumentellen Aspekten zur Förderung und Durchsetzung ihrer Politik. In ihrer disparaten Weltanschauung war für das Christentum kein Platz mehr vorgese-

hen, aber sie brauchten die Kirchen vorerst noch und hatten auf ihre Rolle als eines vergleichsweise unabhängigen, bedeutenden und nicht gleichgeschalteten gesellschaftlichen Faktors auch nach 1933 pragmatische Rücksichten zu nehmen.

2. Die deutschen Protestanten begrüßten den Nationalsozialismus in ihrer übergroßen Mehrheit als Retter aus den Kalamitäten der Weimarer Republik. Sie erhofften von ihm die Etablierung eines christlich überformten Obrigkeitsstaates nach dem Muster des Kaiserreichs und erkannten seinen totalitären Grundzug erst viel später.
3. Der eigentliche Kirchenkampf war der »Kampf in der Kirche um die Kirche«, wie es Martin Niemöller auf einen prägnanten Begriff gebracht hat, und endete bereits 1934 mit den Bekenntnissynoden von Barmen und Dahlem. Hier ging es um die Abwehr deutschchristlicher »Zumutungen«, die in Gestalt der gewünschten Übertragung des Arierparagraphen auf die Landeskirchen und durch die gewaltsamen, von den Deutschen Christen gleichsam »bestellten« staatlichen Interventionen in ihre inneren Strukturen auch das Bekenntnis tangierten. Denn nach allgemeiner Auffassung aller nicht deutschchristlichen »Lager« des Protestantismus besaß der säkulare Staat nicht das Recht, sich mit Hilfe einer von ihm favorisierten religionspolitischen Fraktion in innerkirchliche Verfassungsfragen einzumischen. Hier stieß er an eine Grenze, deren Überschreitung auch für die konservative Mehrheit der evangelischen Christen den *status confessionis* berührte, d. h. das Recht und die Pflicht zum Widerstand dagegen. Diesen Widerstand begriff man freilich nicht als *politischen* Akt, sondern als notwendiges *theologisches* Sich-zur-Wehr-setzen, um kirchliche Identität und christliche Existenz gegenüber diesen »fremden« Zumutungen zu bewahren. Praktisch geschah das durch die Bildung des Pfarrernotbundes und später der Bekenntnissynoden, die der Reichskirche den Gehorsam aufkündigten, eigene provisorische Leitungen etablierten und im Oktober 1934 auf der Dahlemer Synode damit drohten, im äußersten Fall eine eigene protestantische freie Kirche neben den etablierten Landeskirchen zu errichten.
4. Erst ab 1935 begann der Staat selbst und unvermittelt durch die inzwischen bedeutungslosen, d. h. kirchen- und allge-

meinpolitisch entmachteten Deutschen Christen, sich in die Belange der Kirche einzumischen, und setzte jetzt auch nach und nach seinen Unterdrückungsapparat ein, um die Kirche aus dem öffentlichen Leben zu verdrängen. Dies fing mit der Etablierung der sogenannten Kirchenausschüsse auf Veranlassung des Reichskirchenministers Hanns Kerrl an, der die streitenden Parteien gewaltsam befrieden und mit administrativem Druck auf eine einheitliche Linie bringen wollte. Als dieser Versuch 1937 scheiterte, begann – auch ausgelöst durch öffentliche Kritik des Vatikans und der deutschen katholischen Bischöfe – die berühmte »Kampagne zur Entkonfessionalisierung des öffentlichen Lebens«,[9] die letztlich zum Ziel hatte, die Kirchen als gesellschaftlich einflußreiche, sinnstiftende Instanzen aus der Öffentlichkeit zu verdrängen und auf ihre religiös-kultischen Aufgaben zu beschränken, d. h. auf Gottesdienste und Bibelstunden hinter Kirchenmauern sowie auf ihre Beteiligung an den Passageriten Taufe, Kommunion/Konfirmation, Trauung und Beerdigung.

5. Unter dem Eindruck dieser Politik, die im Einzelfall durchaus flexibel chargieren konnte und nach dem Grundsatz von *divide et impera* verfuhr, spaltete sich die Bekennende Kirche in jene, die noch Vertrauen in Kompromisse mit dem Staat setzten, und jene, die im Namen des Bekenntnisses jeden Außeneinfluß auf innerkirchliche Entscheidungen und Strukturen strikt ablehnten.
6. Das Nebeneinander verschiedener Leitungsformen und ihrer kirchenpolitisch unterschiedlich orientierten Träger charakterisiert das kirchliche Leben bis Kriegsende. Zunehmende Hilflosigkeit gegenüber der NS-Religionspolitik und ihrem immer deutlicher werdenden verbrecherischen Kurs gegenüber den »Schwachen« der Gesellschaft und den so apostrophierten »Fremdvölkischen« bzw. Juden wurde zum Kennzeichen kirchlicher Reaktionen.
7. Bis 1939 kam die innerkirchliche Auseinandersetzung sowie diejenige zwischen Kirchen und Staat zu einem gewissen Abschluß: Da sich rund 95 % der deutschen Bevölkerung zu einer der beiden großen Konfessionen bekannten – auch die Mehrheit der NSDAP-Mitglieder zahlte zumindest Kirchensteuern – kam es mit Kriegsausbruch zu einer Art »Burgfrieden« zwischen Kirche, Staat und Partei. Hitler selbst scheint ihn angeordnet zu haben, um damit angesichts der bevorste-

henden Belastungen auch der »Heimatfront« durch die militärischen Auseinandersetzungen alle unnötigen, nicht kriegswichtigen Konflikte zu vermeiden und deren »Lösung« bis nach dem sog. Endsieg aufzuschieben.[10]

8. Jetzt standen sich – grob skizziert – folgende Organisationsstrukturen gegenüber:
   a) Einmal die Bekenntnissynoden als Vertreter des in Barmen und Dahlem festgelegten Kurses der Bekennenden Kirche.
   b) Die sogenannten intakten lutherischen Landeskirchen Bayern, Württemberg und Hannover mit den Bischöfen Meiser, Wurm und Marahrens.
   c) Die sogenannten zerstörten Landeskirchen mit deutschchristlichen Bischöfen an der Spitze.
   d) Die Mischformen jener Landeskirchen – meist preußische Provinzialkirchen –, in denen sich die Bruderräte der Bekennenden Kirche und deutschchristlich oder »neutral« bestimmte Konsistorien das Kirchenregiment in einem spannungsreichen Verhältnis zueinander teilten.
   e) Das Reichskirchenministerium als staatlicher Widerpart der Kirchen.

Diesen Fraktionen entsprachen mehr oder weniger organisierte Gesinnungsgruppen:

   a) Die Angehörigen des radikalen Flügels der Bekennenden Kirche, die sogenannten Dahlemiten, die alle Kompromisse mit den verfaßten Kirchen verwarfen wie Martin Niemöller, Martin Albertz und Dietrich Bonhoeffer.
   b) Die bekenntnisorientierte Mittelgruppe, repräsentiert durch Fritz von Bodelschwingh, das evangelische Vereinsspektrum einschließlich der Inneren und Äußere Mission.
   c) Die Thüringer Kirchenbewegung als der radikalste Flügel der Deutschen Christen.
   d) Die gemäßigten Deutschen Christen.
   e) Die sogenannten Neutralen, die sich aus dem Streit herauszuhalten suchten.

Die protestantische Lehre vom Krieg

Im deutschen Protestantismus galt seit Luthers Ausführungen die »Lehre vom gerechten Krieg«, die auch in der Confessio Augustana wie beiläufig Eingang fand und dort zusammen mit der Polizeigewalt des Staates gesehen wurde.[11] Sie entstammte in wesentlichen Punkten der scholastischen Theologie,[12] die gelehrt hatte, daß Kriege nur von einer legitimen Obrigkeit geführt werden dürften *(legitima potestas)* und einen rechtmäßigen Grund *(causa iusta)* haben müßten. Letzterer ergab sich daraus, daß der Gegner das Recht gebrochen hatte und nur durch militärische Gewalt zur Wiederherstellung des Rechtszustands gezwungen werden konnte. Ziel mußte die Wiederherstellung der Friedensordnung sein *(finis pax)*, in die auch der bezwungene Gegner einzubeziehen war. Der mit Kriegsmitteln dem Gegner zugefügte Schaden sollte nicht größer sein als das zu beseitigende Unrecht. Von diesen Auffassungen ging auch Luther aus, der in seiner Schrift von 1526 – »Ob Kriegsleute auch im seligen Stande sein können« – die Tradition durch Betonung zweier Grundsätze verschärfte: Wer einen Krieg anfange, sei immer im Unrecht, und zweitens solle niemand Richter in eigener Sache sein. Damit schränkte Luther die ethisch erlaubte militärische Auseinandersetzung auf den reinen Verteidigungskrieg ein; Religionskriege sowie die Kreuzzüge fielen für ihn ausdrücklich nicht mehr unter die bella iusta. Eine solche Definition war natürlich interpretationsfähig; der Sinn dieser Vorstellung vom gerechten Krieg lag anscheinend primär darin, sowohl die Kriegsanlässe *(ius ad bellum)* als auch die Kriegsmittel *(ius in bello)* einzugrenzen und die jeweilige Entscheidung in das christliche Gewissen des Fürsten und seiner Soldaten zu verlegen. Auf diese Weise konnten die »biblische Weisung des Gewaltverzichts und die Unvermeidbarkeit der Gewaltanwendung als Schutz gegen Unrecht zu einem [gewissen] Ausgleich« gebracht werden.

Genauso wenig wie die sogenannte Zwei-Reiche-Lehre handelt es sich bei den Aussagen zum »gerechten Krieg« bei den Reformatoren und ihren Nachfolgern jedoch um eine dogmatisch fixierte »Lehre«, sondern um eine eher improvisierte Hilfestellung in drängenden ethischen Zeitfragen, bei denen es auch um die Abwehr als unreformatorisch empfundener alternativer Anschauungen – etwa denen der Täufer und aufständischen Bauern – ging. Dennoch hat diese Anschauung den deutschen Protestantismus weit bis in das 20. Jahrhundert geprägt und fungierte mindestens als Hintergrundfolie auch dann, als der Nationalgedanke und ein auf Reichseinheit und später imperiale Expansion gerichteter Bellizismus in den öffentlichen Äußerungen evangelischer Pfarrer und Funktionsträger diesen Aspekt mehr und mehr überlagerten. Noch in der fünften Barmer These vom Mai 1934 begegnet uns diese Rechtfertigung des Krieges wieder, in der es wiederum unter Berufung auf die bereits in der *Confessia Augustana* erwähnte Bibelstelle 1. Petr 2,17 heißt:

»›Fürchtet Gott, ehret den König!‹ – Die Schrift sagt uns, daß der Staat nach göttlicher Anordnung die Aufgabe hat, in der noch nicht erlösten Welt, in der auch die Kirche steht, nach dem Maß menschlicher Einsicht und menschlichen Vermögens unter Androhung und Ausübung von Gewalt für Recht und Frieden zu sorgen. – Die Kirche erkennt in Dank und Ehrfurcht gegen Gott die Wohltat dieser seiner Anordnungen an. Sie erinnert an Gottes Reich, an Gottes Gebot und Gerechtigkeit und damit an die Verantwortung der Regierenden und Regierten. Sie vertraut und gehorcht der Kraft des Wortes, durch das Gott alle Dinge trägt.«[13]

Angesichts des offenkundigen Mißbrauchs der Kriegspredigt im deutsch-französischen Krieg und erst recht dann im Ersten Weltkrieg und der einsetzenden grundsätzlichen Kritik an der evangelischen Auffassung vom gerechten Krieg, die häufig den Verdacht aussprach, hier sei es am Ende schon immer generell allein um die »theologische Tarnung« und Verbrämung handfester politischer Interessen gegangen, war es ausgerechnet der aus der Friedensbewegung bekannte Berliner Theologe Helmut Gollwitzer, der in seiner aufrüttelnden Schrift »Die Christen und die Atomwaffen« von 1957 eindeutig dagegen Stellung bezog, wenn er im Hinblick auf die ältere Begründung von Gewaltanwendung in der christlichen Ethik diese als »kühnes Unternehmen« schilderte, als »Glaubenstat, die nur gutgehen konnte, so lange sie wirklich Glaubenstat war, d. h. solange sie im Zutrauen zur Kraft des himmlischen Herrn ausgesprochen wurde, der auch noch eine in Verantwortung für anvertraute Menschen begangene Gewalttat in den Dienst seiner Liebe stellen kann.« Deshalb, so fährt Gollwitzer fort, war sie also nicht »ein Stottern der Kirche, nicht ein fauler Kompromiß zwischen dem Evangelium und den irdischen Notwendigkeiten; denn sie sagte dem Christen nicht: ›Du mußt das Gebot Gottes zugunsten der bedauerlichen irdischen Notwendigkeiten abschwächen!‹, sondern: ›Innerhalb und wegen der vom Bösen gekennzeichneten irdischen Verhältnisse gebietet dir Gott, auch mit dem Schwerte, auch mit der Verwendung von Gewaltmitteln seinem Liebeswillen zu dienen.‹ Das war genau solange recht und Auskunft des Glaubens, als nicht die angebliche Notwendigkeit des Gewaltmittels als solches auch schon Rechtfertigung war, sondern immer der Zweck im Auge behalten wurde, von dem her jedes Mittel auf seine Angemessenheit geprüft wurde. Das Mißverständnis lag dabei um Haaresbreite nahe, daß die Notwendigkeit an sich schon eine genügende Rechtfertigung darstellte. Das eben wäre nicht mehr Gehorsam des Glaubens, sondern Kapitulation vor der Macht des Bösen, nicht mehr gläubiger, sondern ungläubiger Realismus gewesen.«[14]

Die Militärseelsorge

Am Schnittpunkt zwischen Staat, Kirche und Gemeinden stand die Militärseelsorge, die – anders als heute – ganz in den militärischen Apparat eingegliedert war und deren Amtsträger den militärischen Dienststellen unterstanden.[15] Schon vor Kriegsbeginn wurde deutlich, welche Spannungen hinsichtlich dieses traditionellen Auftrags der Kirche zwischen Wehrmacht und Partei herrschten, als 1938 eine anonyme Denkschrift in Kreisen der Militärseelsorge und der damit befaßten Dienststellen kursierte, in der es u. a. hieß: Der deutsche Protestantismus sei im Staat nicht mehr heimisch; auch mit der Kameradschaft des Ersten Weltkrieges sei es vorbei. Man könne nicht mehr mit Leuten kooperieren, die heutzutage von Christen verächtlich als »Schweinen« redeten. Und wörtlich:

> »Dieser ganze durch die Bekämpfung des Christentums gezüchtete Typ von Menschen, die ihre Macht dazu benutzen, anderer Leute Heiligtum zu beschmutzen, wird im Ernstfalle seine ganze moralische Minderwertigkeit offenbaren.«

Die Funktionalisierung staatlicher Machtmittel für den Kampf gegen das Christentum zerstöre Vertrauen und untergrabe Autorität. Nicht religiöse und weltanschauliche Gegensätze seien das Problem, sondern die Parteinahme des Staates in diesem Streit. – Die Wehrbereitschaft des deutschen Volkes erfordere, »die Freiheit der Kirche wieder herzustellen« und die staatliche Polizei von diesem Felde zu verbannen.[16]

Es läßt sich leicht vorstellen, daß diese Töne, die das prekäre Verhältnis von Militärkirche, Wehrmacht, Staat und Partei ziemlich realistisch schilderten, die Stellung der Militärseelsorge schon vor Kriegsbeginn schwächten. Ohnehin standen die Militärgeistlichen seit Beginn des Dritten Reiches unter dem Druck der Wehrmachtsführung, sich im innerkirchlichen sowie im Streit zwischen Staat und Kirche nicht öffentlich äußern zu dürfen. Die Oberkommandos der Teilstreitkräfte wie des OKW (Oberkommando der Wehrmacht) fürchteten nichts mehr, als das ohnehin nicht konfliktfreie Verhältnis zu NSDAP durch geduldete Freiräume für die Militärseelsorge zusätzlich zu belasten, und taten alles, um die Tätigkeit der Geistlichen auf Gottesdienste und Individualseelsorge zu beschränken. Deshalb wurden auch Kontakte mit den Heimatkirchengemeinden der Soldaten behindert und schließlich ganz untersagt. Die vom Oberkommando des Heeres eingerichtete »Amtsgruppe Seelsorge« gab mit ihren Erlassen, darunter vor allem das »Merkblatt über Feldseelsorge« vom 21. August 1939, deutlich zu erkennen, daß es hier nicht auf christliche oder religiöse *Inhalte* ankam, sondern ausschließlich um die Funktion der Militärseelsorge innerhalb des inneren Gefüges der Wehrmacht. Es ging um die moralische Stabilisierung der im Kriege immer wieder Extremsituationen ausgesetzten Truppe und ihrer Schlagkraft. Wörtlich führte das von General Fromm verantwortete Grundsatzpapier aus:

> »Alle Kriegserfahrungen haben gelehrt, daß die seelische Kraft eines Heeres seine beste Waffe ist. Sie zieht aber ihre Kraft in erster Linie aus einem festen Glauben. Die Feldseelsorge ist daher ein wichtiges Mittel zu Stärkung der Schlagkraft des Heeres [...] Ein Soldat, der seinen Dienst und Einsatz für das Vaterland als Gottes Auftrag ernst nimmt und der bei äußerster Anspannung und mutiger Anwendung aller eigenen Kräfte zugleich auf Gottes Hilfe vertraut und endlich einem ewigen Leben entgegensieht, kann standhaft bleiben, tapfer kämpfen und mutig sterben.«[17]

Dieser Gedanke kam auch in einer Denkschrift zum Ausdruck,

die Generalmajor v. Tippelskirch dem Oberbefehlshaber des Heeres, dem für seine christliche Überzeugung bekannten Generaloberst von Brauchitsch, am 23. September 1943 unterbreitete. Darin hieß es: Das Oberkommando des Heeres müsse sich darüber Gedanken machen, ob die Militärseelsorge nicht entbehrlich sei und abgeschafft werden könne, weil sie immer wieder zu Reibereien mit der Partei führe. Allerdings entsprächen die Feldgottesdienste im Kontext von Kampfhandlungen einem echten Bedürfnis der Truppe: »Sie sind Ausfluß einer gehobenen Stimmung, die nach Ausdruck drängt.« Der im Menschen steckende Drang nach dem Überirdischen könne zur Zeit aber nur »durch die Vertreter der christlichen Kirche befriedigt werden«. Seelsorge im Feld inmitten der Kampfhandlungen sei deshalb unverzichtbar, nicht jedoch in Zeiten der Ruhe, wo die Partei die Zuarbeit der Kirche bei »Erziehung und Formung des deutschen Menschen« nicht gebrauchen könne. Konsequenz sei die Frage, ob man die Pfarrer künftig nur noch bei militärischen Einsätzen selbst heranziehen solle. – Von Brauchitsch reagierte auf diesen Vorstoß allerdings nicht, sondern ließ diese Gedanken auf sich beruhen.[18]

Zusammenfassend läßt sich sagen, daß die Militärpfarrer im Dritten Reich einem Staat dienten, der ihnen alle seitens des Regimes als politisch gewertete Aussagen – etwa zum Kirchenkampf – verbot. NS und Wehrmacht beschränkten die Arbeit der Geistlichen auf Individualseelsorge in der Auffassung, daß das Fortbestehen von »Kirche und Religion nichts weiter als vorläufig gewährte Konzessionen waren«. Die gerade von den konservativen Protestanten erhoffte und ersehnte »Gemeinschaft mit dem nationalen Staat« gab es nicht mehr. Deshalb sind die Zeugnisse emphatischer religiöser Hochstimmung nach Kriegsbeginn und der Siegesoptimismus der Militärpfarrer auch so selten, sieht man von den Äußerungen radikaler deutschchristlicher Prediger ab. Waren solche Töne dennoch zu hören, entsprachen sie in der Regel eher dem traditionellen staatstragenden Selbstverständnis der Militärseelsorge, wie sie es seit Jahrhunderten eingeübt hatte; mit anderen Worten: Solche Äußerungen bezogen sich nicht auf den konkreten nationalsozialistischen Weltanschauungsstaat, sondern auf die Nation als überzeitliche Größe. Im religiösen Schrifttum der Kriegsjahre, das an der Front und in der Etappe zur Verteilung kam und zuvor eine Zensur durchlaufen mußte, wird das

Selbstverständnis des Krieges in der Perspektive der Militärseelsorge deutlich; es ähnelte demjenigen der nicht dezidiert kämpferisch-nationalsozialistisch orientierten übrigen Bevölkerung: »[. . .] die naive und begeisterte Identifizierung mit den Zielen dieses Staates in der selbstvergessenen Euphorie des Jahres 1914 war unwiederholbar und unvollziehbar.« Die propagierten NS-Ziele und –Interessen wurden auf eine allgemeine Sorge um die Nation projiziert und damit ideologisch umgedeutet, was der Partei nicht verborgen blieb. Mit Hilfe der Nationalsozialistischen Führungsoffiziere versuchte sie, dieses Einstellungsverhalten zu bekämpfen. Daß manche Truppenkommandeure an der Front ausgerechnet wehrdienstleistende Pfarrer mit dieser Aufgabe betrauten, zeigt jedoch die Gespaltenheit der Wehrmacht in dieser Frage, die sich darin eher als Vertreterin des nationalen, nicht des NS-Staates erwies.[19]

In der deutschen Wehrmacht gab es knapp 500 hauptamtliche Militärpfarrer, zu denen während des Krieges noch einige hundert nebenamtliche Geistliche stießen, die ansonsten ihrer Dienstpflicht genügten. Ferner dienten in den Streitkräften mehr als 2.000 Offiziere und Beamte im Offiziersrang, die von Hause aus evangelische Pfarrer waren. Die Gesamtzahl aller ordinierten Pfarrer, Hilfsgeistlichen, Vikare, Kandidaten und Studenten der Theologie betrug 1943 etwa 9.600 Personen.[20] Das war zusammen mit den katholischen Theologen ein Potential, von dem die Partei befürchtete, es könne ihr die weltanschauliche Führung an der Front streitig machen, zumal die Wehrmacht im Kriege zahlenmäßig außerordentlich expandierte und zu einer Größe *sui generis* außerhalb der Heimat wurde, die sich der unmittelbaren Kontrolle der Partei zu entziehen schien.[21] Nicht wenige junge Pfarrer der Bekennenden Kirche meldeten sich mit aus diesem Grund nach Kriegsbeginn freiwillig zur Truppe, um dem politischen Druck auf sie und ihre Gemeinden zu entgehen. Eigens für sie verwandte sich das OKW im März 1940 in einem Schreiben an die Kirchenkanzlei der Deutschen Evangelischen Kirche in Berlin und bat, dafür zu sorgen, daß deutschchristliche Kirchenleitungen alles unterlassen sollten, was die militärische Dienstfreudigkeit dieser BK-Angehörigen beeinträchtigen könne.[22] Ein anderes Motiv war vielleicht auch die Vorstellung, im Kriege jenen Patriotismus notfalls mit dem Leben unter Beweis zu stellen, den die NSDAP den evangelischen Pfarrern absprach, um so »eine nationale Rehabilitierung als Berufsstand« zu erreichen. Viele dieser Geistlichen fielen an der Front oder wurden vermißt. Günter Brakelmann hat darauf hingewiesen, daß die evangelischen Pfarrer im Ersten wie im Zweiten Weltkrieg den vergleichsweise höchsten Blutzoll einer einzelnen Berufsgruppe entrichten mußten.[23]

Auch Pfarrer als Soldaten wurden im Zweiten Weltkrieg in die Verbrechen der Wehrmacht verstrickt. Eberhard Bethge, der Bonhoeffer-Biograph hat den Brief eines Vikars aus dem illegalen Finkenwalder Predigerseminar an Dietrich Bonhoeffer nahezu kommentarlos abgedruckt – daraus ein Zitat:

> »[...] ›Mitte Januar [1942] mußte eine Einheit unserer Abteilung an einem Tag 50 Gefangene erschießen, weil wir auf einem Marschwege waren, auf dem wir diese Gefangenen nicht mitnehmen konnten. In Partisanengegenden müssen Kinder und Frauen, die in dem Verdacht stehen, Partisanen mit Lebensmitteln zu versorgen, erledigt werden. Diese Menschen müssen so beseitigt werden, weil sonst deutsche Soldaten ihr Leben einbüßen müssen [...] Manches Dorf haben wir in den letzten drei Wochen aus militärischer Notwendigkeiten abbrennen müssen‹«.[24]

Es ist nicht überliefert, was Dietrich Bonhoeffer auf diesen konkreten Brief erwidert hat. In allgemeinerer Weise nahm er allerdings schon 1940 Stellung zum Kriegsdienst der Pfarrer und achtete in seinen Rundbriefen an die Front darauf, »den Theologen für ihr Dasein in Hitlers Krieg keine unerfüllbaren Gesetze aufzubürden, sondern sie in ihrem Gewissen zu befreien«: Wörtlich schrieb er im Mai 1940, etwa zwei Jahre bevor ihn der oben zitierte Brief erreichte:

> »Wo wir dann aber so deutlich an die Grenze unseres Dienstes stoßen, sollen wir uns auch nicht durch Skrupel aufreiben lassen [...] Ich weiß nun nicht, ob es ganz richtig ist, wenn man Euch immer wieder schreibt, daß Ihr auch da draußen ›im Amt‹ seid und sein müßt [...] Wenn einer von Euch etwas bekümmert schreibt, daß er eben nur Soldat unter Soldaten sein könne und daß er dabei versuche, ein Christ zu bleiben, daß aber seine Kraft darüber hinaus nicht reiche, so möchte ich den und alle, denen es ebenso geht, trösten. Ich kann darin keine Untreue gegen das Amt erblicken [...] Der große Unterschied zwischen Eurer Existenz [...] und der unsern [...] liegt wohl darin, daß wir uns an einer Stelle einsetzen dürfen, die wir durch unseren Beruf in gewissem Sinne selbst und frei bestimmt

> haben, während Ihr nun das Leben von Millionen von Menschen teilt, denen ihr Arbeits- und Lebenseinsatz niemals in diesem Sinne freigestanden hat [...] Wir sollen uns nicht knechten lassen. Gott kennt Euer jetziges Leben und findet seinen Weg zu Euch auch in den angespanntesten und ausgefülltesten Tagen, wenn Ihr den Weg zu ihm nicht mehr findet.«[25]

Wohlgemerkt: Das war nicht die Antwort auf den oben zitierten Brief. Aber hinter den genannten Aussagen Bonhoeffers stand noch ein anderer Gedanke: Dietrich Bonhoeffer hat als einer der ganz wenigen protestantischen Theologen in Deutschland im September 1939 in einem Brief die Frage aufgeworfen, ob der Krieg nicht geächtet werden müsse, weil ihn Christen heute keineswegs »als Erhaltungsordnung Gottes und somit als Gebot Gottes verstehen« könnten (an Reinhold Niebuhr 1939). Das führte Teile des Protestantismus an den politischen Widerstand heran. Denn: »Ein heilsgeschichtliches Denken, dem Gott ›jenseits aller menschlichen Pläne und Taten stand‹, wie es Karl Barth und die dialektische Theologie proklamiert hatten, blickte mit Distanz und Skepsis auf Handlungen und Ziele des eigenen Staates und indizierte damit eine bisher unbekannte politische Auswirkung theologischer und geschichtlicher Selbstprüfung der evangelischen Kirche«.[26] Dies sahen die Parteistrategen mit Sorge. Sie ahnten wohl, daß vom christlichen Denken und Geschichtsbewußtsein her der Nationalsozialismus »als Irrweg« gesehen werden konnte und fürchteten diese Konsequenz, was auch ihren Argwohn gegenüber aller religiösen Beeinflussung der Soldaten erklärt.[27]

Bilanz

Wir kennen keine offiziellen Aussagen der protestantischen Landeskirchen zu den Massenverbrechen des Nationalsozialismus, in die auch die Wehrmacht verstrickt war. Die wenigen überlieferten Zeugnisse einzelner geistlicher Amtsträger sind kaum verallgemeinerungsfähig. Die bekannten Proteste Paul Gerhard Braunes gegen die Krankentötungen in Eingaben an die Reichskanzlei[28] wie auch die mutigen Protestschreiben des württembergischen Landesbischofs Theophil Wurm gegen den millionenfachen Mord an den Juden[29] beziehen sich nicht auf die Wehrmacht und sind für die Mehrheit der Geistlichen und Kirchenführer nicht repräsentativ. Auch wenn das Christentum und sein Menschenbild in wesentlichen Punkten der NS-Ideologie und ihrer an reinen Verwertungskategorien für die Politik- und Gesellschaftsziele des Regimes orientierten Anthropologie diametral entgegengesetzt war, kam es nicht zu öffentlichem Widerspruch und nur zu sporadischem Widerstand dann, als es letztlich zu spät war.[30]

Wie ist das zu erklären?[31] Einmal mit der *historischen Einbindung und Vermittlung* des Christentums in den jeweiligen zeitgenössischen Kontext. Das Christentum nahm auf diese Weise in seiner Geschichte auch stets Elemente auf, die dem Kern der christlichen Botschaft widersprachen. Sodann ist es eine Tatsache, daß christliche Grundüberzeugungen, vor allem im Protestantismus, schon lange vor 1933 nicht mehr unhinterfragter Bestandteil der Auffassung der deutschen Mehrheitsbevölkerung gewesen sind. Und wie stand es mit den Pfarrern und Universitätstheologen, für die »Religion als Beruf« eine zentrale Rolle spielte?

Nicht von ungefähr war das Interesse der letzten Jahrzehnte an den Kriegs*predigten* als Hauptquelle zur Untersuchung des Verhältnisses von Protestantismus und Krieg auf diese Gattung ausgerichtet. Hoffte man doch, aus solchen Zeugnissen das theologische Einstellungsverhalten der Theologen im Pfarramt, in kirchenleitenden Funktionen und an den Universitäten erschließen zu können. Kam man dann zu der Feststellung, daß sich bestimmte Aussagen mit schultheologischen Positionen und allgemeinen Aussagen der Bibel und des Glaubens nicht mehr vereinbaren ließen, folgte oft die an sich »richtige«, aber noch nicht historisch-analytisch durchdrungene Feststellung, es handele sich um eine Abkehr von christlich-theologischen Standards zugunsten des jeweiligen politischen Engagements. Das wurde dann als krasses Fehlverhalten verurteilt, wobei diese Sicht häufig ausblendete, daß auch erklärte Christen und mit ihnen die Theologen in bestimmte gesellschaftliche Kontexte mit ihren säkularen Normen und Werthaltungen eingebunden waren und daß auf diesem Hintergrund die öffentlichen Aussagen der Geistlichen zur politischen Lage mitbetrachtet werden müssen. Erst wenn dies geschieht, kann die moralisierende Perspektive ex post zugunsten einer differenzierenden Analyse abgelöst werden, die historisch etwas *erklärt* und sich nicht mit dem von heutigen Überzeugungen getragenen moralischen Verdikt begnügt. Oder anders formuliert: Christen sehen und beurteilen den Krieg nicht *ausschließlich* vom Standpunkt ihres Glaubens, sondern ebenso als politische Zeitgenossen, die in vielfältiger Weise mit der Gesellschaft verbunden sind. Sie können das Geschehen deshalb nicht *von außen* betrachten, sondern haben mit ihrer bürgerlichen Existenz Teil an Meinungen, Vorurteilen, Gesinnungen, Mentalitäten, Ideologien, Milieus, die in der jeweiligen Gesellschaft vorhanden sind. Diese Kontextualität ist realiter wohl unaufhebbar, und die Beteiligten waren offenbar stets versucht, politische und christliche Existenz miteinander zu harmonisieren. Der Historiker kennt nur wenige Beispiele, wo von dezidiert christlicher Warte Widerspruch, Protest, ja Widerstand gegenüber gesellschaftlich sanktioniertem staatlichen Handeln auch im Dritten Reich und im Zweiten Weltkrieg erfolgte. Meist ist es in der Geschichte umgekehrt gewesen: Die politische Zeitgenossenschaft bestimmte eher als religiöse Glaubensvorstellungen das Verhältnis der Christen zum Krieg. Das mag uns Nachgeborenen manchmal unfaßbar erscheinen, aber wir kommen an diesem Faktum nicht vorbei. Und wir sollten mit unseren Urteilen vorsichtig sein, weil auch wir selbst in eben diesen Verstrickungen befangen sind, die uns nachfolgende Generationen wiederum einmal vorwerfen mögen.

Ich möchte mit jenen Sätzen schließen, die der Bochumer Theologe Günter Brakelmann als Fazit seines Buches »Kirche im Krieg« niedergeschrieben hat:

> »Eines bleibt in der Rückschau: Die Ohnmacht der Kirche und ihrer Amtsträger gegenüber den Herausforderungen des NS und der Zeitlage. Die Kirche hat den entfesselten Dämonien eines aggressiven Nationalismus, eines militanten Rassismus, einer intoleranten Pädagogik und einer naturalistisch-biologistischen Ethik aus der Verantwortung des Glaubens und seiner Ethik heraus nur hinhaltenden Widerstand entgegensetzen können. Das bleibt ihre tiefe Schuld. Erklärbar, aber nicht entschuldbar.«[32]

Anmerkungen

1 Aus: Kirchliches Jahrbuch für die Evangelische Kirche in Deutschland 1933–1945, hg. von Joachim Beckmann, Gütersloh [2]1976, S. 453; auch abgedruckt bei Günter Brakelmann/Dieter Beese (Hg.), Kirche im Krieg. Der deutsche Protestantismus am Beginn des Zweiten Weltkrieges, München 1979, S. 127.

2 Zit. nach: Die Schuld der Kirche. Dokumente und Reflexionen zur Stuttgarter Schulderklärung vom 18./19. Oktober 1945, hg. in Zusammenarbeit mit Christiane Bastert von Martin Greschat, München 1982, S. 71 f.

3 Vgl. zu seiner Deutung des Nationalsozialismus unmittelbar nach dem Krieg: Jochen-Christoph Kaiser, Diakonie und Kirche zwischen 1933 und 1945 im Rückblick. Aus den Aufzeichnungen Constantin Fricks Ende der 1940er Jahre, in: Freiheit gestalten. Zum Demokratieverständnis des deutschen Protestantismus. Quellentexte 1789–1989, hg. von Dirk Bochermann u. a. (= Festschrift Günter Brakelmann), Göttingen 1996, S. 349–361.

4 Werner K. Blessing, Kirchen und Krieg. Zur religiösen Deutung und Bewältigung außergewöhnlicher Zeit von der konfessionellen zur nationalen Epoche, in: Frank-Lothar Kroll (Hg.), Neue Wege der Ideengeschichte. Festschrift für Kurt Kluxen zum 85. Geburtstag, Paderborn 1996, S. 151–172. Dies und das folgende Zitat S. 151.

5 Odo Marquardt, Kleine Philosophie des Festes, in: Uwe Schultz (Hg.), Das Fest. Eine Kulturgeschichte von der Antike bis zur Gegenwart, München 1988, S. 413–420.

6 Diesen Begriff benutzt Kurt Meier in seinem Exkurs: Der evangelische Kirchenkampf als Widerstandsproblem, in: Ders., Der Evangelische Kirchenkampf, Bd. 3: Im Zeichen des Zweiten Weltkriegs, Halle/S. 1984, S. 587–616.

7 Dazu Jochen-Christoph Kaiser, Krieg und Frieden als Thema der zeitgeschichtlichen kirchlichen Mentalitätsforschung, in: Friedhelm Boll (Hg.), Volksreligiosität und Kriegserleben (Jahrbuch für historische Friedensforschung, 6), Münster 1997, S. 9–25.

8 Siehe auch Clemens Vollnhals, Die Evangelische Kirche zwischen Traditionswahrung und Neuorientierung, in: Martin Broszat/Klaus Dietmar Henke/Hans Woller (Hg.), Von Stalingrad zur Währungsreform. Zur Sozialgeschichte des Umbruchs in Deutschland, München 1988, S. 113–167. – Dieser Aufsatz beginnt mit dem Zusammenbruch und trägt entgegen dem Titel des Sammelbands nichts zur Haltung der evangelischen Kirche in den letzten Kriegsjahren bei. Ferner: Martin Hein, »Großdeutschland ruft zum Dienst!« Die evangelische Kirche und der 2. Weltkrieg, in: Eveline Valtink (Hg.), Erinnern und Erben in Deutschland. Versuche einer Öffnung, Kassel 1999 [im Druck].

9 Für die katholische Kirche vgl. Hans-Günter Hockerts, Die Sittlichkeitsprozesse gegen katholische Ordensangehörige und Priester 1936/37. Eine Studie zur nationalsozialistischen Herrschaftstechnik und zum Kirchenkampf, Mainz 1971; zu vergleichbaren Maßnahmen ab 1937 gegenüber dem Verbandsprotestestantismus (Innere Mission) siehe Jochen-Christoph

Kaiser, Sozialer Protestantismus im 20. Jahrhundert. Studien zur Geschichte der Inneren Mission, München 1989, S. 422 ff.

10 Vgl. Kurt Meier, Kreuz und Hakenkreuz. Die evangelische Kirche im Dritten Reich, München 1992, S. 175 ff.

11 CA XVI: »Von Polizei und weltlichem Regiment wird gelehret, daß alle Obrigkeit in der Welt und geordente Regiment und Gesetze gute Ordnung, von Gott geschaffen und eingesetzt seind, und daß Christen mögen in Oberkeit, Fürsten- und Richter-Amt ohne Sünde sein, nach kaiserlichen und anderen üblichen Rechten Urteil und Recht sprechen, Übeltäter samt dem Schwert strafen, rechte Kriege führen, streiten«, in: Die Bekenntnisschriften der evangelisch-lutherischen Kirche, Göttingen [6]1967, S. 70 f.

12 Vgl. Wolfgang Lienemann, Art. »Krieg«, in: Evangelisches Kirchenlexikon, 3. Auflage, Bd. 2, 1474–1482 [1989]; Heinz-Horst Schrey, Art. »Krieg«, IV: Historisch-Ethisch, in: TRE 20. 28–55 [1990]. – Siehe auch Gottfried Maron, Frieden und Krieg. Ein Blick in die Theologie- und Kirchengeschichte, in: Peter Herrmann (Hg.), Glaubenskriege in Vergangenheit und Gegenwart. Symposion der Joachim-Jungius-Gesellschaft der Wissenschaften, Göttingen 1996, S. 17–35.

13 Kirchliches Jahrbuch, S. 72.

14 Nach Christian Walther (Hg.), Atomwaffen und Ethik. Der deutsche Protestantismus und die atomare Aufrüstung 1954–1961. Dokumente und Kommentare, München 1981, S. 61.

15 Folgendes nach Manfred Messerschmidt, Aspekte der Militärseelsorgepolitik in nationalsozialistischer Zeit, in: MGM 1 (1968), S. 63–105, und ders., Zur Militärseelsorgepolitik im Zweiten Weltkrieg, in: MGM 2 (1969), S. 37–85. – Vom Interpretatorischen weniger ergiebig, aber mit zahlreichen Einzelinformationen die Dissertation von Dieter Beese, Seelsorger in Uniform. Evangelische Militärseelsorge im Zweiten Weltkrieg. Aufgabe – Leitung – Predigt, Hannover 1995. Hier fehlt m. E. vor allem das Eingehen auf die Funktion der Militärpfarrer »vor Ort«, ihr Anteil an der religiösen »Bewältigung« des Krieges und die Schilderung ihrer Leistungen bzw. Defizite für den einzelnen Christen wie für die (Militär-) Gemeinden. Aus der Perspektive ehemals an der Militärseelsorge an führender Stelle Beteiligten siehe Hermann Kunst (Hg.), Gott läßt sich nicht spotten. Franz Dohrmann. Feldbischof unter Hitler, Hannover 1983. – Eine wissenschaftliche Gesamtdarstellung zur Militärseelsorge im Dritten Reich fehlt; für die Jahre bis 1918 vgl. Arnold Vogt, Religion im Militär. Seelsorge zwischen Kriegsverherrlichung und Humanität. Eine militärgeschichtliche Studie, Frankfurt a. M. 1984.

16 Messerschmidt, Zur Militärseelsorgepolitik, S. 40 ff. – Das als »Denkschrift ev. Heerespfarrer über die Auswirkungen des Kirchenkampfes« firmierende Papier stammte nach Auffassung Messerschmidts nicht aus der Militärseelsorge selbst, sondern wurde dieser von interessierter dritter Seite, wohl von einem der Bekennenden Kirche nahestehenden Autor, lediglich »untergeschoben«, um größere Resonanz zu erzielen.

17 Textauszug ebd., S. 49.

18 Messerschmidt, Aspekte der Militärseelsorgepolitik, S. 65.

19 Ebd., S. 70.

20 Ebd., S. 61. – Die Vergleichszahlen des Ersten Weltkrieges liegen wesentlich niedriger: Seinen Höchststand erreichten die Zahl der regulären Militärpfarrer in Heer und Marine mit 744:39, – nach dem Urteil Kurt Meiers viel zu wenig, um eine flächendeckende Betreuung der Soldaten zu gewährleisten; ders., Evangelische Kirche und Erster Weltkrieg, in: Wolfgang Michalka (Hg.), Der Erste Weltkrieg. Wirkung, Wahrnehmung, Analyse, München 1994, S. 691–724, hier S. 715.

21 Manche Pfarrer bzw. Theologieprofessoren wurden auch als Zivilisten zur Truppenbetreuung eingesetzt, so auch der Göttinger Praktische Theologe und bekannte Deutsche Christ Walter Birnbaum, der es auf 500 »Einsätze« bei der Luftwaffe brachte. Dennoch rief selbst er das Mißtrauen seiner Göttinger Parteidienststelle hervor: In einem Vermerk des Kreisleiters hieß es über ihn: »Was soll ein Theologe in der Wehrmachtsbetreuung? Wollen wir uns denn die Läuse noch selbst in den Pelz setzen?«; vgl. Walter Birnbaum, Zeuge meiner Zeit. Aussagen zu 1912 bis 1972, Göttingen 1972, S. 235.

22 Meier, S. 176.

23 Brakelmann, Kirche im Krieg, S. 304 f.

24 Eberhard Bethge, Dietrich Bonhoeffer. Eine Biographie, ^{4}1978, S. 791.

25 Ebd., S. 790.

26 Messerschmidt, S. 79.

27 Ebd., S. 74.

28 Text bei Kaiser/Nowak/Schwartz, Eugenik – Sterilisation – »Euthanasie«. Politische Biologie in Deutschland 1895–1945, Berlin 1992, S. 306–309.

29 Textauszüge bei Kurt Meier, Kirche und Judentum. Die Haltung der evangelischen Kirche zur Judenpolitik des Dritten Reiches, Halle/S. 1968, S. 121 ff.

30 Natürlich sind eine Reihe von kritischen Äußerungen zum Unrecht des Krieges überliefert. Sie erzielten aber keine Breitenwirkung, weil sie entweder von Einzelpersonen oder kleinen geschlossenen Gruppierungen stammen, wie die eindrucksvolle, von dem Historiker Gerhard Ritter verfaßte Einleitung zur »Denkschrift des Freiburger Kreises« vom Spätherbst 1942; Textauszug bei Martin Greschat, S. 24. Siehe auch ders., ebd., und Günter Brakelmann, ebd., pass.

31 Folgende Gedanken nach Martin Greschat, Wie werden Menschen zu »Exekutoren«, zu Mördern im Nationalsozialismus? Ungedrucktes Manuskript eines Beitrags zum Begleitprogramm der Wehrmachtsausstellung in Münster/Westf., November 1998.

32 Brakelmann, Kirche im Krieg, S. 326.

Christian Gerlach

Verbrechen deutscher Fronttruppen in Weißrußland 1941–1944

Eine Annäherung

Von den 15 bis 18 Millionen deutschen Militärangehörigen während des Zweiten Weltkrieges – ein Querschnitt durch die deutsche Gesellschaft, zumindest durch ihren männlichen Teil – sind die meisten an den Fronten eingesetzt worden. Doch Verbrechen deutscher Fronteinheiten im Zweiten Weltkrieg sind bisher kaum systematisch untersucht worden, ja die Frage danach wurde in der Forschung meistens nicht einmal gestellt. In der sogenannten »Täterforschung« haben sie bis jetzt keine Rolle gespielt. Zwar muß man berücksichtigen, daß die nach dem Krieg um die Wehrmacht gewobenen Legenden sich jahrzehntelang ganz besonders auf die angeblich unbefleckte »kämpfende Truppe« bezogen haben, in deren Rücken die Verbrechen geschehen seien. Dies dürfte auch die Forschungspolitik beeinflußt haben. Doch daß dieses Thema trotz seiner offensichtlichen Relevanz für die Frage nach der deutschen Gesellschaft während des Krieges bis zuletzt fast ganz ausgespart blieb, ist erstaunlich.

Auch die Fülle kritischer Untersuchungen der letzten Jahre zur NS-Vernichtungspolitik sowie Darstellungen zum Komplex Wehrmacht haben daran wenig geändert. Der vorherrschenden Perspektive der Generalität und hohen Stäbe wurden zwar Bücher zum »Krieg des kleinen Mannes« entgegengesetzt. Jedoch standen dabei nicht Verbrechen im Mittelpunkt, sondern – gewiß nicht ohne Berechtigung – Mentalitäten, Erfahrungsstrukturen und die Alltagsgeschichte des Krieges. Für den einzelnen waren Untaten aber eben nicht der Alltag. Der Soldat erschien eher als Opfer und Rädchen im Getriebe.[1] Auch grundlegende Darstellungen zu bestimmten Aspekten von Wehrmachtverbrechen wie die von Christian Streit und Norbert Müller bieten zum Vorgehen der Fronttruppen kaum Material.[2] Weitere Veröffentlichungen wie die voluminöse Studie von Hans-Joachim Schröder erforschen mehr Kriegserinnerung und -erzählung und behandeln unser Thema nur am Rande, Stephen Fritz' Buch »Hitlers Frontsoldaten« bringt dazu nur Impressionen.[3] Meist tauchen Soldaten allenfalls als Zuschauer bei Kriegsverbrechen auf. Die neue Untersuchung von Klaus Latzel über »Kriegserlebnis« und »Kriegserfahrung« 1939 bis 1945 widmet diesem Punkt mehr Aufmerksamkeit, führt jedoch auch nicht viel weiter.[4] Im Zusammenhang mit der Ausstellung »Vernichtungskrieg. Verbrechen der Wehrmacht 1941–1944« des Hamburger Instituts für Sozialforschung[5] hat die Fragestellung nach Verbrechen von Fronttruppen ebenfalls keine konzeptionelle Rolle gespielt, und sie kommen nur selten vor.[6] So stehen für den Krieg gegen die Sowjetunion fast allein die Analysen des amerikanischen Historikers Omer Bartov zur Verfügung, aber die Quellenbasis seiner Pionierarbeiten ist mit den Akten dreier Divisionen sehr schmal, seine Folgerungen gehen verglichen damit sehr weit, und sein Interesse verlagerte sich ebenfalls mehr und mehr auf die Mentalität der deutschen Soldaten.[7] Schließlich ist auf die Ergebnisse der polnischen Forschung zum deutschen Krieg gegen Polen 1939 zu verweisen.[8]

Warum kann eine Untersuchung der Rolle der Fronttruppen innerhalb der deutschen Vernichtungspolitik im Unterschied zu rückwärtigen Einheiten der Wehrmacht sinnvoll sein? Unter »Fronttruppen« sollen hier an der Front eingesetzte Heereseinheiten im Gegensatz zu den im Hinterland stehenden rückwärtigen oder Versorgungseinheiten wie Sicherungsdivisionen oder Landesschützenbataillonen verstanden werden. Allerdings muß man eine gewisse Unschärfe dieser begrifflichen Unterscheidung zugeben. So sind im Einzelfall Sicherungsdivisionen an der Front zum Einsatz gekommen oder umgekehrt »Fronttruppen« ins Hinterland verlegt worden. Im allgemeinen unterschieden sich Fronttruppen jedoch von rückwärtigen Einheiten in ihrer Struktur, Bewaffnung, Ausrüstung, teilweise auch Ausbildung. Auch ihre Funktion differierte: Die Fronttruppen bekämpften in erster Linie die gegnerischen Streitkräfte, während die rückwärtigen Einheiten vor allem zur Durchsetzung der Besatzungspolitik dienten. Es waren vorwiegend letztere, die die bekanntesten und am besten erforschten Vernichtungsaktionen der Wehrmacht durchführten. Kommandanturen, Sicherungsdivisionen, Lagermannschaften und Geheime Feldpolizei unterdrückten Widerstand, bekämpften Partisanen und töteten in Massen deren vermeintliche Anhänger, vernichteten Millionen sowjetische Kriegsgefangene, beteiligten sich an der Rekrutierung von Zwangsarbeitern, drangsalierten und gettoisierten jüdische Einwohner, ermordeten sie teilweise auch.

Demgegenüber war das Handeln der Fronteinheiten stets eng mit den militärischen Operationen verknüpft und stand in deren Dienst. Besatzungspolitik gehörte nicht zu ihren engeren Aufgaben. Wenn diese Truppen oder einzelne Militärangehörige dennoch über den Rahmen ihrer militärischen Funktion hinaus agierten oder diesen Rahmen erweiterten, kann dies unter Umständen auf ihre Überzeugungen und Einstellungen zurückverweisen. Das ist besonders interessant, wenn man die Ebene der Kommandeure und Stäbe verläßt, denn Mannschaften und unteres Offizierskorps kamen in den Fronttruppen auch aus einer anderen *Generation* als in den rückwärtigen Einheiten. Letztere – ebenso wie beispielsweise die Angehörigen der Polizeibataillone – waren im Durchschnitt rund 40 Jahre alt, waren verheiratet und hatten Kinder. Sie hatten im Ersten Weltkrieg und in den Anfangsjahren der Weimarer Republik ihren Beruf ergriffen, ihre soziale und berufliche Prägung erfahren.[9] Anders in den Fronteinheiten: Dort lag der Altersdurchschnitt bei etwa 28 bis 30 Jahren.[10] Soldaten und Offiziere der unteren Ränge waren stärker im Nationalsozialismus sozialisiert und politisch geprägt worden, teilweise waren sie mit der Hitlerjugend aufgewachsen und verfügten noch über wenig Lebenserfahrung.

Bei meinen Nachforschungen zur deutschen Besatzungspolitik in Weißrußland konnte ich kein systematisches Quellenstudium zu den an der Front eingesetzten Einheiten betreiben.[11] Deshalb und wegen des mangelhaften Forschungsstandes müssen die Antworten bruchstückhaft bleiben. Grundlegende Fragen sind ungeklärt. Um welche Delikte geht es überhaupt, und wie kam es dazu? Welches Ausmaß hatten diese Aktionen, auch im Vergleich mit den nachfolgenden Besatzungsorganen? Wie groß war der Anteil der Offiziere und Soldaten, die sie begingen? Wer gab Befehle, wer führte sie aus und wer nicht, wer handelte ohne sie? Was taten Fronttruppen im allgemeinen *nicht*? Dieser Beitrag kann lediglich eine Bestandsaufnahme von Taten und einen Aufriß der Forschungsprobleme liefern. Genaue Quantifizierungen und Persönlichkeitsstudien sind hier noch nicht zu erwarten.

Das Gebiet, aus dem mein Material hauptsächlich stammt, ist Weißrußland, damals eine Sowjetrepublik mit rund 200.000 Quadratkilometern und zehn Millionen Einwohnern, ein vorwiegend agrarisch geprägtes Land. Weißrußland grenzt im Westen an Polen – damals das deutsch besetzte Generalgouvernement –, im Osten an Rußland, im Süden an die Ukraine. Das Gebiet wurde im Sommer 1941 innerhalb weniger Wochen gänzlich von den Deutschen besetzt; im Herbst 1943 wurde der Osten des Landes von der Sowjetarmee zurückerobert, der Rest wiederum binnen kurzer Zeit im Sommer 1944. Der deutschen Besatzung fielen dort mehr als 1,6 Millionen Zivilisten und Kriegsgefangene zum Opfer. Im folgenden sollen zunächst die zwei Phasen, in denen die Front Weißrußland durchquerte, nacheinander geschildert und zum Schluß einige allgemeine Folgerungen vorgestellt werden.

Die ersten und zahlreichsten Opfer von Morden deutscher Kampfeinheiten auf weißrussischem Boden waren Angehörige der Roten Armee. Die Tötungen außerhalb von Kampfhandlungen begannen nicht erst in den Gefangenenlagern, sondern noch auf dem Schlachtfeld. Von den ersten Kriegstagen an erschossen viele Einheiten der Heeresgruppe Mitte sowjetische Soldaten, die sich mit erhobenen Händen ergeben wollten. Der Kommandeur des XXXXVII. Panzerkorps, General Joachim Lemelsen, prangerte in einem Befehl vom 25. Juni 1941 sinnloses Erschießen von Kriegsgefangenen und Zivilisten an, wie es nach seiner eigenen Beobachtung vorgekommen war. Von der Anweisung, damit Schluß zu machen, nahm er die Tötung von Partisanen und Kommissaren allerdings ausdrücklich aus.[12] Fünf Tage später erklärte Lemelsen in einem Aufruf:

> »Trotz meiner Verfügung vom 25. Juni 1941, die anscheinend nicht bis zu den Kompanien durchgedrungen ist, werden immer wieder Erschießungen von Gefangenen, Überläufern und Deserteuren festgestellt, die in unverantwortlicher, sinnloser und verbrecherischer Art und Weise stattfinden. Das ist Mord! [...] schnell wird sich aber im gegnerischen Heer das Bild von ungezählten, am Vormarschwege liegenden Soldatenleichen verbreiten, die ohne Waffen und mit

erhobenen Händen eindeutig durch Kopfschüsse aus nächster Nähe erledigt worden sind. Der versprengte Feind versteckt sich daher in Wäldern und Feldern, kämpft aus Angst weiter und wir verlieren unzählige Kameraden.«[13]

Juden aus der Stadt Slonim mußten solche Leichen wegräumen. Ebenso sah sie bei Minsk der deutsche Unteroffizier Robert Rupp, der in seinem Tagebuch festhielt:

»Viele Erschossene, die ich liegen sah, lagen mit erhobenen Händen da und ohne Waffen und sogar ohne Koppel. Mindestens hundert sah ich so liegen. Man erzählt sich, daß sogar ein Parlamentär, der mit weißer Fahne kam, niedergeknallt wurde! [. . .] Man hat auch Verwundete erschossen.«[14]

Teilweise wurde das Vorgehen, »keine Gefangenen« zu machen, mit Kriegsrechtsverletzungen der Sowjets begründet. Am 25. Juni 1941 meldete das Infanterie-Regiment 9 der 23. Infanteriedivision im Raum Białystok einen Zwischenfall beim III. Bataillon, bei dem durch sowjetischen Mißbrauch der weißen Fahne sechs Soldaten ums Leben kamen. Darauf ordnete der Divisionskommandeur, Generalmajor Hellmich – sinnigerweise später General der Osttruppen, das heißt der Truppen aus Sowjetbürgern im Verband der Wehrmacht – an, weiße Fahnen gleich für den ganzen Divisionsbereich nicht mehr zu beachten: »Es gibt kein Pardon!« Die Regelung wurde noch am gleichen Tag durch den Korpskommandeur, General Fahrmbacher, auf den gesamten Bereich des VII. Armeekorps ausgedehnt. Am 28. Juni machte das Infanterieregiment 9 wegen der angeblichen Verstümmelung deutscher Gefangener »keine Gefangenen«. In den ersten acht Tagen des Krieges geschah das nach Angaben der Division »oft«, wodurch die Gefangenenzahl mit 1.507 »verhältnismäßig gering« ausgefallen sei – also müssen Hunderte, die sich ergeben hatten, erschossen worden sein.[15] Der Oberleutnant Fritz-Dietlof Graf v. d. Schulenburg, einer der vielen Oppositionellen des 20. Juli, die im Infanterieregiment 9 kämpften, schrieb an jenem 28. Juni 1941 in sein Tagebuch, es stecke »eine Gefahr für die Disziplin darin, wenn unsere Leute anfangen[,] auf eigene Faust ›umzulegen‹«. Am folgenden Tag skizzierte er einen von unbekannter Stelle eingegangenen Gegenbefehl so:

»Nur wer mit der Waffe in der Hand im Kampfe steht, wer aus dem Hinterhalt schießt, wer sich als Gefangener widersetzt oder flieht, darf erschossen werden. Sonst [!] nur auf Befehl eines Offiziers, der verantwortlich ist«.[16]

Es durfte also weiter grundlos erschossen werden, womit auch offenbar wird, daß keineswegs nur auf sowjetische Regelverstöße hin so verfahren wurde, von den höchst dehnbaren möglichen Begründungen (wie Widersetzlichkeit) ganz abgesehen.

Dem Oberbefehlshaber der Heeresgruppe Mitte, Generalfeldmarschall v. Bock, gingen entsprechende Meldungen von verschiedenen Seiten zu, wie er am 30. Juni 1941 in seinem Tagebuch vermerkte. Daß er Gegenmaßnahmen beabsichtigte, erwähnte Bock nicht; statt dessen erregten vor allem die angeblichen sowjetischen Kriegsrechtsverletzungen seine Aufmerksamkeit.[17] Dagegen sah sich der Oberbefehlshaber der 4. Armee, Generalfeldmarschall Günther v. Kluge, am 1. Juli zu einem charakteristisch formulierten Gegenbefehl gezwungen:

»Der Russe als stumpfer Halbasiat glaubt dem eingetrichterten Grundsatz seiner Kommissare, daß er bei etwaiger Gefangennahme erschossen wird. Das ist der hauptsächliche Grund dafür, daß er sich nicht gefangen gibt. [...] Um [...] [die eigene Überläufer-] Propaganda nicht ins Gegenteil zu verdrehen, ist es notwendig, daß Rote Soldaten, die sich ergeben und womöglich das Flugblatt zeigen, als Kriegsgefangene behandelt werden.
Notwendige Vollstreckungen sind grundsätzlich deshalb auch so durchzuführen, daß Zivilisten und andere Gefangene nichts davon merken.«[18]

Der ausdrückliche Grund für den Befehl war wie bei der Weisung Lemelsens und allen weiteren Gegenbefehlen dieser Art, daß sich der sowjetische Widerstand im Kessel Minsk-Białystok immer weiter verstärkte und zum militärischen Problem für die ganze deutsche Offensive auswuchs, die strategische Bedeutung hatte. Denn die Lücken zwischen den vorstürmenden Panzer- und den nachrückenden Infanterieeinheiten wurden immer größer und gefährdeten die Einschließung möglichst vieler sowjetischen Einheiten.[19] Der Befehl v. Kluges scheint noch am gleichen Tag zu den unteren Einheiten gelangt zu sein.[20] Trotzdem sah sich die Heeresgruppe Mitte am 11. August gezwungen, in einem Bericht erneut die »überall nach Kampfhandlungen umherliegenden Soldatenleichen ohne Waffen mit erhobenen Händen und Nahschußverletzungen«[21] zu erwähnen.

Es handelte sich also nicht um vereinzelte Vorkommnisse oder die Angelegenheit nur einer Armee,[22] sondern um eine Massenerscheinung, die, wie Hitler gegenüber ausländischen Diplomaten betonte, das übliche Zahlenverhältnis zwischen Gefangenen und Gefallenen beim Gegner wesentlich verschob.[23] Es handelte sich um feigen Mord aus nächster Nähe und nicht um Tötungen aus größerer Entfernung, um etwaigen Hinterhalten zu entgehen; es handelte sich in der Regel nicht um Vergeltungsmaßnahmen, wie der frühe Zeitpunkt des ersten Lemelsen-Befehls nahelegt und die Tatsache zeigt, daß zum Beispiel bei der 15. Infanteriedivision entsprechende Befehle schon einen Tag vor Kriegsbeginn gegeben wurden;[24] und derartige Aktionen beschränkten sich nicht auf die ersten Kriegstage, wie aus dem Umstand hervorgeht, daß auch in späteren Denkschriften dieser Mißstand erwähnt wurde, ein Mißstand, dem abgeholfen werden müsse.[25] Befehle zu diesen Erschießungen sind bisher zwischen Zug- und Armeekorpsebene nachweisbar.[26] In vielen Fällen waren es offenbar keine spontanen oder »privaten Kriege«, die hier geführt wurden,[27] obwohl auch solche belegt sind. Häufig resultierten gnadenlose, oft kollektiv ausgeführte Vernichtungsaktionen am wehrlosen Gegner aus Befehlen von mittlerer und hoher Ebene. Es scheint allerdings so, als hätten sich keineswegs immer alle Soldaten der betreffenden Einheit beteiligt.[28] Gegenbefehle hat es durchaus gegeben;[29] aber sie ergingen mehr auf Grund nüchterner militärischer Kalkulation als aus moralischen Bedenken bestimmter Offiziere oder der Soldaten.[30]

Nach den Erschießungen von Rotarmisten auf dem Schlachtfeld, die sich ergeben hatten, war der Massenmord an den sowjetischen Kriegsgefangenen eine konsequente Fortsetzung. Exekutionen nahm schon die Fronttruppe vor, wobei in der Tat untere Offiziersränge eine große Rolle gespielt zu haben scheinen. Gefangene waren lästig oder Objekte, um Haß und Frustration abzureagieren.[31] Außer Kommissaren und sogenannten Politruks wurden auch kriegsgefangene Juden und Offiziere von der Truppe erschossen. Initiativen »von oben« und »von unten« trafen sich. Charakteristisch ist wiederum ein Fall bei der 23. Infanteriedivision: Die dortige Bäckerei-Kompanie erschoß am 26. Juni 1941 einen sowjetischen Offizier nicht etwa spontan, sondern erst nach Anfrage beim Divisionsgefechtsstand.[32]

Obwohl dies ihre selbstverständlichste Pflicht war, wurde Soldaten und Offizieren der Roten Armee auch als todeswürdiges Verbrechen ausgelegt, daß sie gegen die Deutschen gekämpft hatten. In dieser Hinsicht gab es sogar einen Befehl der Panzergruppe 3 – also praktisch auf Armeeebene –: Der »begründete Verdacht«, Spionage, Sabotage oder »Massnahmen gegen die deutsche Wehrmacht« begangen zu haben, reichte danach nicht nur aus, sowjetische Zivilisten zu erschießen, sondern auch Rotarmisten.[33] Spontan im Felde wurden, auch in Lettland und in der Ukraine, offenbar immer wieder gegnerische Soldaten nur deshalb – unter Umständen massenweise – erschossen, weil sie sich im Kampf gewehrt hatten.[34] Hitler und Halder ließen dies ebenfalls anklingen, wenn sie von besonders erbitterten Kämpfen sprachen.[35] Dies stimmt mit Forschungsergebnissen für das Vorgehen der Wehrmacht in Polen 1939 überein: Die deutschen Militärangehörigen waren von der starken Gegenwehr des Gegners überrascht, und viele gestanden sie ihm gewissermaßen nicht zu. Das galt um so mehr angesichts der durch die neue deutsche Taktik der Panzervorstöße hervorgerufenen Zersplitterung der Front und Unübersichtlichkeit der Kampfhandlungen. Angehörige der gegnerischen Streitkräfte galten dann sehr leicht als Heckenschützen und Freischärler, ihnen wurden Heimtücke und Hinterlist zugeschrieben, die man als todeswürdig auffaßte und die rassistische Vorurteile zu belegen schienen – man sprach etwa von »asiatischer Kampfesweise«.[36] Manche (allerdings nicht alle) Meldungen über Kriegsrechtsverletzungen seitens der Sowjets dürften mit diesem Mechanismus zusammengehangen haben.[37] Schon lange, bevor versprengten Rotarmisten von den Deutschen Fristen gesetzt wurden, nach deren Ablauf sie alle als Freischärler angesehen und getötet würden (das war in Weißrußland im September 1941), im Juni und Juli 1941, meldeten Sicherungseinheiten, die sich wegen der Kesselbildungen kurzzeitig an eine Front hinter der Front versetzt sahen, hunderte ermordeter angeblicher Freischärler, die in Wahrheit versprengte, aber noch organisierte sowjetische Soldaten waren, die pflichtgemäß den Kampf fortgesetzt hatten.[38]

Besonderen Haß zogen die Frauen in der Roten Armee auf

sich. Am 29. Juni 1941 unterzeichnete Generalfeldmarschall v. Kluge einen Befehl, in dem es hieß: »Frauen in Uniform sind zu erschießen.«[39] Dieser Befehl wurde umgehend etwa vom VII. Armeekorps weitergegeben und zum Beispiel von der 286. Sicherungsdivision in den folgenden Tagen bekräftigt. Am 3. Juli erreichte diese Division ein Gegenbefehl des OKH (Oberkommando des Heeres), nach der uniformierte Frauen, bewaffnet oder unbewaffnet, als Kriegsgefangene anzuerkennen seien.[40] Örtlich gab es Befehle, alle weiblichen Angehörigen der Roten Armee umzubringen, schon in den Tagen vor der deutschen Invasion in der Sowjetunion.[41] Auch später stand der Haß deutscher Frontsoldaten auf die »Flintenweiber« den Befehlen von oben oft nichts nach. Sie wurden weiter mit ungeheurer Brutalität bekämpft oder nach dem Kampf getötet. So machte die 253. Infanteriedivision bei Welikije Luki ein ganzes Frauenbataillon mit Flammenwerfern unter dem Vorwand nieder, es habe aus dem Hinterhalt angegriffen.[42] Neue Befehle, alle Rotarmistinnen zu töten, wurden gegeben, so im Juli 1941 vom Infanterieregiment 167 im Mittelabschnitt und im Oktober 1941 bei der 75. Infanteriedivision in der Ukraine.[43] Noch am 6. März 1944 befahl das OKW (Oberkommando der Wehrmacht), gefangengenommene Rotarmistinnen seien in der Regel als sogenannte unzuverlässige Elemente Sicherheitspolizei und SD zu übergeben, was Tod oder zumindest Konzentrationslager bedeutete.[44]

Auch gegen Zivilisten begingen deutsche Kampfeinheiten Massenverbrechen. In Minsk zum Beispiel wurden bei den Luftangriffen vom 23. bis 25. Juni 1941 zur Entvölkerung absichtlich Wohnviertel im Zentrum durch Brandbomben zerstört, während Fabriken am Stadtrand weitgehend verschont blieben. Auch der Oberbefehlshaber der 4. Armee, v. Kluge, und der Chef der Einsatzgruppe B, SS-Brigadeführer Arthur Nebe, gingen von einer zielgerichteten Vernichtung durch die Luftwaffe aus, die sie als kontraproduktiv beurteilten.[45] Nachdem die Wehrmacht am 28. Juni in Minsk eingerückt war, wurde dort »von den zuerst durchziehenden Truppen«[46] ein Gefangenenlager errichtet, in das nicht nur Zehntausende von Kriegsgefangenen gepfercht wurden, sondern auch alle Männer der Stadt von ungefähr 15 bis 50 Jahren, Juden und Nichtjuden, etwa 40.000 Menschen. Diese Männer waren durch Plakatanschläge bei Androhung der Todesstrafe zur Registrierung gezwungen worden. Sie wurden dort wochenlang ohne Nahrung und Wasser festgehalten. Auch dieses Lager unterstand zunächst dem Generalfeldmarschall v. Kluge, der sich die Entscheidung über die Entlassung von Zivilgefangenen persönlich vorbehielt und offenbar die Einsatzgruppe B sowie die Geheime Feldpolizei mit der Selektion der Insassen beauftragte. Insgesamt wurden daraufhin fast 10.000 Insassen, meist von der Sicherheitspolizei, erschossen.[47]

Gleichzeitig beklagte die Einsatzgruppe B selbst den »schroffen Umgangston der Truppe der Zivilbevölkerung gegenüber«, und ein anderer Berichterstatter aus Minsk meldete: »Für den Mann ist Russe = Bolschewik. Behandlung dementsprechend.«[48] Der Umgang mit der Zivilbevölkerung war, ob auf dem Lande oder in den Städten, von Plünderungen geprägt, die oft in Vandalismus übergingen. Das Ausschlachten von Fahrzeugen und Geräten für die direkten militärischen Bedürfnisse der Einheiten und Wehrmachtangehörigen mag noch begreiflich sein. Doch Nahrungsmittel und Vieh wurden oft ohne vorgeschriebene Bezahlung oder Bescheinigungen, oft unter Waffengewalt, anarchisch geplündert oder geraubt – neben der geregelten und systematischen Plünderung durch die Wirtschaftsverwaltung für die »Versorgung aus dem Lande«. Alle möglichen gewerblichen Wirtschaftsgüter, Wertsachen, Kunstgüter wurden mitgenommen, wissenschaftliche Geräte oder Bibliotheken mutwillig zerstört.[49] In Minsk hausten am schlimmsten die sogenannten Erkundungsstäbe der Panzerdivisionen, dann kamen die der Panzerarmeen, schließlich die der 2. und 9. Armee – danach blieb »nur noch das [übrig], was die Truppe beim besten Willen nicht wegschleppen und verbrauchen konnte.«[50] Eine in Białystok eingesetzte Wirtschaftseinheit meldete für die ersten Wochen der Besatzung:

> »Hier setzte sofort ein unbeschreiblicher Andrang vom frühen Morgen bis zum späten Abend ein, u. zwar von der kleinsten Einheit bis zu höheren Stäben. Gefordert wurde Verbesserung der Verpflegung und Bekleidung zusätzlich, ohne Verständnis für wehrwirtschaftliche Erfassung zum Wohle des Ganzen. Ein Unterschied zwischen Mannschaften, Unteroffizieren und Offizieren bestand nicht, im Gegenteil[,] die Offiziere, auch höhere Chargen, scheuten nicht vor Eigenmächtigkeiten zurück. Man hielt es für selbstverständlich, seinen persönlichen Anteil an der Beute zu fordern und sich zu verschaffen.«[51]

In noch weit stärkerem Maß als andere Gewaltakte waren diese Plünderungen ein Massenphänomen, später ergänzt durch einen weiteren »Volkssport«, Schiebereien auf dem Schwarzmarkt unter Ausnutzung der günstigen Währungs- und Tauschverhältnisse. Die weißrussische, die sowjetische Bevölkerung wurde fast durchweg als rechtlose Masse angesehen, über die man ohne Bindung an zivilisatorische Normen verfügen konnte, und zwar nicht nur in den anfänglichen Kriegstagen wie teilweise in Westeuropa,[52] sondern auf Dauer. Insoweit wird man auch hinsichtlich der Fronteinheiten das Bild von einer angeblich straff disziplinierten, geradezu korrekt auftretenden Wehrmacht korrigieren müssen. In diesem Zusammenhang wurde übrigens schon während des Krieges an der Legende von der sauberen Fronttruppe gearbeitet. Wenn es in einem Befehl des Generalfeldmarschalls v. Kluge vom September 1941 hieß, Plünderungen, individuelle Gewaltakte und mutwillige Zerstörungen seien »Schandtaten [...] der nicht im Kampf stehenden Truppe«, denn Frontsoldaten hätten für so etwas weder Zeit noch Veranlagung, war das ein beschwörender Appell an das Ehrgefühl seiner Leute – weil es nicht zutraf, wie v. Kluge sehr gut wußte, denn die kämpfende Truppe machte in seiner 4. Armee vor allem beim Plündern keine Ausnahme, und v. Kluge waren die entsprechenden Berichte zugegangen.[53]

Die Beteiligung hoher Truppenkommandeure an der Judenverfolgung ist bisher unterschätzt worden. In Weißrußland wurden vielerorts Plakate geklebt, die die Kennzeichnung der Juden vorschrieben, ihre Freizügigkeit aufhoben und jüdische Männer und Frauen zwischen 16 und 50 Jahren zur Zwangsarbeit verpflichteten. Gezeichnet waren diese Bekanntmachungen »Der Oberbefehlshaber der deutschen Armee«. Verbreitet wurden sie in den Bereichen des Oberbefehlshabers der 9. Armee, Generaloberst Adolf Strauß, des Oberbefehlshabers der Panzergruppe 3, Generaloberst Hermann Hoth, und des Oberbefehlshabers der 4. Armee, Generalfeldmarschall Günther v. Kluge.[54] Von den einmarschierenden Einheiten wurden Aufrufe herausgegeben, in denen an erster Stelle betont wurde: »Flieht nicht auf die Dörfer! [...] *Ihr werdet zu essen bekommen, und die Hungerlöhne werden aufhören.*«[55] Und das angesichts des Ziels, einen Großteil der sowjetischen Stadtbevölkerung zugunsten einer systematischen Erfassung für die deutsche Ernährungsbilanz und Truppenversorgung durch Hunger umkommen zu lassen – ein Kernziel der deutschen Besatzung. Allerdings ist trotz vieler verblüffender Beispiele nicht vollständig geklärt, wie weit dabei die Kenntnis dieses Ziels in der Truppe wirklich reichte.

Das Kapitel Judenvernichtung zeigt aber auch, daß von einem »Vernichtungsprogramm der Wehrmacht«[56] gegen die Juden und seiner zielgerichteten Durchführung durch die Fronttruppe nicht ernsthaft gesprochen werden kann. Zwar gab es Morde an Juden durch die zuerst einziehenden Wehrmachteinheiten keineswegs nur vereinzelt, die Zahl der Opfer war aber im Vergleich mit den nachrückenden Tötungskommandos relativ gering. Kurz nach dem Einmarsch, das heißt in den ersten ein bis drei Tagen, wurden in Pinsk 16 Juden erschossen, in Lida 20, in Grodno und Lenin jeweils mehrere, in Baranowitschi 73 angebliche Kommunisten, die in Wahrheit Juden gewesen sein sollen. In Stolbzy ließ die erste eingerückte deutsche Einheit die Juden in Ruhe, die zweite begann zwei Tage später zu plündern und Handgranaten in jüdische Häuser zu werfen. Kurz darauf wurden 100 bis 200 Männer aus Vergeltung für zwei gefallene Deutsche erschossen. Zumindest waren darunter viele Juden; einem Bericht zufolge wurden die nichtjüdischen Geiseln zuvor freigelassen.[57] In Slonim wurde eine solche Aktion im letzten Moment gestoppt, weil zwei verschwundene deutsche Soldaten wieder auftauchten. Dort gab es einmal zehn, einmal 20 Tote bei Übergriffen. Außerdem wurden alle Männer einen Tag lang interniert, und die betreffende Einheit ordnete an, daß Juden und Polen getrennt zu wohnen hätten.[58] Weitere Haßausbrüche wie in Baranowitschi richteten sich gegen Juden wie Nichtjuden gleichermaßen. In Mogilew, wo sich sowjetische Truppen und Volkswehreinheiten zwei Wochen lang trotz Einschließung der Stadt durch die Wehrmacht verteidigt hatten, folgte der Einnahme der Stadt anscheinend eine Treibjagd gegen Kommunisten, Juden und andere Einwohner.[59]

Zum einen Teil handelte es sich hier um brutale Vergeltungsmaßnahmen in straff organisierter Form, zum anderen um spontane antisemitische Übergriffe. Auch im Baltikum brachten die zuerst einrückenden deutschen Truppen Widerstandsakte oft mit den Juden in Verbindung und richteten ihre maßlosen Repressalien vor allem gegen sie beziehungsweise beauftragte die Sicherheitspolizei damit.[60] Das spricht für die antisemitische Gesinnung und Handlungsweise eines mehr oder weniger großen Teils der Fronttruppen,[61] aber weder führten sie in allen oder auch nur in den meisten besetzten Städten systematisch Massaker durch noch nahmen diese dort, wo sie verübt wurden, jene Dimensionen an wie schon bald darauf durch nachrückende Einheiten von SS, Polizei und Wehrmacht.[62] Für mehr als relativ kleine Erschießungsaktionen blieb den Fronttruppen offenbar nicht die Zeit, oder die Einheitsführer sahen Derartiges nicht als ihre Aufgabe an, sondern überließen es anderen. Wieder andere ließen offenbar gar keine solchen Gewaltakte zu. Bezeichnend scheint jedoch auch folgende Episode: Als Angehörige des SS-Kavallerie-Regiments 2 Anfang August 1941 tausende Juden in Pinsk aus der Stadt trieben, um sie zu erschießen, wurde das unter den Soldaten der zu Teilen in der Stadt liegenden 293. Infanteriedivision durchaus offen diskutiert, wie ein ehemaliger Angehöriger der Einheit sich erinnerte. Keineswegs alle, aber eben die meisten seiner Kameraden hätten die Massenmorde jedoch bejaht.[63]

1943 kehrte die Front nach Weißrußland zurück und verlief bis zur Zerschlagung der Heeresgruppe Mitte im Sommer 1944 quer hindurch. Und wieder begingen deutsche Fronteinheiten Massenverbrechen, die zum Teil von anderer Art waren als 1941 und hier nur kurz skizziert werden sollen.

Die Fronttruppen beteiligten sich an der Partisanenbekämpfung mit allen damit verbundenen Verbrechen; ihre Methoden unterschieden sich nicht wesentlich von denen der Sicherungsdivisionen oder SS- und Polizeieinheiten. Darauf ist in der Forschung bereits hingewiesen worden. In sogenannten Großoperationen wurden Dörfer in der Nähe der Partisanenzonen ausgelöscht, tausende Menschen – meist Frauen und Kinder – erschossen oder umgesiedelt, und die Zahl der erbeuteten Gewehre, Maschinengewehre und Maschinenpistolen betrug im Verhältnis zu der Zahl der Getöteten meist etwa 1:10. So war es bei der 313. Infanteriedivision, bei der 20. und bei der 12. Panzerdivision.[64] Die 6. Infanteriedivision und die 5. Panzerdivision beteiligten sich am Unternehmen »Freischütz«, die 18. Panzerdivision am Unternehmen »Zigeunerbaron«, das XXXXI. Panzerkorps an der Großaktion gegen die »Einheit Grischin«, und die 30. Panzerdivision praktizierte wahllose Lebendverbrennungen wie das berüchtigte SS-Sonderbataillon Dirlewanger, wenn auch in geringerer Zahl.[65] Zunehmend versuchte man Kontrolle über die Zivilbevölkerung zu gewinnen. Die 167.

Infanteriedivision kam auf die Idee, alle in ihrem Abschnitt wohnenden Zivilisten zur besseren Überwachung laufend durchzunumerieren und den Menschen ihre Nummer auf Holzplättchen um den Hals zu hängen.[66] Die 78. Sturm-Division befahl der gesamten Zivilbevölkerung in ihrem Bereich, jeden Morgen bis 6 Uhr die Wege zu entminen:

> »Ich befehle daher, daß Wege, die von deutschen Truppen befahren werden müssen, täglich von *sämtlichen* Ortseinwohnern (einschl. Frauen und Kindern) mit Kühen, Pferden und Fahrzeugen bis zur nächsten Kdtr. *zuerst* abgetrampelt werden oder einer marschierenden Kolonne mit mindestens 150 m Abstand vorausmarschieren müssen [sic]. Dabei ist zu beachten, daß die Zivilisten dicht aufgeschlossen die ganze Wegbreite abtrampeln.«[67]

Die gleiche Division scheint auch Kinder zwischen sieben und 14 Jahren für die sogenannte Heu-Aktion registriert zu haben.[68] Dabei sollten 1944 Zehntausende zehn- bis vierzehnjährige »Jugendliche« nach Deutschland entführt werden und als Arbeitskräfte bei den Junkers-Werken in Dessau, bei der Organisation Todt und im Handwerk zum Einsatz kommen. Initiator dieses Unternehmens, bei dem Wehrmacht, Staats- und Parteidienststellen zusammenarbeiteten und tatsächlich mehrere tausend Kinder verschleppt wurden, war der Chef des Generalstabs der 9. Armee, Generalmajor Staedtke.[69] Auch hier lautete ein Argument, die Kinder seien nicht zu kontrollieren. Dies hing damit zusammen, daß 1944 rund 100.000 weißrussische Zivilisten, teils für Schanzarbeiten, zwangsweise in Lagern als sogenannte »Zivilarbeitsdienstabteilungen« (ZADA) interniert wurden, die Kinder allein blieben und keine Betreuung mehr hatten. Doch bereits seit 1942 hatte die 9. Armee in der frontnahen Gegend von Rshew nach Lösungen wie »Anhaltelager« für angeblich herumlungernde Kinder gesucht – zusammen mit den Sonderkommandos 7a und 7b der Sicherheitspolizei sowie mit dem Reichskriminalpolizeiamt.[70] Der Oberquartiermeister der Heeresgruppe Mitte, Oberst Georg v. Unold, schlug 1944 sogar vor, »[u]nter dem Gesichtspunkt einer ›biologischen Kriegführung‹ [...] Russenkinder unter 10 Jahren ins Reich zu bringen und zunächst mit einem Transport von 10–20.000 8–10jährigen Kindern zu beginnen.« Außerdem seien die etwa 250.000 von deutschen Besatzungssoldaten in der Sowjetunion gezeugten Kinder »nach Deutschland zu überführen«, die Frage sei nur wann.[71]

Die 35. Infanteriedivision ergänzte unterdessen ihre Defensivtaktik durch eine Art Massengeiselnahme. Sie bildete bei Osaritschi, Gebiet Gomel, im März 1944 drei Sammellager für sogenannte Arbeitsunfähige – Frauen, Kinder und Greise – aus Orten der weiteren Umgebung. Sie lagen in einem Sumpfgebiet nahe der Frontlinie und sollten den Gegner bei einem neuen Angriff am Vordringen hindern oder wenigstens aufhalten. In den Lagern waren insgesamt 33.000 Personen, darunter 15.960 Kinder und 13.072 Frauen, ohne jegliche Gebäude und Einrichtung bei Frost- und Matschwetter zusammengepfercht und wurden eine bis zwei Wochen praktisch ohne Nahrung gelassen. Unter sie wurden gezielt Typhuskranke gemischt, um eine Epidemie zu erzeugen. Die Zugänge zu den Lagern, sie wurden am 19. März 1944 befreit, wurden vermint. Ungefähr 8.000 Menschen starben an Kälte, Hunger und Erschöpfung und dem unglaublich brutalen Schußwaffengebrauch des Wachpersonals auf dem Hinmarsch und in den Lagern. Die Wachen erschossen unter anderem Frauen, die Feuer machten oder Sumpfwasser tranken, und Kinder, die entgegen einem Befehl zum Hinlegen den Kopf hoben.[72] Der verantwortliche Kommandeur der 35. Infanteriedivision, Generalleutnant Johann-Georg Richert, beteuerte während des Minsker Kriegsverbrecherprozesses, den Befehl dazu von seinem Korpskommandeur General Hoßbach erhalten zu haben.[73]

Osaritschi war aber kein einmaliger Fall. Im April 1944 sortierte die 35. Infanteriedivision wiederum die Bevölkerung ihres Bereichs in »Seuchenverdächtige und Kranke«, »nicht Arbeitsfähige, Greise, Kinder, Invaliden usw.« sowie Arbeitskräfte verschiedener Klassifikation und sammelte diese in verschiedenen Orten.[74] In der Nacht vom 16. zum 17. April 1944 wurden beim LVI. Armeekorps, ebenfalls bei der 9. Armee, »40.000 nicht einsatzfähige Zivilrussen zum Feind abgeschoben«, also zu den feindlichen Linien getrieben oder zumindest zwangsweise gesammelt, was nicht ohne Opfer abgegangen sein dürfte.[75] Die Selektion der gesamten weißrussischen Bevölkerung in »Nützliche« und »Unnütze« war in dieser Kriegsphase allgemein üblich geworden – auch bei den Fronteinheiten.

Die Verbrechen deutscher Fronteinheiten beim endgültigen Rückzug aus Weißrußland sollen hier nur kurz angedeutet werden. Die Bevölkerung wurde zu Schanzarbeiten gezwungen, und wer sich weigerte oder »arbeitsunfähig« wurde, mancherorts ermordet.[76] Beim Rückzug wurden Hunderttausende mitgeschleppt, zum Großteil zwangsweise, darunter möglichst wenige »Arbeitsunfähige«. Ein gewisser Prozentsatz unter den Zurückgeführten kam freiwillig mit, vor allem Kollaborateure der Besatzungsmacht.[77] Wiederum gab es Befehle, keine Gefangenen zu machen, die auch ausgeführt wurden; doch gab es weniger Gefangene als 1941.[78] Vor der Aufgabe wurden in Städten und Dörfern ganz Weißrußlands planmäßig so viele Gebäude gesprengt und niedergebrannt wie nur möglich, beispielsweise von der 20. Panzerdivision und der 36. Infanteriedivision im Raum Bobruisk-Marina Gorka und von der 52. Infanteriedivision in Baranowitschi.[79] Diese Zerstörungsmaßnahmen lagen stets in der Zuständigkeit der örtlichen Wehrmachttruppen.

Selbstverständlich hatten die Fronttruppen allenfalls eingeschränkt Besatzungsaufgaben zu erfüllen. Sie hatten den Auftrag, die feindlichen Armeen zu schlagen und den schnellstmöglichen militärischen Sieg sicherzustellen (und im Jahr 1941 kam es bei den deutschen Operationen in besonderem Maß auf Tempo an). Für viele von der Besatzungszeit her bekannte Massenmorde waren sie also gewissermaßen nicht zuständig und infolgedessen organisatorisch nicht auf sie eingerichtet. Trotzdem verübten sie Verbrechen in einem erheblichen Umfang. Täter waren viele Einheiten und Einzelpersonen. Die Auffassung allerdings, daß die sogenannte HJ-Generation sich selbst gegenüber Deutschen anderer Altersgruppen noch durch besondere Unmenschlichkeit hervorgetan habe, wird durch die hier vorgebrachten Befunde nicht belegt.

Es gab zwei Phasen der Anwesenheit deutscher Fronttruppen in Weißrußland, 1941 und 1943/44. Zwischen beiden ist kein Unterschied im *Maß* der verbrecherischen Handlungen auszumachen. Einige zentrale Thesen von Omer Bartov werden durch diesen Überblick nicht bestätigt. Die »Entmodernisierung« der Wehrmacht durch Materialverluste ist psychologisch interessant, führte aber nicht erkennbar zu einem härteren Vorgehen. Ähnliches gilt für die Zerstörung des ursprünglichen Personenverbands der Einheiten. Bartov konstatiert auch eine Pervertierung durch drakonische Disziplin nach innen mit gleichzeitig wachsender Disziplinlosigkeit nach außen.[80] Jedoch war diese Disziplinlosigkeit schon im Sommer 1941 in hohem Maß festzustellen.

Bereits in den ersten zwei Wochen des Krieges begingen viele Einheiten Akte von unglaublicher Brutalität. Alle Regeln schienen nicht mehr zu gelten. Da paßt der Kriegsbeginn in der Grenzstadt Brest ins Bild. In den ersten Stunden des Krieges wurde die berühmt gewordene Brücke über den Bug von der Einheit »Brandenburg« in sowjetischen Uniformen unzerstört in deutschen Besitz gebracht, ein gekennzeichnetes Krankenhaus in der Stadt bombardiert. Am zweiten Kriegstag trieb die 45. Infanteriedivision 400 Frauen und Kinder als menschliche Schutzschilde auf die Brester Festung zu – die meisten wurden getötet. Zum »Ausräuchern« der in den Kellern der Festung Versteckten wurde nach einer Woche Belagerung in großen Mengen »Benzin, Öl und Fett« hineingegossen und angezündet. Dabei verbrannten und erstickten auch zahlreiche Angehörige der dort stationierten Rotarmisten, darunter viele Kinder. Selbst wenn sich die zuletzt genannte Aktion noch auf dem Boden des Kriegsvölkerrechts bewegt haben mag, zeigt sie doch die große Erbitterung auf deutscher Seite.[81] Bei solchen Aktionen spielte eine Konfrontation mit einer angeblichen Grausamkeit des Gegners, die oft auch von kritischen Historikern zur Entschuldigung herangezogen wird, keine Rolle. Eine vollständige Erklärung für den Gewaltausbruch Ende Juni 1941 kann hier nicht geliefert werden. Doch offenbar trafen die »verbrecherischen Befehle« auch in vielen an der Front eingesetzten Einheiten auf mehr als nur Bereitschaft zum Gehorchen. Das angestaute Gewaltpotential offenbarte statt einer bloßen Übernahme propagandistischer Topoi eine weitgehende Identifizierung mit Überzeugungen mit der Führung und Einverständnis mit ihrer Politik.[82]

Die *Art* der Verbrechen der Fronttruppen auf weißrussischem Boden unterschied sich 1941 und 1943/44. Waren sie in der ersten Phase vor allem gegen den militärischen Gegner gerichtet, während die Mord- und Unterdrückungsaktionen gegen die Zivilbevölkerung wegen des schnellen Vordringens begrenzt blieben, erfüllten die Kampfeinheiten in der zweiten Phase bei weitgehend ruhiger und stehender Front eher Besatzungsaufgaben in ihrem Nahbereich, oder sie wurden kurzzeitig zur Partisanenbekämpfung abgezogen. Ihre völkerrechtswidrigen Aktionen erfaßten nun praktisch die gesamte Zivilbevölkerung in ihrem Abschnitt. In den Methoden näherten sich die Fronttruppen den eigentlichen Besatzungseinheiten an und zeigten damit, daß sie die Ziele der im übrigen stark mit militärischen Interessen verbundenen Besatzungspolitik kannten, teilten und mit durchzuführen gewillt waren.

Doch ist das Gesamtbild widersprüchlich. Am Anfang des Krieges gegen die Sowjetunion stand verbreitet eine Massenvernichtung militärischer Gegner über die Kampfhandlungen hinaus. Dagegen waren Zivilisten vor allem Opfer von Plünderungen, jedoch nicht systematischer Morde. Beides wandelte sich aber. Im Herbst und Winter 1941/42 war beispielsweise die Todesrate unter den sowjetischen Kriegsgefangenen auch in den frontnäheren Gebieten immer noch schrecklich, doch insgesamt geringer als in den dahinter liegenden rückwärtigen Heeresgebieten und Reichskommissariaten.[83] Dabei mag der Umstand eine Rolle gespielt haben, daß Kriegsgefangene für die Fronteinheiten nicht leicht ersetzbar waren. Es scheint, als ob rassistische Vorurteile gegenüber dem sowjetischen Gegner bei den unteren Dienstgraden der Wehrmacht im Verlauf des Krieges langsam aufgeweicht seien.[84] Dies bestätigt sich im Rahmen dieser kurzen Analyse jedoch nicht unbedingt im Verhalten gegenüber sowjetischen Zivilisten. Die durch Weißrußland gezogenen Einheiten der Heeresgruppe Mitte begingen im Winter 1941/42 beim Rückzug vor Moskau entsetzliche Zerstörungs- und Vernichtungsaktionen bei ihrer Politik der »verbrannten Erde«.[85] An der Front eingesetzte Truppen beteiligten sich in Weißrußland 1943/44 im Zuge der Partisanenbekämpfung an der systematischen Massakrierung tausender meist unbewaffneter Zivilisten und unterwarfen die Bevölkerung rücksichtslos ihren militärischen Bedürfnissen, besonders dem nach Arbeitskräften. Außer dem militärischen Gegner hatten sich anscheinend vor allem die »zu gebrauchenden« Teile der Bevölkerung Akzeptanz, weniger Mißachtung und eine weniger schlechte Behandlung erworben: Hiwis und Hilfstruppen, Kollaborateure in Verwaltung und Polizei, Arbeitskräfte. Symptomatisch für dieses Nützlichkeitsdenken, demgegenüber rassistische Einstellungen bis zu einem gewissen Maß hintangestellt wurden, sind die Zwangsevakuierungen von 1943/44.

Eine breitangelegte Untersuchung von Verbrechen der Fronttruppen bleibt ein Desiderat der Forschung. Die individuellen Handlungsantriebe stehen zumeist im Mittelpunkt historischen Nachforschens, doch wären zunächst die faktischen Grundlagen zu klären. Der Weg dorthin kann nach meinem Eindruck nur über eine ausgedehnte Untersuchung von Akten der Divisionen, Korps, Armeen und Heeresgruppen sowie in Rußland erhaltenen Regimentsakten führen. Nach den Studien von Latzel und Schröder scheint trotz anderer Fragestellungen klar, daß Feldpostbriefe und oral history für dieses Thema nur begrenzten Erkenntniswert haben.[86] Sie wären aber sicherlich ebenso wie vom Quellenwert höher einzustufende private Tagebücher in zweiter Linie mit heranzuziehen. Die bundesdeutsche Justiz hat diese Taten nicht ermittelt und verfolgt, ihre Akten bieten lediglich Anhaltspunkte vor allem zur Judenverfolgung. Dagegen geraten diese Aktionen in ausländischen Justizunterlagen stärker in den Blick.[87] Auch in sowjetischen Militärakten könnten sie sich niedergeschlagen haben.

Mit einer solchen Analyse könnte auch die noch unklare Rolle verschiedener Gruppen (Waffengattungen wie zum Beispiel die Luftwaffe; Altersgruppen) und rangmäßiger Ebenen innerhalb der Fronttruppen beleuchtet werden. Woher kamen Initiativen und Entscheidungen? Wo herrschte Einverständnis, wer machte eventuell nicht mit, sperrte sich oder leistete gar wirklichen Widerstand? *Wenn* es einen Bruch in der deutschen Gesellschaft bezüglich der Massenverbrechen gegeben hat, dann ist er innerhalb der Fronttruppen zu suchen, nicht innerhalb der Besatzungsorgane – mit den Ergebnissen der neueren Forschung wird bei letzteren eine Unterscheidung zwischen Pragmatikern und Programmatikern, zwischen »weicher« und »harter« Linie zunehmend obsolet; wirklich tiefgreifende Konflikte gab es dort kaum. Es wäre auch wünschenswert, jenseits des Widerstandsbegriffs das anscheinend oft erhebliche Ausmaß von Nichtbeteiligung innerhalb der Fronttruppe an bestimmten Besatzungsverbrechen und mögliche Motive dafür genauer zu bestimmen.

Je mehr bei Morden und Verbrechen der deutschen Fronttruppe militärisch organisiert und auf Befehl gehandelt wurde, und von je höherer Ebene solche Befehle kamen, desto eher wird man die ausführenden Einheiten als Werkzeug einer gesteuerten Politik ansehen können. Dann wäre mit Norbert Müller der instrumentelle Charakter der Wehrmacht hervorzuheben.[88] Auf der anderen Seite bleibt aber zu klären, inwieweit Angehörige von Fronteinheiten nicht nur »nationalsozialistische Überzeugungen in den Krieg hinein[trugen]«,[89] wie Stephen Fritz schreibt, und reproduzierten, sondern die eben erwähnten Befehle anpaßten, interpretierten, eigenmächtig erweiterten oder auf eigene Faust handelten, das heißt auch den Vernichtungskrieg selbst mitprägten. Dieser Beitrag konnte bezüglich all dieser Fragen nur Einblicke geben und mag gleichzeitig zeigen, wie eng die Grenzen der zur Zeit möglichen Aussagen gezogen sind.

Anmerkungen

1 Vgl. Wolfram Wette (Hg.), Der Krieg des kleinen Mannes. Eine Militärgeschichte von unten, München 1992. Einiges Material zur vorliegenden Fragestellung bietet Ortwin Buchbender/Reinhold Sterz (Hg.), Das andere Gesicht des Krieges. Deutsche Feldpostbriefe 1939–1945, München 1982.

2 Vgl. Christian Streit, Keine Kameraden. Die Wehrmacht und die sowjetischen Kriegsgefangenen 1941–1945, Bonn ²1991 (zuerst 1978); Norbert Müller, Wehrmacht und Okkupation 1941–1944, Berlin (Ost) 1971.

3 Hans-Joachim Schröder, Die gestohlenen Jahre. Erzählgeschichten und Geschichtserzählung im Interview: Der Zweite Weltkrieg aus der Sicht ehemaliger Mannschaftssoldaten, Tübingen 1992; Stephen G. Fritz, Hitlers Frontsoldaten. Der erzählte Krieg, Berlin 1998 (engl. 1995).

4 Klaus Latzel, Deutsche Soldaten-nationalsozialistischer Krieg? Kriegserlebnis-Kriegserfahrung 1939–1945, Paderborn 1998, besonders S. 183–205.

5 Siehe Vernichtungskrieg. Verbrechen der Wehrmacht 1941–1944, hg. v. Hamburger Institut für Sozialforschung, Hamburg 1996; und den wissenschaftlichen Begleitband Hannes Heer/Klaus Naumann (Hg.), Vernichtungskrieg. Verbrechen der Wehrmacht 1941 bis 1944, Hamburg 1995.

6 Ausnahmen in Bernd Boll/Hans Safrian, Auf dem Weg nach Stalingrad. Die 6. Armee 1941/42, in: Heer/Naumann, S. 260–296 (zu Fronteinheiten S. 266–269, 283 und 287 f.); Hannes Heer (Hg.), »Stets zu erschießen sind Frauen, die in der Roten Armee dienen.« Geständnisse deutscher Kriegsgefangener über ihren Einsatz an der Ostfront, Hamburg 1995.

7 Omer Bartov, The Eastern Front, 1941–1945. German Troops and the Barbarization of Warfare, London 1985; ders., Hitler's Army, New York 1991 (dt.: Reinbek 1995). Auch Bartov gelingt es nur zum Teil, auf die Ebene der Mannschaftssoldaten vorzudringen; wesentliche Teile seiner Argumentation beziehen sich auf das untere und mittlere Offizierskorps.

8 Siehe Szymon Datner, Crimes Against POW's. Responsibility of the Wehrmacht, Warschau 1964; ders., Crimes Committed by the Wehrmacht During the September Campaign and the Period of Military Government (1. September-25. Oktober 1939), in: Polish Western Affairs 3 (1962), S. 294–338; ders., 55 dni Wehrmachtu w Polsce, Warschau 1967.

9 Vgl. Christian Gerlach, Die deutsche Wirtschafts- und Vernichtungspolitik in Weißrußland 1941–44, Phil. Diss. TU Berlin 1997, S. 175.

10 Bartov, Hitler's Army, S. 108.

11 Siehe Gerlach, Wirtschafts- und Vernichtigungspolitik.

12 Vgl. Bartov, Hitler's Army, S. 85.

13 Wiederum wurde gleichzeitig die Tötung von Kommissaren und Freischärlern befohlen. Gen.Kdo. XXXXVII. Pz.Korps v. 30.6.1941, zitiert nach: Ortwin Buchbender, Das tönende Erz. Deutsche Propaganda gegen die Rote Armee im Zweiten Weltkrieg, Stuttgart 1978, S. 104. Vgl. Bartov, Hitler's Army, S. 86.

14 Tagebucheintrag Rupp v. 1.7.1941, zitiert nach: Hartmut Lenhard (Hg.), »Lebensraum im Osten«. Deutsche in Beloroßland 1941–1944, Düsseldorf 1991, S. 69. Vgl. Bericht H. (Übersetzung), Staatsanwaltschaft Hamburg 147 Js 29/67, Sonderband J, Bl. 54 f.

15 Vgl. KTB 23. Inf.Div., Ia, v. 25. und 28.6.1941 sowie Aufstellung »Gefangene u. Beute in der Zeit v. 22.6.–29.6.41«, MZAP (BArchP)F 55447, Bl. 340 ff.; Infanterie-Regiment 9, Abt. Ia, Mittagsmeldung v. 25.6.1941 sowie Abendmeldung v. 28.6.1941, ebd., Bl. 991 und 1040 f.; 23. Inf.-Division, Abt. Ia, v. 25.6.1941, MZAP (BArchP)F 55448, Bl. 239. Zum Befehl des VII. A.K. Wolfgang Paul, Das Potsdamer Infanterie-Regiment 9 1918–1945, Osnabrück ^{2}1985, S. 175.

16 Tagebuch v. d. Schulenburg v. 28. und 29.6.1941, zitiert nach: Ulrich Heinemann, Ein konservativer Rebell. Fritz-Dietlof Graf von der Schulenburg und der 20. Juli 1944, Berlin 1990, S. 73. Direkt im Anschluß hieß es: »Ich freue mich, das Heer hat wieder rasch und entschieden seine Grundsätze klargestellt, ohne die es zerfallen muß.«

17 »Die Truppenkommandeure berichten, dass die Hinterlist der Russen, die so tun, als ob sie sich ergeben, um dann von Neuem zu schiessen, unsere Leute so zur Wut gebracht hat, dass sie alles totschlagen, was ihnen in die Quere kommt. Auch über Verstümmelungen deutscher Verwundeter liegen Berichte vor.« Tagebuch v. Bock v. 30.6.1941 (Abschrift), BA F 57128, Bl. 307.

18 AOK 4, Ia Nr. 2608/41 geh, Armeebefehl Barbarossa 4 v. 1.7.1941 (gez. v. Kluge), Nbg. Dok. NOKW-2104, BA F 44993. Generalkommando VII. Armeekorps, Ia, Besondere Anordnungen zum Korpsbefehl für das Bereitstellen am 2.7. zum erneuten Vorgehen nach Nord-Osten, MZAP (BArchP)F 55447, Bl.661.

19 Hierzu Ernst Klink, Die Operationsführung – Heer und Kriegsmarine, in: Horst Boog u. a., Der Angriff auf die Sowjetunion, Frankfurt/M. 1991, besonders S. 543.

20 Vgl. Tagebuch Rupp v. 1.7.1941 (Lenhard, wie Anm. 14, S. 69).

21 Zitiert nach Buchbender, S. 104.

22 So auch die Einschätzung von Bartov, Hitler's Army, S. 83, im Gegensatz zu Buchbender, S. 102.

23 Aufzeichnungen über Hitlers Besprechungen mit dem japanischen Botschafter Oshima und dem spanischen Botschafter Espinosa v. 15.7. und 12.8.1941, in: Andreas Hillgruber (Hg.), Staatsmänner und Diplomaten bei Hitler, Frankfurt/M. 1967, S. 599 und 622. Ähnlich Generaloberst Halder,

Kriegstagebuch. Bd. III, bearbeitet von Hans-Adolf Jacobsen, Stuttgart 1964, S. 42 (4.7.1941).

24 Vgl. Bericht Bruno Schneider, damals 15. Inf.Div., Inf.Rgt. 106, 4. Kompanie, in: Heer, »Stets zu erschießen. . .«, S. 10.

25 Vgl. OT – Einsatzgruppe Russland-Mitte – Frontführung, Massnahmen zur schnellen Beendigung des Krieges gegen die UdSSR und zur dauernden Aufrechterhaltung der Herrschaft über den russischen Raum v. 16.1.1942 (Abschrift), BA-MA FPF-01/8159, Bl. 125; Vorschlag für Richtlinien zur Ostpolitik des Reichsministeriums für die besetzten Ostgebiete (undatiert, 1944), BA-MA FPF-01/7855, Bl. 923.

26 Vgl. den Abschnitt zur 23. Inf.Div. und Tagebuch Rupp v. 29.6.1941: »Der zweite Zug ›macht keine Gefangene[n]‹«, in: Lenhard, S. 68.

27 Heer, Einleitung, S. 6.

28 Z. B. Niederschrift Schneider zur 4. Kompanie Inf.Rgt. 106.

29 Lenhard (editorische Notiz, S. 69) hält das für eine Legende.

30 Entstellung bei Paul, S. 175 f.: »Es stellte sich bald heraus, daß dieser Befehl nicht befolgt werden konnte, denn die Zahl der Gefangenen und Überläufer ließ diese harte Haltung nicht zu.« Daß ein Gegenbefehl des VII. A.K. nötig wurde, der sich in den Akten der 23. Inf.Div. findet, verschweigt Paul (vgl. Generalkommando VII. A.K., Ia, Besondere Anordnungen zum Korpsbefehl für das Bereitstellen am 2.7. zum erneuten Vorgehen nach Nord-Osten, BA-MA (BArchP)F 55447, Bl. 661).

31 Vgl. Niederschriften Rolf Wetzel und Heinz Ackermann, in: Heer, »Stets zu erschießen. . .«, S. 17 und 31 (sowie zahlreiche Beispiele für andere Regionen); Tagebuch Rupp (Lenhard, S. 67–69).

32 Vgl. KTB 23. Inf.Div., Ic, v. 26.6.1941, MZAP (BArchP)F 55448, Bl. 420 f. Andere Beispiele ebd. v. 28.6.1941, Bl. 422 f.; Feldpostbrief W. P. (5. Inf.Div.) v. 2.7.1941, Bibliothek für Zeitgeschichte Stuttgart (BfZ), Slg. Sterz.

33 Panzergruppe 3, Abt. Ia, Gruppenbefehl Nr. 10 für den 4. und 5.7.41 v. 3.7.1941, Anlage: Feindnachrichtenblatt Nr. 10 (Abschrift, Nbg. Dok. NOKW-2541), BA F 53922.

34 Vgl. Tagebuch Rupp v. 24.6.1941, in: Lenhard, S. 67; KTB 221. Sich.Div. (zu diesem Zeitpunkt im Fronteinsatz) v. 27./28.6.1941, BA-MA RH 26–221/10; ferner Boll/Safrian, S. 283; Norbert Müller/Margers Vestermanis, Verbrechen der faschistischen Wehrmacht an sowjetischen Kriegsgefangenen 1941–1945, in: Militärgeschichte 16 (1977), S. 20.

35 Siehe oben Anm. 23.

36 Vgl. Helmut Krausnick, Die Einsatzgruppen vom Anschluß Österreichs bis zum Feldzug gegen die Sowjetunion, in: Ders./Hans-Heinrich Wilhelm, Die Truppe des Weltanschauungskrieges. Die Einsatzgruppen der Sicherheitspolizei und des SD 1938–1942, Stuttgart 1981, hier S. 42–51.

37 Hierzu die allerdings außerordentlich problematische Darstellung Alfred M. de Zayas, Die Wehrmacht-Untersuchungsstelle. Deutsche Ermittlungen über alliierte Kriegsrechtsverletzungen im Zweiten Weltkrieg, München 1979.

38 So meldete die 221. Sich.Div. für die Zeit vom 22.6.-3.7.1941 4.004 Gefangene, davon sieben Kommissare und 323 »Freischärler erschossen«. 221. Sich.Div., Abt.Ib, Betr.: Kriegsgefangene und Beute im Bereich der

Sich.Div. 221, BA-MA (BArchP)F 57076, Bl. 808. Vgl. Zehntagesmeldung des Befehlshabers rückwärtiges Heeresgebiet Mitte, Ia v. 1.7.1941, BA-MA WF-03/13303, Bl. 494–496. Partisanen im Sinn bewaffneter Zivilisten gab es in der betreffenden Region damals praktisch nicht.

39 AOK 4, Ia Nr. 2382/41 geh., Armeebefehl Barbarossa Nr. 3 (in Einzelbefehlen im Auszug voraus) v. 29.6.1941, BA-MA WF-03/15648, Bl. 2321.

40 Vgl. Generalkommando VII. Armeekorps, Ia, Besondere Anordnungen zum Korpsbefehl für den 30.6.41 v. 29.6.1941, BA MA RH 26–221/12b; 286. Sich.Div., Abt. Ia, Divisionsbefehl Nr. 15 v. 1.7., Nr. 16 v. 2.7. und Nr. 17 v. 3.7.1941, BA MA RH 26–286/3.

41 Datner, S. 112.

42 Hierzu Hans Joachim Schröder, Erfahrungen deutscher Mannschaftssoldaten während der ersten Phase des Rußlandkrieges, in: Bernd Wegner (Hg.), Zwei Wege nach Moskau. Vom Hitler-Stalin-Pakt zum »Unternehmen Barbarossa«, München 1991, S. 314 f. Vgl. Feldpostbriefe P. B. (Flak-Sondergeräte-Zug 13) v. 16.7.1941 und F. B. (197. Inf.Div.) v. 30.7.1941, BfZ, Slg. Sterz.

43 Niederschrift Bruno Schneider, 8. Kp./Inf.Rgt. 167, in: Heer, »Stets zu erschießen« (wie Anm. 6), S. 283; Boll/Safrian (wie Anm. 6), S. 283.

44 Datner, S. 113.

45 Vgl. Ereignismeldung (EM) Nr. 23 des Chefs Sipo/SD v. 15.7.1941, BA-MA SF-01/28929, Bl. 1513; Bericht P. A. Lidow in: Lenhard, S. 70–72; P. S. Kalinin, Die Partisanenrepublik, Berlin (Ost). 1968, S. 10–14; Verteilung der zerstörten Stadtviertel nach: Armee-Kartenstelle (mot) 538, Plan der Stadt Minsk v.Januar 1942, Archiv Paul Kohl, dem ich für die Kopie danke.

46 EM 23 v. 15.7.1941, BA-MA SF-01/28929, Bl. 1493. In EM 20 v. 12.7.1941 wurde dafür eine »Anordnung des Feldkommandanten« verantwortlich gemacht (ebd., Bl. 1481). Doch die Feldkommandantur traf erst am 6. Juli abends ein und übernahm die Stadt »von der kämpfenden Truppe direkt«, nämlich von einem motorisierten Inf.Rgt., während die Bildung des Lagers ungefähr auf den 30.6. zu datieren ist. Vgl. Gerlach, Wirtschaft- und Vernichtigungspolitik, S. 466 f.

47 Vgl. Christian Gerlach, Die Einsatzgruppe B, in: Peter Klein (Hg.), Die Einsatzgruppen in der besetzten Sowjetunion 1941/42. Die Tätigkeits- und Lageberichte des Chefs der Sicherheitspolizei und des SD, Berlin 1997, S. 54 f.; Pers. Mitt. Frau Schmidt-Noack, Berlin, v. 4.5.1992; Hersh Smolar, The Minsk Ghetto, New York 1989, S. 14.

48 EM 23 v.15.7.1941, BA-MA SF-01/28929, Bl.1513; Fernschreiben PzAOK 4-OQu-IV Wi (VO-OKW-WiRüAmt), Oberstlt. Fach, v. 14.7.1941 an den Chef des Wirtschafts-Rüstungsamts, General Thomas, BA-MA (BArchP)F 44544, Bl.528.

49 Siehe Gerlach, Wirtschafts- und Vernichtigungspolitik, S. 231–235 und 343 f.; Latzel, S. 74 und 140–145.

50 [OKW/WiRüAmt,] Stab Ia, Auszug aus dem Bericht zur Heeresgruppe Mitte vom 18./19.7.41, BA-MA (BArchP)F 44544, Bl. 371, 374 f.

51 KTB Nr. 1 der Gruppe IV Wirtschaft bei der Feldkommandantur 549, Bericht zum Jahreswechsel 1941/42, BA-MA RW 31/770. Zahlreiche Einheiten passierten die Stadt Białystok auf dem Weg zur Front.

52 Hierzu Latzel, S. 135–140.

53 Der Oberbefehlshaber der 4. Armee OQu/III/IIa/Ic Nr. 2000/41 geh., Sonderbefehl über die Aufrechterhaltung der Manneszucht v. 11.9.1941 (gez. von Kluge, Abschrift von Abschrift), BA-MA WF-03/14270, Bl. 233–236. Zu den Plünderungen usw. bei der 4. Armee und der Beteiligung aller Truppenteile vom Soldaten bis zum höheren Offizier vgl. KTB und Berichte des IV Wi der damaligen 4. Panzerarmee vom Juli 1941, BA-MA (BArchP)F 42872, Bl. 14 ff.

54 Für die 9. Armee auszugsweise abgedruckt bei Paul Kohl, Der Krieg der deutschen Wehrmacht und der Polizei 1941–1944. Sowjetische Überlebende berichten, Frankfurt/M. 1995, S. 229; Pz.Gr. 3: BA-MA WF-03/25645, Bl. 866; 4. Armee: BA-MA WF-03/14270, Bl. 242, und eine ähnliche Bekanntmachung in BA-MA (BArchP)F 55448, Bl. 722.

55 Aufruf »Werktätige! Arbeiter! Bauern!« (zweisprachig), BA-MA (BArchP)F 43059, Bl. 222, und WF-03/14267, Bl. 1112. Hervorhebung im Original.

56 Vgl. Hannes Heer, Killing Fields. Die Wehrmacht und der Holocaust, in: Heer/Naumann, S. 57–77, Zitat S. 74.

57 Vgl. zu Pinsk: Vern. L. D. v. 8.6.1961, Zentrale Stelle der Landesjustizverwaltungen (ZStL) II 204 AR-Z 393/59, Bd. 3, Bl. 611–615; zu Lida: Bericht Otto Wormuth in: Heer, »Stets zu erschießen«, S. 18; Baranowitschi, Vern. M. S. v. 2.11.1960, Staatsanwaltschaft München I, 113 Ks 1/65 a-b, Bd. 4, Bl. 600, und Vermerk ZStL v. 22.8.1967, Bl. 3918; Stolbzy, Abschlußvermerk v. 19.7.1967, ZStL II 202 AR-Z 337/67, Bd. 5, Bl. 831; Shalom Cholawsky, Soldiers from the Ghetto, San Diego 1982, S. 116; Nechama Tec, Bewaffneter Widerstand. Jüdische Partisanen im Zweiten Weltkrieg, Gerlingen 1996, S. 49; Lukasz Hiszowicz, The Holocaust in the Soviet Mirror, in: Lucjan Dobroszycki/Jeffrey S. Gurrock (Hg.), The Holocaust in the Soviet Union. Armonk, London 1993, S. 36. Grodno, Schreiben E. G. (1961), Zentralstelle des Landes Nordrhein-Westfalen für die Bearbeitung von nationalsozialistischen Massenverbrechen bei der Staatsanwaltschaft Dortmund 45 Js 24/63, Bd. 1, Bl. 64; Lenin, Auszug aus dem Bericht des Sowinformbüros über grausame Gewaltakte der Faschisten gegenüber sowjetischen Zivilisten im besetzten weißrussischen Territorium v. 22.9.1941, in: S. I. Beluga u. a. (Hg.), Prestuplenija nemetsko-fashistskich okkupantov v Belorussii, Minsk 1965, S. 28 f.

58 Vgl. Überlebendenberichte J. H., S. S. und Dr. N. K., Staatsanwaltschaft Hamburg 147 Js 29/67, Sonderband J, Bl. 1 und 54, und Sonderband K1, Bl. 13 f., ferner Anklageschrift v. 27.12.1971, S. 256; Nachum Alpert, The Destruction of Slonim Jewry, New York 1990, S. 41 f.

59 Vern. Bruno Pawel (damals Regimentskommandeur innerhalb der 15. Inf.Div.) v. 22.12.1945 durch die Sowjets, Bundesarchiv-Zwischenarchiv Dahlwitz-Hoppegarten [BA D-H] ZM 1683, A. 6, Bl. 28. Pawel wollte einen entsprechenden Vorhalt nicht bestätigen. Siehe auch Kohl, S. 141; zu Baranowitschi Hannes Heer, Bittere Pflicht. Der Rassenkrieg der Wehrmacht und seine Voraussetzungen, in: »Mittelweg 36« 4 (1995), S. 68.

60 Siehe Christoph Dieckmann, Der Krieg und die Ermordung der litauischen Juden, in: Ulrich Herbert (Hg.), Nationalsozialistische Vernich-

tungspolitik 1939–1945, Frankfurt/M. 1998, S. 295 ff.; Margers Vestermanis, Ortskommandantur Libau. Zwei Monate deutscher Besatzung im Sommer 1941, in: Heer/Naumann, S. 241–260.

61 Beispiele in Walter Manoschek (Hg.), »Es gibt nur eins für das Judentum: Vernichtung«. Das Judenbild in deutschen Soldatenbriefen 1939–1944, Hamburg 1995.

62 Außer den hier angegebenen Fällen sind mir keine weiteren bekannt. Wegen der Dichte der Überlieferung durch sowjetische Untersuchungsberichte, Geschichten jüdischer Gemeinden und Überlebendenaussagen in deutschen Strafverfahren ist zumindest für die Westhälfte Weißrußlands keine hohe Dunkelziffer anzunehmen.

63 Erinnerungen Erich Mirek, in: In den Wäldern Belorußlands. Erinnerungen sowjetischer Partisanen und deutscher Antifaschisten, Berlin (Ost). [3]1984, S. 179.

64 Hierzu:Der Kommandierende General der Sicherungstruppen und Befehlshaber im Heeresgebiet Mitte, Ia, v. 3.12.1942, BA D-H FW 490, A. 11, Bl. 8 f.; Auszug aus dem KTB der 313. Pz.Div. v. 9.3.1943, Nbg. Dok. NOKW-2126, BA F 53916; schriftl. Aussage G. S. (undatiert/Übersetzung), ZStL II 202 AR-Z 179/67, Bl. 48–50.

65 Vgl. Gen.Kdo. LV. A.K., Ia, Bericht über Unternehmen »Freischütz« v. 7.6.1943, BA-MA (BArchP)F 18494, Bl. 357–391; Bartov, Hitler's Army, S. 92; Bericht über das Unternehmen gegen die Bande Grischin (9.-22.10.1943), BA-MA WF-03/17299, Bl. 436–439; Protokoll der Untersuchungskommission für die deutschen Verbrechen in Gorki, Gebiet Mogilew, v. 10.12.1944 (Übersetzung), Der Bundesbeauftragte für die Unterlagen des Staatssicherheitsdienstes der ehemaligen DDR, Zentralarchiv, ZUV 9, Bd. 20, Bl. 90. Vgl. auch Kurt DeWitt/Wilhelm Moll, The Bryansk Area, in: John Armstrong (Hg.), Soviet Partisans in World War II, Madison 1964, S. 503 ff.

66 Vgl. 167. Inf.Div., Ia, v. 17.10.1943, BA D-H FW 489, A. 7.

67 78. Sturm-Division, Gebietskommandant f. d. rückw. Gefechtsgebiet, Kommandantur-Befehl Nr. 3/44 v. 22.1.1944, ZStA Minsk 416–1–1, Bl. 3; vgl. ebenso v. 18.5.1944, ebd., Bl. 6, und Ortskommandantur I/508 (Swislotsch), Befehl Nr. 10 v. 23.4.1944, ZStA Minsk 410–1–1, Bl. 81. Hervorhebungen im Original.

68 [Er]fassung der 7–14jährigen aus dem Dorfe Bahnhof Stajki (undatiert), ZStA Minsk 416–1–1, Bl. 1 f.

69 Vgl. Erklärung Siegfried Nickel v. 25.8.1950 (Abschrift), BA B 120/591; Barbara Bromberger/Hans Mausbach, Feinde des Lebens. NS-Verbrechen an Kindern, Köln [2]1987, S. 182–193.

70 Gerlach, Wirtschafts- und Vernichtigungspolitik, S. 458 f. und 995–1001.

71 Ord.Offz. Chef WiStab Ost, Reisebericht über die Dienstreise Chef WiStab Ost zur Heeresgruppe Mitte und A.O.K.2 in der Zeit vom 17.–21.5. v. 24.5.1944, BA-MA (BArchP)F 43390, Bl. 624.

72 Vgl. Gerlach, Wirtschafts- und Vernichtigungspolitik, S. 1007 f.; Müller, S. 281 f.

73 Vern. Johann-Georg Richert v. 26.12.1945 und v. 16.1.1946 (vormittags und nachmittags), Archiv P. Kohl.

74 35. Inf.Div., Ib, Betr.: Abschub von Zivilisten v. 8.4.1944, BA D-H FW 489, A. 10.

75 Heeresgruppenwirtschaftsführer bei Heeresgruppe Mitte, KTB-Beitrag Abteilung Arbeit für 1.4.–30.6.1944 v. 4.9.1944, BA-MA (BArchP)F 42862, Bl. 729.

76 Hierzu M. M. Zagorulko/A. F. Judenkow, Krach plana »Oldenburg« (Das Scheitern des Planes »Oldenburg«), Moskau 1974, S. 186; Vern. W. A. Barantschik v. 16.1.1946, Archiv P. Kohl.

77 Gerlach, Wirtschafts- und Vernichtigungspolitik, S. 459–463.

78 Vgl. Vern. E. K. v. 18.6.1947, ZStL II 202 AR-Z 179/67, Dok.Bd. 1, Bl. 117.

79 Vgl. ebd. und Vern. M. B. v. 15.2.1948, ebd., Bl. 139 (hier auf Befehl des Divisionskommandeurs, General Kessel); G. I. Olechnowitsch, Ekonomika belorussii v uslovijach velikoi otetschestvennoi vojni (Die weißrussische Wirtschaft unter den Bedingungen des Großen Vaterländischen Krieges), Minsk 1982, S. 23.

80 Vgl. Bartov, Eastern Front, S. 12 ff., 29 ff., 59 ff.

81 Einheit »Brandenburg«: Fabian von Schlabrendorff, Offiziere gegen Hitler, hg. v. Walter Bußmann nach der Edition von Gero v. Schulze-Gaevernitz, Berlin(West) 1984, S. 45; weiter bedanke ich mich bei Frau Kudraschowa, Museum Brester Festung, für persönliche Mitteilungen v. 10.10.1993. Jedoch bestätigt ein Studium der Akten der betreffenden Divisionen Vermutungen nicht, die deutsche Seite habe Giftgas eingesetzt. Vgl. BA-MA RH 26–45/27, besonders 45. Inf.Div., Gefechtsbericht über die Wegnahme von Brest-Litowsk v. 8.7.1941; 1./A.A.45 v. 24.6. und Aufklärungs-Abteilung v. 25.6.1941, BA-MA RH 26–45/28. Allerdings sind die Akten der beteiligten deutschen 31. und 34. Inf.Div. unvollständig bzw. nicht erhalten.

82 Ähnlich Fritz, S. 283–294, mit leicht abweichender Bewertung Latzel (wie Anm. 4), S. 288–310, 325–328 und 370–375.

83 Vgl. Streit, S. 130–134.

84 Siehe Jürgen Förster, Zum Rußlandbild der Militärs 1941–1945, in: Hans-Erich Volkmann (Hg.), Das Rußlandbild im Dritten Reich, Köln 1994, vor allem S. 154–157.

85 Kohl, S. 177 ff.

86 Schröder, Latzel.

87 Materialien hierzu bietet der OKW-Prozeß (Nürnberger Nachfolgeprozeß Fall 12); siehe die darauf basierende, von Thesen und Vorgehen her jedoch nicht unproblematische Darstellung Jörg Friedrich, Das Gesetz des Krieges. Das deutsche Heer in Rußland 1941–1945, München 1993. Auch die Berichte der örtlichen sowjetischen Untersuchungskommissionen ließen sich ergänzend zu Verbrechen der deutschen Fronttruppen befragen.

88 Müller bezeichnete die Wehrmacht als das »entscheidende Machtinstrument des deutschen Okkupationsregimes« zumindest in der Sowjetunion. Norbert Müller, Zur Rolle der Wehrmachtsführung bei der Planung und Vorbereitung des faschistischen Okkupationsregimes in den zeitweilig besetzten Gebieten der UdSSR (1940/41), in: Zeitschrift für Militärgeschichte 6 (1967), S. 415.

89 Fritz, S. 288.

Hans-Walter Schmuhl

Vergessene Opfer

Die Wehrmacht und die Massenmorde an psychisch Kranken, geistig Behinderten und »Zigeunern«

Zu den Menschen, für die im »Dritten Reich« kein Platz mehr war, gehörten nicht nur die Juden, sondern auch die psychisch Kranken und geistig Behinderten, die Sinti und Roma, die »Gemeinschaftsfremden« und »Fremdvölkischen«. Gleichwohl kam es nach dem Zweiten Weltkrieg zu einer ausgeprägten Hierarchisierung der Verfolgtengruppen, was die Anerkennung und Entschädigung als Opfer des Nationalsozialismus angeht. Mehr noch: Lange Zeit sind die nichtjüdischen Verfolgtengruppen nicht einmal in der Geschichtswissenschaft, geschweige denn in einer breiteren Öffentlichkeit überhaupt nur wahrgenommen worden. Erst seit den achtziger Jahren hat sich die zeitgeschichtliche Forschung den vergessenen Genoziden zugewandt – zuerst der »Euthanasie«, dann dem Völkermord an den Sinti und Roma, jüngst auch dem Massenmord an »Asozialen«.[1] Die Anstöße dazu kamen nicht aus der Wissenschaft, sondern aus der Gesellschaft – aus der Sozialpsychiatrie etwa, die sich mit den dunklen Kapiteln der eigenen Berufsgeschichte auseinanderzusetzen begann, oder aus der Bürgerrechtsbewegung der Sinti und Roma.[2] In dem Jahrzehnt zwischen der Mitte der achtziger und der Mitte der neunziger Jahre hat die zeitgeschichtliche Forschung auf diesen Gebieten beachtliche Fortschritte gemacht. Dabei hat sich herausgestellt, daß die verschiedenen Stränge der Verfolgung und Vernichtung eng miteinander verflochten waren. Die Grenzen zwischen den Genoziden waren fließend, es gab zahlreiche personelle, institutionelle und organisatorische Berührungspunkte und Verbindungslinien. Vor allem aber gab es einen gemeinsamen konzeptuellen Rahmen mit den zentralen Elementen Biologismus, Sozialdarwinismus und Rassismus, so daß es gerechtfertigt erscheint, von einem einzigen Genozidkomplex zu sprechen.[3]

Die jüngsten Debatten in der Wissenschaft wie auch in der Öffentlichkeit haben diesen vielversprechenden Ansatz leider wieder zugeschüttet. Die mit großem Medienaufwand inszenierte Kontroverse um die provokanten Thesen Daniel Goldhagens blendet die Zusammenhänge zwischen den verschiedenen Feldern der Verfolgung und Vernichtung völlig aus. Die Shoa wird abermals *a priori* zu einem singulären Phänomen erklärt. Dem Verständnis der Judenvernichtung dient dies nicht, im Gegenteil: Die Tiefenstrukturen dieses Völkermordes werden dadurch eher verschleiert.[4] Auf der Ebene der Erinnerungspolitik und Erinnerungskultur kommt die Perspektivenverengung in den Diskussionen um das Holocaust-Mahnmal in Berlin schlaglichtartig zum Ausdruck: Der schon früh unterbreitete Vorschlag, eine Gedenkstätte für *alle* Opfer der nationalsozialistischen Genozidpolitik zu schaffen, war bald vom Tisch und hat wohl keine Chance, wieder aufgegriffen zu werden.[5]

Vor diesem allgemeinen Hintergrund kann es nicht überraschen, daß die durch die Wehrmachtsausstellung neu entfachte Debatte über die Rolle des Militärs im nationalsozialistischen Staat sich mehr und mehr auf die Verstrickung der Wehrmacht in die Judenvernichtung zugespitzt hat. Die Wehrmacht spielte aber auch in anderen Bereichen der Verfolgung und Vernichtung eine Rolle. Das Spektrum der Verhaltensweisen reichte dabei von der stillschweigenden Duldung bis zur aktiven Täterschaft. Im folgenden soll anhand zweier Beispiele, der »Euthanasie«-Aktionen und des Völkermordes an den Sinti und Roma, dargelegt werden, was die zeitgeschichtliche Forschung zu diesem Thema bisher zutage gefördert hat.

»Euthanasie« im Nationalsozialismus – hinter dieser Sammelbezeichnung verbirgt sich, genau genommen, ein ganzes Bündel von Massenmorden an psychisch Kranken und geistig Behinderten.[6] Vier Hauptkomplexe sind zu unterscheiden:

1. Die *Kinder-»Euthanasie«*, die Ermordung von etwa 5.000 Säuglingen, Kindern und Jugendlichen zwischen 1939 und 1945. Die Opfer wurden in einer der »Kinderfachabteilungen«, die in 30 bis 40 deutschen Heil- und Pflegeanstalten eingerichtet wurden, durch überdosierte Medikamentenga-

ben umgebracht, oder man ließ sie verhungern. Planung, Organisation und Durchführung dieser Mordaktion lag beim »Reichsausschuß zur wissenschaftlichen Erfassung erb- und anlagebedingter schwerer Leiden«, der sich 1937/38 zunächst als Gutachtergremium in strittigen Erbgesundheitsfragen gebildet und dann zur zentralen Planungsinstanz auf dem Gebiet der Rassenhygiene und Bevölkerungspolitik fortentwickelt hatte. Ihm gehörte eine Reihe von renommierten Psychiatern und Neurologen, Pädiatern und Gynäkologen an. Als bürokratischer Apparat des Reichsausschusses fungierte die Unterabteilung Erb- und Rassenpflege der Medizinalabteilung im Reichsinnenministerium unter Ministerialrat Herbert Linden. Die politische Leitung des Reichsausschusses lag dagegen bei der Kanzlei des Führers unter Reichsleiter Philipp Bouhler. Es handelte sich hier also um einen Machtapparat, der eine führerunmittelbare Parteidienststelle, Teile der alten Ministerialbürokratie und einen medizinischen Expertenstab umfaßte. Die politische Verantwortung lag offiziell bei Philipp Bouhler und Hitlers Begleitarzt Dr. Karl Brandt, die sich auf eine mündliche »Führerermächtigung« stützten.

2. Die *»Aktion T4«*, die Massenvergasung von etwa 70.000 Patienten aus psychiatrischen Einrichtungen in Deutschland und Österreich zwischen dem Januar 1940 und dem August 1941. Diese Morde fanden in sechs eigens mit Gaskammern ausgerüsteten Heil- und Pflegeanstalten statt – Grafeneck auf der Schwäbischen Alb, Brandenburg an der Havel, Hartheim bei Linz in Österreich, Sonnenstein bei Pirna in Sachsen, Bernburg an der Saale und Hadamar im Westerwald. Nach außen hin waren vier Briefkastenfirmen für die Deportation der Patienten verantwortlich: die »Reichsarbeitsgemeinschaft Heil- und Pflegeanstalten«, die »Gemeinnützige Stiftung für Anstaltspflege«, die »Gemeinnützige Krankentransportgesellschaft GmbH« sowie die »Zentralverrechnungsstelle Heil- und Pflegeanstalten«. Hinter diesen Tarnorganisationen verbarg sich ein bürokratischer Apparat, der etwa 100 Personen, darunter etwa 50 Ärzte, umfaßte. Diese »Euthanasie«-Zentraldienststelle hatte seit dem April 1940 ihren Hauptsitz in einer Villa in der Tiergartenstraße 4 in Berlin-Charlottenburg. (Nach dieser Adresse wurde die Erwachsenen-»Euthanasie« im internen Sprachgebrauch als

»Aktion T4« bezeichnet.) Die »Euthanasie«-Zentrale war wieder eng verbunden mit der Kanzlei des Führers und der Medizinalabteilung des Reichsinnenministeriums. Politisch verantwortlich waren auch hier Brandt und Bouhler, die sich diesmal auf einen schriftlichen »Führerbefehl« stützen konnten.

3. Die *»wilde Euthanasie«* und die *»Aktion Brandt«*. Nach der Einstellung der Massenvergasungen im Rahmen der »Aktion T4« wurde der Massenmord an Psychiatriepatienten in zahlreichen deutschen Heil- und Pflegeanstalten mit anderen Mitteln fortgesetzt. Zehntausende von Patienten wurden von nun an im normalen Anstaltsbetrieb durch überdosierte Medikamentengaben oder Nahrungsmittelentzug umgebracht. Die Morde geschahen nun dezentral, regellos und unsystematisch – zu Recht hat man daher die Phase zwischen dem Herbst 1941 und dem Frühjahr 1943 als »wilde Euthanasie« bezeichnet. Die Chance zur Wiederaufnahme der »Euthanasie« im großen Stil bot sich, als infolge der Verschärfung des Luftkrieges über Deutschland im Jahre 1943 Heil- und Pflegeanstalten verstärkt als Ausweichkrankenhäuser genutzt wurden. Die dadurch notwendig gewordenen weiträumigen Verlegungen von Psychiatriepatienten wurden von der noch immer fortbestehenden »Euthanasie«-Zentraldienststelle planmäßig in die Zentren der »wilden Euthanasie« geleitet. Die im Zusammenhang mit der Räumung von Heil- und Pflegeanstalten im Einzugsbereich luftgefährdeter Gebiete stehenden Krankenmorde wurden von Karl Brandt, der inzwischen zum Generalkommissar für das Sanitäts- und Gesundheitswesen aufgestiegen war, gedeckt. Sie trugen daher die Bezeichnung »Aktion Brandt«. Nach einer vorsichtigen Schätzung sind nach dem August 1941 nochmals mindestens 30.000 Psychiatriepatienten auf dem Gebiet des Deutschen Reiches ermordet worden. In den deutschen Heil- und Pflegeanstalten wurden daher zwischen 1940 und 1945 mindestens 100.000 Menschen – ein Drittel der Anstaltsbevölkerung – umgebracht.
4. Die *Krankenmorde im Osten*. Unabhängig vom »Euthanasie«-Apparat im Deutschen Reich führten seit dem Beginn des Zweiten Weltkrieges die Einsatzgruppen der Sicherheitspolizei und des SD, SS-Einheiten und Sonderkommandos Massenerschießungen und Massenvergasungen an Psychiatrie-

patienten in den preußischen Ostprovinzen sowie in den besetzten Gebieten Polens und der Sowjetunion durch. Nach sachkundigen Schätzungen sind in Polen über 16.000 Patienten psychiatrischer Einrichtungen erschlagen, erschossen oder vergast worden, weitere 10.000 sind verhungert.[7] Auch für die UdSSR müssen wir von 10–20.000 Opfern ausgehen.

Welche Rolle spielte nun die Wehrmacht bei all diesen Vernichtungsaktionen? Hier müssen wir sorgfältig zwischen den Krankenmorden in den Grenzen des Deutschen Reiches unter der Regie der Berliner »Euthanasie«-Zentrale und den von den Einsatzgruppen verübten Krankenmorden in den besetzten Gebieten unterscheiden. An der Planung, Organisation und praktischen Umsetzung der Kinder-»Euthanasie«, der »Aktion T4« und der »Aktion Brandt« war die Wehrmacht – nach allem, was wir wissen – *nicht* beteiligt, wir haben nicht einmal einen Hinweis darauf, daß sie über die Vorbereitungen zu den Massenmorden an Kranken und Behinderten überhaupt unterrichtet war. Im Kalkül der Planer bildete die Wehrmacht aber durchaus einen Faktor, auf den es Rücksicht zu nehmen galt. Die Vorbereitungen zu den Krankenmorden fielen mit dem Kriegsausbruch zusammen. Aus den Erfahrungen des Ersten Weltkrieges wußte man, daß man mit einer großen Zahl verstümmelter und schwer hirnverletzter Soldaten rechnen mußte und auch mit einer großen Zahl von Soldaten, die auf die Schrecken des Krieges mit Zittern, Lähmungen oder Taubstummheit reagierten.[8] Sollte auch nur der Verdacht aufkommen, daß diese Männer in das Räderwerk der Vernichtung hineingeraten könnten, so war zu befürchten, daß dies für Unruhe in der Truppe sorgen könnte. Ein weiterer heikler Punkt kam hinzu: Auch die Einbeziehung von Veteranen des Ersten Weltkrieges in die »Aktion T4« barg Zündstoff in sich und hätte zu einem Konflikt mit der Wehrmacht führen können. Um Reibungsflächen zu vermeiden, trafen Philipp Bouhler und Karl Brandt, die beiden Bevollmächtigten Hitlers, in ihren Richtlinien für die Selektion der Patienten eine Sonderregelung, ähnlich dem in den ersten Jahren des »Dritten Reiches« in der Judenpolitik geltenden Frontkämpferparagraphen. Seit dem Mai 1940 wurde in dem Meldebogen, mit dem die Patienten erfaßt werden sollten, gezielt nach Kriegsbeschädigungen gefragt. Nachdem wiederholt Frontkämpfer des Ersten Weltkriegs in die Mordmaschinerie geraten waren,[9] wiesen Brandt und Bouhler die ärztlichen Gutachter, die über Leben und Tod der Patienten zu entscheiden hatten, im Januar 1941 an, bei Kriegsteilnehmern zurückhaltend zu begutachten. Anstaltsbewohner mit Kriegsauszeichnungen sollten nicht in die »Aktion T4« einbezogen werden. Zwei Monate später – im März 1941 – verschärften die beiden »Führerbevollmächtigten« freilich ihre Richtlinien. Kriegsteilnahme allein, hieß es nun ausdrücklich, rechtfertige keine Zurückstellung. Patienten mit Auszeichnungen, Verdiensten und Verwundungen – ihre Bewertung sollte dem Leiter der »Euthanasie«-Zentraldienststelle, Viktor Brack, vorbehalten bleiben – sollten vorerst in den Sammelanstalten des »Euthanasie«-Apparates zurückgestellt werden.[10] In der Praxis wurden diese Richtlinien allerdings längst nicht immer eingehalten. Man scheute sich nicht, auch Patienten mit Kriegsauszeichnungen aus dem Ersten Weltkrieg zu ermorden. Man schreckte – in den späten Phasen der »Euthanasie« nach dem August 1941 – nicht einmal davor zurück, in einzelnen Fällen Soldaten der Wehrmacht umzubringen, die aufgrund eines Befehls des Chefs des Heeressanitätswesens, Siegfried Handloser, in die Psychiatrie gekommen waren, weil sie Symptome einer »Kriegsneurose« aufwiesen.[11]

Hier sahen die Gegner der »Euthanasie« im kirchlichen Lager einen Ansatzpunkt für ihren Protest. Sie betrachteten die Wehrmacht wie selbstverständlich als potentiellen Verbündeten. So wandten sich Pastor Friedrich v. Bodelschwingh, Leiter der v. Bodelschwinghschen Anstalten in Bethel bei Bielefeld, und Pastor Paul Gerhard Braune, Leiter der mit Bethel verbunden Hoffnungstaler Anstalten in Lobetal bei Berlin, im Mai 1940 an Hans v. Dohnanyi, den Leiter des Referats für Politik im Stab des Amtes Ausland/Abwehr des Oberkommandos der Wehrmacht (OKW). Hans v. Dohnanyi war verheiratet mit Christine Bonhoeffer und damit der Schwager des Theologen Dietrich Bonhoeffer und der Schwiegersohn des Psychiaters und Neurologen Prof. Karl Bonhoeffer, der das Treffen wohl vermittelt hatte.[12] In einem Brief an Braune schilderte Bodelschwingh Dohnanyi als einen »sehr eifrigen und verheißungsvollen Herrn«.[13] Der Eindruck täuschte nicht. Dohnanyi, der seit Anfang 1938 im Kontakt zur Militäropposition stand und führend an der Vorbereitung eines Staatsstreichversuchs im September 1938 beteiligt gewesen war, versuchte, im Rahmen seiner Möglichkeiten zu helfen. Bis 1938 war er als persönlicher Referent und später als Leiter des Ministerbüros für Reichsjustizminister Franz Gürtner tätig gewesen, deshalb war er in der Lage, Bodelschwingh ein Gespräch mit dem Justizminister zu vermitteln. Auch unterstützte er Braune beim Sammeln von Material für seine Denkschrift über die »Planmäßige Verlegung der Insassen von Heil- und Pflegeanstalten« vom 9. Juli 1940.[14] In dieser Denkschrift nahm Braune ausdrücklich Bezug auf die Wehrmachtsproblematik: »Wie wird es den Soldaten gehen, die sich im Kampf für das Vaterland unheilbare Leiden zuziehen? Solche Fragen sind schon in ihrem Kreise aufgetaucht.«[15] Wir haben indessen keinen Hinweis darauf, daß Braunes Denkschrift an die Wehrmachtsführung weitergeleitet worden ist – sei es über Dohnanyi, der später Berichte seines Schwagers Dietrich Bonhoeffer über die Judendeportationen an hohe Militärs weitergab, sei es über den Leiter der Kirchenkanzlei, Dr. Friedrich Werner, oder den Geistlichen Vertrauensrat der Deutschen Evangelischen Kirche, die die Denkschrift Braunes mit der Bitte um Vorlage bei Hitler der Reichskanzlei übergaben. Der Geistliche Vertrauensrat vertrat die DEK auch gegenüber der Wehrmacht, es hätte daher durchaus nahegelegen, die Denkschrift an das OKW zu schicken.

Einen ähnlichen Vorstoß wie die Betheler Pastoren unternahm der württembergische Landesbischof Theophil Wurm. Nachdem er vergeblich in mehreren Reichsministerien interveniert hatte, wandte sich Wurm am 22. Oktober 1940 an den Befehlshaber des Wehrkreises V in Stuttgart, General Erwin Osswald, wobei er vor der schweren »Schädigung der staatlichen Autorität warnte, die sich auch in der Wehrmacht geltend machen könnte«. Ende Oktober 1940 fertigte Wurm auf Wunsch des OKW eine Denkschrift über »Planwirtschaftliche Maßnahmen in Heil- und Pflegeanstalten« an. Darin verwies er auf die Beunruhigung, die durch die Einbeziehung von Arbeitsinvaliden und Kriegsversehrten hervorgerufen wurde. Man müsse sich fragen, hob er hervor, »ob der Geist der Truppe nicht ungünstig beeinflußt wird, wenn sie [die Wehrmachtsangehörigen, d.V.] wissen, welches Schicksal den Kriegsopfern droht«.[16]

Kurz zuvor – am 4. Oktober 1940 – hatte sich der Superintendent von Wittenberg, Meichßner, an Wurm gewandt. Meichßner teilte mit, daß sein Sohn, Generalstabsoffizier im OKW, sich erboten habe, einen Bericht über die »Euthanasie« an einen der militärischen Adjutanten Hitlers weiterzuleiten. Der Versuch, auf diesem Weg einen Zugang zu Hitler zu finden, scheiterte jedoch. Oberst Joachim Meichßner wurde im Zusammenhang mit dem 20. Juli 1944 hingerichtet, auch sein Vater war längere Zeit in Haft.[17]

Auch der Bischof von Münster, Clemens August Graf v. Galen, nahm in seiner »Euthanasie«-Predigt vom 3. August 1941 Bezug auf die Wehrmachtsproblematik: »Wenn man die unproduktiven Mitmenschen gewaltsam beseitigen darf, dann wehe unseren braven Soldaten, die als Schwerkriegsverletzte, als Krüppel, als Invaliden in die Heimat zurückkehren!«[18] Galens Protest unterschied sich von der Geheimdiplomatie der evangelischen Pastoren dadurch, daß er versuchte, Öffentlichkeit herzustellen. Die Predigt fand tatsächlich weite Verbreitung, zahllose Abschriften zirkulierten im Deutschen Reich, viele katholische und evangelische Pfarrer wagten es, den Predigttext in ihren Gemeinden zu verbreiten – die vier Pfarrer von Lübeck, die katholischen Kapläne Eduard Müller, Johannes Prassek und Hermann Lange und der evangelische Pastor Karl Friedrich Stellbrink, wurden deshalb vom Lübecker Volksgerichtshof der »Wehrkraftzersetzung« und der »landesverräterischen Feindbegünstigung« für schuldig befunden und 1943 hingerichtet.[19] Das Regime konnte die Verbreitung der Predigt aber nicht unterdrücken, sie gelangte sogar ins Ausland und wurde von alliierten Rundfunksendern aufgegriffen. Sie dürfte wesentlich dazu beigetragen haben, daß die Massenvergasungen im Zuge der »Aktion T4« im August 1941 – mit Rücksicht auf die öffentliche Meinung in Deutschland wie auch auf die Stimmung der Truppe an der Front – eingestellt und durch verdecktere Formen des Krankenmordes abgelöst wurden.

Halten wir fest: Obwohl der Wehrmachtsführung Informationen über die »Aktion T4« vorgelegen haben dürften, hat sie – soweit uns bekannt ist – *nicht* gegen die »Euthanasie« protestiert. Die Planer des Genozids nahmen gleichwohl Rücksicht auf die Stimmungslage der Truppe und versuchten auf diese Weise, Konfliktpotential, das zu einer Auseinandersetzung mit der Wehrmacht hätte führen können, schon im Vorfeld auszuräumen, indem man bei der Einbeziehung von Veteranen aus dem Ersten und dem Zweiten Weltkrieg Vorsicht walten ließ. Kirchliche Kreise betrachteten die Wehrmacht als potentiellen Verbündeten.

Das galt auch auf der Ebene der Heil- und Pflegeanstalten. Als Beispiel sei das St. Rochus-Hospital in Telgte bei Münster angeführt, ein psychiatrisch-neurologisches Krankenhaus für psychisch kranke Frauen mit angeschlossenem Allgemeinkrankenhaus, das von den Franziskanerinnen betrieben wurde.[20] Im Oktober 1939 richtete die Wehrmacht in dem Flügel der Anstalt, in dem bisher die körperlich Kranken untergebracht gewesen waren, ein Reservelazarett mit 100 Betten für Haut- und Geschlechtskranke ein. Die Folge war, daß die Patientinnen im verbliebenen Anstaltsbereich enger zusammenrücken mußten, die Versorgung der neuen Patienten wurde der Anstalt aufgebürdet. Andererseits versprach man sich »von der Anwesenheit der Wehrmacht auch einen gewissen Schutz durch die Militärbehörden«.[21] Der Chefarzt des St. Rochus-Hospitals berichtete 1959 rückblickend über den Versuch, die Anstalt gleichsam in einen Wehrmachtsbetrieb umzuformen:

> »Die psychiatrischen Kranken unseres Hospitals – vornehmlich die besonders gefährdeten chronischen Fälle – wurden vorsorglich mit Arbeiten für die Wehrmacht beschäftigt. (Anfertigung und Instandhaltung von Socken und Unterwäsche für ein Pionier-Regiment in Minden, Besorgung der gesamten Wäsche für das Standortlazarett in Münster, das Reservelazarett in Handorf b./Münster und das im eigenen Hospital untergebrachte Reservelazarett Telgte).«[22]

Zeitzeugen berichten, daß die kranken Frauen und Mädchen die Arbeit kaum zu bewältigen vermochten und daher das Pflegepersonal nächtelang gestrickt und gestopft habe, um das Soll zu erfüllen. Tatsächlich wurden aus dem St. Rochus-Hospital – von zwei jüdischen Patientinnen abgesehen – keine Kranken verschleppt. Inwieweit dies mit der Anwesenheit der Wehrmacht zusammenhing, muß indessen offenbleiben. Sicherlich spielten auch andere Faktoren eine Rolle: der hohe Anteil der Privatpatientinnen etwa oder die besonders enge Beziehung des Bischofs von Münster zum Wallfahrtsort Telgte.

Auf Dauer drohte der Bettenbedarf der Wehrmacht jedenfalls zur Gefahr für die Heil- und Pflegeanstalten zu werden. Aus einer Übersicht, die von der Abteilung Planung der »Euthanasie«-Zentrale am 3. August 1943 vorgelegt wurde, ging hervor, daß zu diesem Zeitpunkt von insgesamt 282.696 in den Heil- und Pflegeanstalten zur Verfügung stehenden Betten bereits

93.521, also knapp ein Drittel, im Zuge der »Euthanasie« zweckentfremdet worden waren. Dabei waren die weitaus meisten – nämlich 31.058, knapp ein Drittel aller zweckentfremdeten Betten – an Reservelazarette der Wehrmacht gegangen.[23] Da materielle Interessen an den in der Anstaltspsychiatrie gebundenen Ressourcen im Laufe der »Euthanasie« an Gewicht gewannen und die psychisch Kranken und geistig Behinderten zuletzt nur noch als Platzhalter in den Heil- und Pflegeanstalten belassen wurden, dürfte die Wehrmacht indirekt dazu beigetragen haben, daß der Umfang der Krankenmorde in den letzten Kriegsjahren noch einmal deutlich zunahm. Wir haben indessen keinen Hinweis darauf, daß die Wehrmacht von sich aus auf die Räumung der Heil- und Pflegeanstalten des Deutschen Reiches und die Ermordung der dort untergebrachten Patienten gedrängt hat.

Ein völlig anderes Bild ergibt sich freilich, wenn wir die Krankenmorde im Osten mit in den Blick nehmen. Zur Erinnerung: Als die deutsche Wehrmacht am 22. Juni 1941 in die Sowjetunion einrückte, folgten ihr vier Einsatzgruppen der Sicherheitspolizei und des SD, die – unterstützt von baltischen und ukrainischen Hilfstruppen – einen Massenmord bis dahin unvorstellbaren Ausmaßes anrichteten. Im Frühjahr 1943, beim Beginn des Rückzugs der Wehrmacht von sowjetischem Territorium, hatten die Einsatzgruppen 1,25 Mio. Menschen ermordet.

Zu den Opfern der Einsatzgruppen gehörten, was oft übersehen wird, nicht nur Juden, bolschewistische Funktionäre und Partisanen, sondern auch Sinti und Roma, sogenannte »Asoziale« und auch psychisch kranke Menschen. Die Einsatzgruppen führten zahllose Massenerschießungen psychisch kranker Menschen durch, die mitunter den Abschluß eines stufenweisen Vernichtungsfeldzuges gegen die Bewohner der psychiatrischen Krankenhäuser bildeten. Diese abgestufte Vernichtung begann häufig mit einer von der Militärverwaltung verfügten Lebensmittelrationierung für die psychiatrischen Institutionen, wodurch die Verpflegung der Patienten gezielt unter das Existenzminimum gedrückt wurde. Sobald infolge der Unterernährung das Massensterben in den Anstalten einsetzte, halfen deutsche Ärzte durch Überdosen Morphium, Chloral, Insulin, Strychnin oder Salmiakgeist nach. Die überlebenden Patienten wurden dann zuletzt durch die Einsatzkommandos erschossen. Diese Abfolge von Aushungerung, Vergiftung und Erschießung war für diesen Massenmord typisch.[24]

Der frei gewordene Anstaltsraum wurde in der Regel der Wehrmacht zur Verfügung gestellt. Dabei ergriffen Wehrmachtsstellen auch von sich aus die Initiative, wie aus einem Bericht der Einsatzgruppe A hervorgeht:

»Gelegentlich machten die Zustände in den Irrenanstalten sicherheitspolizeiliche Maßnahmen erforderlich [...] In einigen Fällen baten Wehrmachtsdienststellen, auch andere Anstalten, die für Quartierzwecke benötigt wurden, in der gleichen Weise zu säubern. Da hier jedoch sicherheitspolizeiliche Belange ein Eingreifen nicht erforderlich machten, wurde den Wehrmachtsstellen anheimgestellt, mit eigenen Kräften die für notwendig erachteten Maßnahmen zu treffen.«[25]

Ein Beispiel für die Verstrickung der Wehrmacht in die Krankenmorde in den besetzten Territorien der Sowjetunion gibt Helmut Krausnick in seinem Buch über »Hitlers Einsatzgruppen«. Es ging um die Anstalt Makarjewo im rückwärtigen Gebiet der 18. Armee im Baltikum. Sie kam bei einem Erfahrungsaustausch zwischen dem Führer des Teilkommandos der Einsatzgruppe A in Tosno und dem Dritten Generalstabsoffizier (Ic) des 28. Armeekorps, zuständig für Feindnachrichten und Abwehr, am 8. Dezember 1941 zur Sprache. In der Anstalt Makarjewo waren zu dieser Zeit 230 bis 240 Frauen untergebracht, die an psychischen Krankheiten, aber auch an Epilepsie oder Syphilis litten – sie wurden nur von einer Unterärztin und einer Aufseherin betreut. Bei einem Ausbruch der hungernden Frauen befürchtete die Unterärztin Seuchengefahr für die Bevölkerung; der Arzt der 2. SS-Infanteriebrigade sah eine Gefahr »vor allem für die deutschen Soldaten«, da »Kranke dieser Art [...] auch Menschen anfallen« und ansteckende Krankheiten wie Fleckfieber übertragen könnten. Der zuständige Ortskommandant im nahen Ljuban hielt ein Eingreifen jedoch vorerst nicht für erforderlich. Dies teilte der Führer des Teilkommandos Tosno seinem Vorgesetzten Dr. Walther Stahlecker, dem Führer der Einsatzgruppe A, ebenso mit wie dem Dritten Generalstabsoffizier des 28. Armeekorps. Gleichwohl stimmte dieser Offizier am 8. Dezember mit dem Vertreter der Einsatzgruppe überein, daß die Frauen in Makarjewo »leicht eine akute Seuchengefahr für die umliegenden Truppenteile werden« könnten und daß »zwecks Abhilfe [...] zunächst das AOK 18 gehört werden« solle. Als Konzept für den Antrag des 28. Korps an die 18. Armee benutzte der Generalstabsoffizier eine von dem Teilkommandoführer überlassene Abschrift des Schreibens an Stahlecker. Dabei ließ er die unbequeme Stellungnahme des Ortskommandanten unter den Tisch fallen und fügte den Argumenten der Seuchengefahr und Gemeingefährlichkeit den Satz an: »Es kommt hinzu, daß die Insassen der Anstalt auch im Sinne deutscher Auffassung Objekte nicht mehr lebenswerten Lebens darstellen.« Der Generalstabschef des 28. Korps unterschrieb diesen Antrag. Später in Nürnberg erklärte er, daß das 28. Korps »in diesem Falle lediglich Durchgangsstelle für Anordnungen der 18. Armee« gewesen sei; die Entscheidung zur Ermordung der Frauen von Makarjewo sei ohne Zustimmung der verantwortlichen Kommandeure, des Kommandierenden Generals des 28. Korps und des Oberbefehlshabers der 18. Armee, Generaloberst Georg v. Küchler, »ganz unmöglich« gewesen. Das Schreiben des 28. Korps an die 18. Armee vom 20. Dezember 1941 schloß mit dem Hinweis, daß sich das Teilkommando der Einsatzgruppe A in Tosno bereit erklärt habe, die Hinrichtung durchzuführen, es warte auf eine entsprechende Anweisung Stahleckers. Das AOK 18 wurde gebeten, eine solche Anweisung »herbeizuführen«. Das Armeeoberkommando 18 muß daraufhin den Führer der Einsatzgruppe A tatsächlich um »Amtshilfe« gebeten haben – die Frauen von Makarjewo wurden von dem örtlichen Kommando der Einsatzgruppe ermordet. Am 3. Januar 1942 teilte der Generalstabschef des 28. Korps der 18. Armee lakonisch mit: »Die Angelegenheit ist bereinigt.«[26]

Selten läßt sich die *Initiativfunktion* der Wehrmacht so klar aus den Quellen herausarbeiten wie in diesem Fall. Daß die Wehrmacht die Ermordung von Psychiatriepatienten durch die Einsatzgruppen häufig zumindest billigend in Kauf nahm, um die Anstalten als Unterkünfte benutzen zu können, dafür gibt es in den Quellen eine Reihe von Hinweisen.[27] Unter den Bedingungen des Krieges im Osten, der als Weltanschauungs-, Rassen-, Lebensraum- und Vernichtungskrieg geführt wurde, ging die Wehrmacht von passiver Duldung zu aktiver Mitwirkung an der »Euthanasie« über. Dabei zeigte sich, daß rassistische Stereotype gegenüber psychisch Kranken und geistig Behinderten auch in die höheren Ränge der Wehrmacht eingedrungen waren.[28]

Um die Rolle der Wehrmacht beim Völkermord an den Sinti und Roma beurteilen zu können, ist es notwendig, die Grundzüge der NS-»Zigeunerpolitik« nachzuzeichnen.[29] In den ersten Jahren des »Dritten Reiches« bewegte sich die »Zigeunerpolitik« noch weitgehend in den Bahnen, die in der Weimarer Republik vorgezeichnet waren. Mancherorts wurden die Ländergesetze verschärft. Auf Landes- und Provinzialebene wurden seit 1934 immer wieder Razzien durchgeführt. Auf kommunaler Ebene gingen einige Städte dazu über, gegen geltendes Recht private Lagerplätze zu schließen, die fahrenden Sinti und Roma in kommunalen Sammellagern außerhalb der Städte zu konzentrieren und einer strengen Lagerordnung zu unterwerfen. In Berlin-Marzahn z. B. wurde ein solches Lager 1936 anläßlich der Olympischen Spiele eingerichtet.[30] Einige Kommunen erließen generelle Durchzugsverbote, andere gingen dazu über, die Wohlfahrtsunterstützung für Sinti und Roma zu kürzen.[31]

Handelte es sich hier um die Weiterentwicklung traditioneller Formen der Diskriminierung, so zeichneten sich in anderen Bereichen neue Formen der Verfolgung und Vernichtung ab. Seit 1934 wurden Sinti und Roma der Zwangssterilisierung nach dem »Gesetz zur Verhütung erbkranken Nachwuchses« unterworfen. Vom Herbst 1935 an fielen sie unter das »Blutschutz«-Gesetz (hier waren neben den Juden – wie die Kommentatoren der Nürnberger Gesetze ausdrücklich hervorhoben – vor allem Sinti und Roma gemeint) und unter das Ehegesundheitsgesetz. Dieser Gesetzeskomplex kann als Wendepunkt in der nationalsozialistischen »Zigeunerpolitik« angesehen werden. War die »Zigeunerfrage« bis dahin als ein ordnungspolitisches Problem verstanden worden, so wurde sie jetzt – wie die »Judenfrage«– zu einem »Rassenproblem«. Waren bis dahin alle Landfahrer, unabhängig davon, ob Zigeuner oder nicht, von den polizeilichen Schikanen betroffen gewesen, so wurden fortab – nach rassischen Kriterien – gezielt die Sinti und Roma diskriminiert. Oberstes Ziel war nicht mehr die Seßhaftmachung, denn die Sinti und Roma galten aufgrund eines angeblich angeborenen Wandertriebes nicht länger als sozial integrierbar. Dabei gerieten die Sinti und Roma unter doppelten Verfolgungsdruck, rückten sie doch in den Schnittpunkt eines doppelten Rassismus. Wie die Juden wurden sie im Sinne der Rassenanthropologie als »fremdartige Rasse« stigmatisiert, wie die psychisch Kranken und geistig Behinderten galten sie zudem im Sinne der Rassenhygiene als genetisch »minderwertige Gemeinschaftsfremde«. Die vermeintliche »Asozialität« der Sinti und Roma wurde dabei – völlig losgelöst von den gesellschaftlichen Rahmenbedingungen – als Folge genetischer Defekte interpretiert.[32]

Für die praktische Umsetzung der gegen Sinti und Roma gerichteten Verfolgungsmaßnahmen war die Zentralisierung der »Zigeunerbekämpfung« von entscheidender Bedeutung. Himmler, der im Juni 1936 zum Chef der deutschen Polizei ernannt wurde, machte sich sogleich daran, die »Bekämpfung des nomadischen Zigeunertums«[33] beim Preußischen Landeskriminalpolizeiamt in Berlin, dem späteren Reichskriminalpolizeiamt (RKPA), zusammenzufassen. So war bis Mitte 1939 ein straffer Behördenapparat geschaffen worden, der von der Berliner »Reichszentrale zur Bekämpfung des Zigeunerunwesens« bis zu den Ortspolizeibehörden reichte. Zwar versuchten auch andere Herrschaftsträger des »Dritten Reiches« in der Folgezeit, Einfluß auf die »Zigeunerpolitik« zu nehmen, doch bestimmten das RSHA, das RKPA und die Rassenhygienische Forschungsstelle im Berliner Reichsgesundheitsamt unter Dr. Dr. Robert Ritter die Richtlinien der »Zigeunerpolitik«. Der wachsende Einfluß der SS auf die »Zigeunerpolitik« wirkte sich bereits 1936/37 darin aus, daß eine stetig zunehmende Zahl von Sinti und Roma in den Konzentrationslagern interniert wurde. So wurden im Frühjahr und dann wieder im Juni 1938 in der »Aktion Arbeitsscheu Reich« zahlreiche Sinti und Roma in Dachau und Buchenwald interniert. In den Lagern wurden sie der Häftlingskategorie der »Asozialen« zugeordnet, die in der Lagerhierarchie ganz unten rangierte und für die die Schwerstarbeit besonders in den Wintermonaten oft gleichbedeutend mit dem Tod war.[34]

Mit Kriegsbeginn kam es erneut zu einer Verschärfung der Unterdrückung; es begann eine neue, in die Vernichtung einmündende Etappe der NS-»Zigeunerpolitik«. Im Oktober 1939 verfügte das RSHA, daß »Zigeuner und Zigeunermischlinge« ihren Aufenthaltsort bis auf weiteres nicht verlassen dürften. Bei unerlaubter Entfernung vom Wohnort drohte ihnen die Internierung in einem Konzentrationslager. Diese »Festschreibung« war als vorübergehende Maßnahme gedacht, da man zu diesem Zeitpunkt von einer raschen Deportation der in Deutschland lebenden Sinti und Roma ausging. Da sich die Deportation aber verzögerte, wurde aus dem Provisorium ein mehrjähriger Dauerzustand.

Eine Konferenz unter Vorsitz Reinhard Heydrichs hatte bereits am 21. September 1939 beschlossen, die etwa 30.000 in Deutschland und Österreich lebenden Sinti und Roma zusammen mit den deutschen Juden nach Polen zu deportieren. Es kam auch zu vereinzelten Deportationen, es dauerte aber bis zur Jahreswende 1942/43, bis Heinrich Himmler den allgemeinen Befehl gab, die noch in Deutschland verbliebenen Sinti und Roma nach Auschwitz zu deportieren. Das Zigeunerlager in Auschwitz-Birkenau existierte 17 Monate lang. Mehr als 19.300 der etwa 22.600 dort zusammengepferchten Menschen, darunter etwa 13.100 Sinti und Roma aus Deutschland und dem angeschlossenen Österreich, fanden hier den Tod.[35]

Nach dem »Auschwitz-Befehl« Himmlers sollten verschiedene Kategorien von Sinti und Roma – auch Wehrdienstleistende, Kriegsversehrte und mit Auszeichnung aus der Wehrmacht Entlassene sowie in der Rüstungsindustrie unabkömmliche Arbeiter und ihre Familien – nicht deportiert, sondern zwangssterilisiert werden.[36] Dies scheint auf den ersten Blick darauf hinzudeuten, daß Sinti und Roma in der Wehrmacht einen gewissen Schutz genossen. Bei näherer Betrachtung erweist sich diese These aber als nicht haltbar.

Tatsächlich hat die Wehrmacht zur Ausgrenzung der Sinti und Roma aus der Gesellschaft des »Dritten Reiches« aktiv beigetragen. Handlungsleitend war dabei das »Klischee vom spionierenden Zigeuner«,[37] dessen geschichtliche Wurzeln bis in das ausgehende 15. Jahrhundert zurückreichen. Als damals die ersten Gruppen der Sinti in Mittel- und Westeuropa auftauchten, galten sie schon bald als Spione der Türken und Vorhut einer osmanischen Invasion. Im 17. Jahrhundert löste sich das Stereotyp vom »spionierenden Zigeuner« vom Topos der »Türkengefahr«. Die Zigeuner wurden nun ganz allgemein als »Verräter« und »Kundschafter des Feindes«, etwa der Schweden im Dreißigjährigen Krieg, stigmatisiert. Dieses Klischee wurde bis in das 20. Jahrhundert hinein fortgeschrieben, was schon im deutsch-französischen Krieg von 1870/71 und im Ersten Weltkrieg zu Restriktionen gegen Sinti und Roma führte.[38] Im »Dritten Reich« spielte das Agentenklischee zunächst keine Rolle. Doch gab Heinrich Himmler nach einer Rundfrage der Preußischen Geheimen Staatspolizei über »vermutliche Spionage durch Zigeuner« Ende 1938 die Order, nicht seßhafte »Zigeuner, Zigeunermischlinge und nach Zigeunerart umherziehende Personen«[39] mit polizeilichen Mitteln aus den Grenzgebieten fernzuhalten. Schon im Juli 1938 hatte der Wiesbadener Regierungspräsident v. Pfeffer als »Sonderbeauftragter des Reichsministers des Innern für Westbauten« angeordnet, die Sinti und Roma aus dem linksrheinischen Gebiet und aus Baden auszuweisen. Als Begründung wurde präventive Spionageabwehr angegeben. Daraufhin wurden im August 1938 über 200 Personen – meist seßhafte Sintifamilien – in das rechtsrheinische Hessen abgeschoben. Erst nach wochenlanger Odyssee zwischen Hessen, Thüringen und Berlin durften diese Menschen in ihre Heimatorte zurückkehren. Nach Ausbruch des Zweiten Weltkrieges häuften sich die Verdächtigungen. So glaubten in Gelsenkirchen der Oberbürgermeister, der Standortälteste der Wehrmacht und Privatfirmen wie die Deutsche Erdöl AG, die Deutschen Eisenwerke und die Gelsenkirchener Bergwerks-AG die Rüstungsproduktion und die Eisenbahnlinien durch die in der Stadt lebenden Sinti und Roma gefährdet. Solche Verdächtigungen veranlaßten das OKW dazu, am 31. Januar 1940 ein Aufenthaltsverbot für Sinti und Roma in der Grenzzone zu fordern.

Unterdessen war die Ausgrenzung von Sinti und Roma aus der Wehrmacht bereits im Gange. Der Reichskriegsminister hatte schon am 26. November 1937 einen Erlaß herausgegeben, der »vollblütige Zigeuner und Personen mit auffälligem Einschlag von Zigeunerblut (Zigeunermischlinge)« als ungeeignet für den aktiven Wehrdienst einstufte und ihre Überweisung in die Ersatzreserve II verfügte. Dieser Erlaß fand jedoch kaum Beachtung, so daß sich laut OKW Anfang 1941 noch immer Sinti und Roma im Heer befanden und dort sogar »ausgezeichnet oder für Auszeichnungen vorgeschlagen«[40] würden.

Zunächst wandte sich die Wehrmachtsführung den Rüstungsarbeitern zu. Um die Jahreswende 1940/41 erklärte das OKW die Beschäftigung von Sinti und Roma in militärisch geschützten und wehrmachtseigenen Betrieben aus Gründen der Spionageabwehr für untragbar. Daraufhin veranlaßte das Reichsarbeitsministerium die Entlassung einzelner Sinti und Roma, die als Fach- oder Hilfsarbeiter in der Rüstungsindustrie gearbeitet hatten. Im besetzten Frankreich unterband die für das Département Sarthe zuständige Feldkommandantur 1941 den Arbeitseinsatz der *nomades*, die dort im Lager Coudrecieux interniert waren, für die Wehrmacht. Und auch im »Protektorat Böhmen und Mähren« lehnte es der Kommandant des Truppenübungsplatzes Kammwald Ende 1942 ab, Sinti und Roma als Arbeitskräfte einzusetzen. Dabei nahm er in Kauf, daß die Rodungsmaßnahmen, die von den Zwangsarbeitern durchgeführt werden sollten, unterblieben.

Am 11. Februar 1941 verfügte das OKW »aus rassepolitischen Gründen« die Entlassung von »Zigeunern und Zigeunermischlingen« aus dem aktiven Wehrdienst. Sinti und Roma sollten nicht mehr als Rekruten eingezogen werden. Diejenigen, die bereits im Heer, bei der Marine oder in der Luftwaffe dienten, sollten »wegen mangelnder Eignung«[41] in die Ersatzreserve II oder die Landwehr II versetzt werden. Außerdem sollten »Zigeuner und Zigeunermischlinge« keine militärischen Auszeichnungen mehr erhalten. Da aber die Sinti und Roma zu diesem Zeitpunkt noch nicht vollständig erfaßt waren, wurden 1941 nur wenige aus der Wehrmacht ausgeschlossen. Andere blieben zunächst unbehelligt. Als die Parteikanzlei in Erfahrung brachte, daß 26 Zigeuner aus der Kolonie Lause bei Berleburg zum Heer eingezogen und manche sogar mit dem Eisernen Kreuz ausgezeichnet worden waren, gab sie die Namen an das OKW weiter, das die Entlassung dieser Soldaten verfügte.

Die Wehrmachtsorder vom 11. Februar 1941 ließ im Hinblick auf die »Zigeunermischlinge« einen gewissen Ermessensspielraum. Manche militärische Stelle interpretierte sie dahingehend, daß man »Zigeunermischlinge mit vorwiegend deutschem Bluteinschlag«[42] bei der Truppe beließ. Das OKW stellte jedoch nach Rücksprache mit dem Reichsinnenministerium und dem Reichskriminalpolizeiamt am 10. Juli fest, daß fortab *alle* »Zigeunermischlinge« aus dem Militär entfernt werden sollten. Die »Mischlinge« sollten nunmehr in die Ersatzreserve II bzw. die Landwehr II versetzt werden, während die »vollblütigen Zigeuner« gänzlich zu entlassen seien.

Im September 1943 modifizierte das OKW diese restriktive Position. Die neuen Richtlinien verfügten, daß »Zigeuner« und »Zigeunermischlinge« nicht mehr durchweg, sondern nur noch »im allgemeinen« zu entlassen seien. »Zigeunermischlinge« konnten im Kriegsdienst »belassen« werden, wenn sie »volle Gewähr für unbedingte Zuverlässigkeit«[43] und durch ihr »Verhalten vor dem Feind« »volle Einsatzbereitschaft und einwandfreie Gesinnung« bewiesen hätten. Dies war eine »vorsichtige Relativierung«,[44] die wohl auf den zunehmenden Mangel an Soldaten, vielleicht auch auf das Engagement einzelner Offiziere zurückzuführen war, die sich für ihre Soldaten aus der Gruppe der »Zigeunermischlinge« einsetzten. In einer erneuten Order vom 12. Juli 1944 nahm das OKW diese Lockerung freilich wieder zurück. In der Praxis war die Wehrmacht bereits Anfang 1943 weitgehend »zigeunerfrei«. Nicht wenige der aus der Wehrmacht entlassenen Soldaten wurden im März/April 1943 nach Auschwitz deportiert.

Hatte die Wehrmacht auf diese Weise die Ausgrenzung der Sinti und Roma aus der deutschen Gesellschaft vorangetrieben und so mit dazu beigetragen, den Boden für die Deportation zu bereiten, so nahm sie in den besetzten Gebieten aktiv am Völkermord teil. Dies sei am Beispiel Serbiens, das von Walter Manoschek eingehend untersucht worden ist, näher ausgeführt.[45]

Im April 1941 überfiel die Wehrmacht Jugoslawien und Griechenland, um die südöstliche Flanke für das »Unternehmen Barbarossa« zu sichern. Mit dem Aufmarsch gegen die Sowjetunion wurde dann ein Großteil der auf dem Balkan eingesetzten Wehrmachtsverbände abgezogen und an die Ostfront verlegt. Auch aus Serbien, das im Gegensatz zu Kroatien unter deutsche Militärverwaltung gestellt worden war, wurden im Laufe des Frühjahrs 1941 alle Kampfverbände abgezogen. Mit einigen kampfunerprobten Besatzungsdivisionen glaubte die Wehrmacht auf diesem Nebenkriegsschauplatz auszukommen. Doch schon kurz nach der Besetzung wurden die deutschen Truppen in Kämpfe mit der Partisanenarmee der Cetniki unter Draza Mihailovic verwickelt. Und nach dem Überfall auf die Sowjetunion formierten sich die kommunistischen Partisanen unter Josip Broz Tito, die dank ihrer beweglichen Kampfführung bald weite Teile des Landes kontrollierten. Resignierend berichtete der Militärverwaltungschef Harald Turner nach Berlin, daß die Besatzungstruppen zu schwach seien, um angesichts der Größe des Raumes, der schwierigen Geländeverhältnisse und der Guerillataktik der Partisanen das Land effektiv unter Kontrolle halten zu können.

Auch der mit der Partisanenbekämpfung beauftragte SD und die deutschen Polizeimannschaften hatten mit ihren harten

Repressalien keinen Erfolg. Nachdem das Oberkommando der Wehrmacht das Ansuchen des Wehrmachtsbefehlshabers in Serbien um Entsendung von zwei Polizeibataillonen und mindestens 200 SD-Leuten abgelehnt hatte, da Polizei und SD für Terroraktionen in den besetzten Gebieten der Sowjetunion dringender benötigt wurden, beauftragte OKW-Chef Wilhelm Keitel im Namen Hitlers nunmehr die Wehrmacht selber mit der Partisanenbekämpfung. Als Befehlshaber von Serbien wurde der aus Österreich stammende General Franz Böhme, von Hitler mit weitreichenden Vollmachten ausgestattet, nach Belgrad kommandiert.

Böhme zog in Serbien ein wahres Terrorregime auf. Um die Partisanen ihres Rückhalts in der Bevölkerung zu berauben, sollte an der serbischen Zivilbevölkerung ein Exempel statuiert werden. Bald ging es aber nicht mehr nur gegen Serben, sondern auch und vor allem gegen Juden – und gegen Roma.

Juden und Roma waren in Serbien bereits durch eine Verordnung des Militärbefehlshabers vom 30. Mai 1941 den gleichen diskriminierenden Maßnahmen unterworfen worden. Dies hatte Widerspruch hervorgerufen. Der kroatische Ustascha-Staat, der zwar selber eine mörderische »Zigeunerpolitik« verfolgte, aus politischen Rücksichten jedoch die in Bosnien und Herzegowina ansässigen Roma islamischen Glaubens schonte, hatte beim deutschen Gesandten in Zagreb dagegen protestiert, daß in den westlichen Landesteilen Serbiens und in Nis Muslime zu Roma erklärt worden waren.[46] Man ging daher in Serbien zu einer geschmeidigeren Definition des »Zigeuners« über. Um »Härten« zu vermeiden, sah sich der Verwaltungsstab des Militärbefehlshabers genötigt, »serbische Staatsangehörige zigeunerischer Abstammung«, die einen »geachteten Beruf« ausübten, einen »ordentlichen Lebenswandel« führten und deren Familien seit mindestens 1850 seßhaft seien, »vorerst«[47] von den Zigeuner-Bestimmungen auszunehmen. Dies bot einem großen Teil der serbischen Roma einen gewissen Schutz. Diejenigen aber, die nicht unter diese Regelung fielen, wurden als »Zigeuner« registriert und mußten eine gelbe Armbinde tragen, wurden zu Zwangsarbeit gezwungen oder in Konzentrationslagern interniert, die seit dem Frühsommer von der Sicherheitspolizei auf serbischem Gebiet errichtet worden waren. Sie wurden im Herbst 1941 zusehends zu Opfern der von Böhme forcierten Geiselerschießungen.

Am 4. Oktober ordnete Böhme an, für 21 gefallene Soldaten 2.100 Häftlinge in den Konzentrationslagern Sabac und Belgrad – »vorwiegend Juden und Kommunisten«,[48] wie es hieß – zu erschießen. Eine Woche später erließ er Richtlinien, die die systematische Liquidierung der erwachsenen männlichen Juden – und der nichtseßhaften Roma – einleiteten. Böhme ordnete an, verdächtige männliche Einwohner und sämtliche Juden festzunehmen und sie im Verhältnis 1:100 für jeden getöteten und von 1:50 für jeden verwundeten Wehrmachtssoldaten zu erschießen. Die Exekutionen waren nicht mehr von der Polizei oder dem SD, sondern von der Truppe selber auszuführen. Neue Richtlinien, die am 25. Oktober 1941 bekanntgegeben wurden, rückten Juden und Roma weiter in den Mittelpunkt der Sühnemaßnahmen. Der Zugriff auf Juden und Roma bot den praktischen Vorteil, daß sie bereits in Lagern interniert waren und als Geiselreservoir auf Abruf zur Verfügung standen. »Grundsätzlich«, so Turner, stellten Juden und Roma »ganz allgemein ein Element der Unsicherheit und damit der Gefährdung der öffentlichen Ordnung und Sicherheit« dar. Der »jüdische Intellekt« habe »diesen Krieg heraufbeschworen« und müsse daher »vernichtet« werden. »Der Zigeuner« könne »auf Grund seiner inneren und äußeren Konstruktion kein brauchbares Mitglied einer Völkergemeinschaft« sein. »Gerade Zigeuner« seien in den Banden aktiv, dort »für besondere Grausamkeiten und den Nachrichtendienst verantwortlich«. Deshalb seien »grundsätzlich in jedem Fall alle jüdischen Männer und alle männlichen Zigeuner als Geisel der Truppe zur Verfügung zu stellen«.[49] Hier vermischten sich das alte Klischee vom spionierenden Zigeuner mit modernem Rassismus. Die Folge war, daß alle männlichen Roma zur Erschießung freigegeben wurden, eine Haltung, die von der Wehrmachtsführung in Serbien geteilt wurde.

Sofort nach diesem Mordbefehl gingen die Exekutionskommandos der Wehrmacht ans Werk. Binnen kürzester Zeit lief die Vernichtungsmaschinerie auf vollen Touren. Noch im Laufe des Oktobers 1941 ging die Übersicht sowohl über die Zahl der bereits Erschossenen und noch zu Erschießenden als auch über die herangezogenen Geiselgruppen verloren. In nur zwei Wochen hatten Wehrmachtseinheiten mehr als 9.000 Juden, Roma und andere Zivilisten exekutiert. Bei den ersten Exekutionen standen der Wehrmacht noch »Spezialisten« des SD zur Seite.

Doch schon bald führten die Wehrmachtseinheiten den Massenmord in eigener Regie fort. Ein Oberleutnant Hans-Dieter Walther resümierte am 1. November 1941 seine Erfahrungen bei den Erschießungen. Zu den Opfern heißt es da:

> »Das Erschießen der Juden ist einfacher als das der Zigeuner. Man muß zugeben, daß die Juden sehr gefaßt in den Tod gehen, – sie stehen sehr ruhig, – während die Zigeuner heulen, schreien und sich dauernd bewegen, wenn sie schon auf dem Erschießungsplatz stehen. Einige sprangen sogar vor der Salve in die Grube und versuchten sich tot zu stellen.«[50]

Innerhalb der Wehrmacht regte sich auf keiner Ebene der Hierarchie Widerspruch gegen die Massaker an Juden, Roma und serbischen Zivilisten. Niemand stellte die Frage, was die ermordeten Juden und Roma eigentlich mit den Angriffen der Partisanen auf Wehrmachtssoldaten zu tun hatten. Erst als die Strategie des Genozids zur wirtschaftlichen Belastung zu werden drohte, protestierte das OKW gegen die geplante Erschießung von 600 Facharbeitern der Flugzeugfabrik Dornier in Kraljevo. Daraufhin wies Militärverwaltungschef Turner die Feld- und Kreiskommandanturen an, die Opfer künftig gezielter auszuwählen. Männliche Juden und Roma durften jedoch auch weiterhin ohne Einschränkung im Zuge von Sühnemaßnahmen erschossen werden.

Die Massenerschießungen von Juden und Roma, eigentlich als Repressionsmaßnahme gegen die serbische Bevölkerung begonnen, verselbständigten sich und wurden – obwohl im Sinne der Partisanenbekämpfung eher dysfunktional – zum Selbstzweck. Hier zeigt sich, wie der nationalsozialistische Rassismus auf die militärische Befehlsebene durchschlug. In Serbien, so kann man zusammenfassend festhalten, ging die Rolle der Wehrmacht weit über die eines Mordgehilfen hinaus – hier wurde sie phasenweise zum eigentlichen Vollstrecker der Juden- und Zigeunervernichtung. Freilich: Der Mord an den serbischen Roma hatte noch eher unsystematischen Charakter. Etwa 1.000 Morde an Roma durch Wehrmacht und Polizei sind schriftlich dokumentiert. Auch wenn man von einer hohen Dunkelziffer ausgehen muß, überlebte doch die große Mehrheit der serbischen Roma die deutsche Vernichtungspolitik.[51] Insofern übertrieb Militärverwaltungschef Turner, als er den neuen

Wehrmachtsbefehlshaber Südost, Generaloberst Alexander Löhr, bei seinem Eintreffen in Athen mit der »Erfolgsmeldung« empfing: »Serbien einziges Land, in dem *Judenfrage* und *Zigeunerfrage* gelöst.«[52] Dennoch kann kein Zweifel daran bestehen, daß die Zigeunervernichtung in Serbien mehr und mehr die Züge eines Völkermordes annahm – eines Völkermordes, den die Wehrmacht in eigener Regie betrieb.

Serbien war ein besonders krasses Beispiel. Doch auch anderswo – etwa in der besetzten Sowjetunion – war die Wehrmacht tief in die »Zigeunervernichtung« verstrickt. Das Ostheer leistete den Einsatzgruppen der Sipo und des SD »nicht nur organisatorische und technische Hilfe bei den Exekutionen, es regte darüber hinaus die Erschießung der Zigeuner oft erst an und übergab den mobilen Tötungseinheiten zahlreiche Opfer.«[53] Dies geschah keineswegs auf Initiative unterer Einheiten, sondern auf höhere Weisung. Wehrmachtseinheiten ermordeten aber auch selbst Zigeuner. So ließ etwa im Bereich der 281. Sicherungsdivision im rückwärtigen Heeresgebiet Nord die Ortskommandantur Noworshew im Mai 1942 128 Zigeuner erschießen. Zur Rechtfertigung wurde angeführt: »Die allgemeine, nicht nur auf Rußland beschränkte Erfahrung, daß sich die Zigeuner durch ihren herumziehenden Lebenswandel besonders als Agenten eignen und auch fast immer bereit sind, solche Dienste zu leisten«, habe sich »auch in Rußland wieder bestätigt«. Da »bei Zigeunern fast immer Partisanenverdacht gegeben« sei und »wohl auch im vorliegenden Falle angenommen werden« könne, sei »rücksichtsloses Durchgreifen am Platze« gewesen.[54]

Nicht nur im Falle der Judenvernichtung, auch beim Massenmord an psychisch Kranken und geistig Behinderten sowie an südost- und osteuropäischen Roma überschritt die Wehrmacht die Schwelle zur aktiven Mittäterschaft. Fragt man nach Motiven, so stellt man eine Gemengelage von materiellen Interessen, älteren Vorurteilen und modernen rassistischen Stereotypen fest. Die Wehrmacht wurde auf diese Weise zu einem wichtigen Element der nationalsozialistischen Genozidmaschinerie.

Anmerkungen

1 Vgl. z. B. E. Klee, »Euthanasie« im NS-Staat. Die Vernichtung »lebensunwerten Lebens«, Frankfurt 1983; H.-W. Schmuhl, Rassenhygiene, Nationalsozialismus, Euthanasie. Von der Verhütung zur Vernichtung »lebensunwerten Lebens«, 1890–1945, Göttingen ^{2}1992; H. Friedlander, Der Weg zum NS-Genozid. Von der Euthanasie zur Endlösung, Berlin 1997; M. Zimmermann, Die nationalsozialistische Vernichtungspolitik gegen Sinti und Roma, Essen 1989; ders., Rassenutopie und Genozid. Die nationalsozialistische »Lösung der Zigeunerfrage«, Hamburg 1996; W. Ayaß, »Asoziale« im Nationalsozialismus, Stuttgart 1995.

2 Vgl. z. B. K. Dörner u. a. (Hg.), Der Krieg gegen die psychisch Kranken. Nach »Holocaust«: Erkennen–Trauern–Begegnen, Rehberg-Loccum 1980; R. Rose, Bürgerrechte für Sinti und Roma. Das Buch zum Rassismus in Deutschland, Heidelberg 1987.

3 H.-W. Schmuhl, Rassismus unter den Bedingungen charismatischer Herrschaft – zum Übergang von der Verfolgung zur Vernichtung gesellschaftlicher Minderheiten im Dritten Reich, in: K.- D. Bracher/H.-A. Jacobsen/M. Funke (Hg.), Politik und Gesellschaft im Dritten Reich, Bonn ^{2}1993, S. 182–197.

4 D. J. Goldhagen, Hitlers willige Vollstrecker. Ganz gewöhnliche Deutsche und der Holocaust, Berlin 1996 (vor allem auch Anhang 2: Schema der in Deutschland vorherrschenden Auffassungen von Juden, Geisteskranken und Slawen, S. 548–550); J.H. Schoeps (Hg.), Ein Volk von Mördern? Die Dokumente zur Goldhagen-Kontroverse. Die Rolle der Deutschen im Holocaust, Hamburg 1996.

5 Vgl. M.S. Cullen (Hg.), Das Holocaust-Mahnmal. Dokumentation einer Debatte, Zürich 1999 (vor allem die Beiträge von C. Meier, Zweierlei Opfer, S. 103–109, und R. Koselleck, Die falsche Ungeduld. Wer darf vergessen werden? Das Holocaust-Mahnmal hierarchisiert die Opfer, S. 221–229).

6 Dazu ausführlich: Schmuhl, Rassenhygiene, S. 182–239.

7 Schätzung nach Z. Jaroszewski, Die Ermordung der Geisteskranken in Polen 1939–1945, Warschau 1993, S. 226 f.

8 Vgl. P. Lerner, »Ein Sieg deutschen Willens«: Wille und Gemeinschaft in der deutschen Kriegspsychiatrie, in: W.U. Eckart/C. Gradmann (Hg.), Die Medizin und der Erste Weltkrieg, Pfaffenweiler 1996, S. 85–107.

9 Vgl. z. B. die Todesanzeigen aus den Leipziger Nachrichten vom September 1940, abgedruckt in: A. Hochmuth, Spurensuche. Eugenik, Sterilisation, Patientenmorde und die v. Bodelschwinghschen Anstalten Bethel 1929–1945, Bielefeld 1997, S. 87.

10 Entscheidungen der beiden Euthanasie-Beauftragten hinsichtlich der Begutachtung vom 30.1.1941 bzw. 10.3.1941, Bundesarchiv Berlin R 96 I/2. Vgl. Schmuhl, Rassenhygiene, S. 200.

11 Götz Aly, Medizin gegen Unbrauchbare, in: Beiträge zur nationalsozialistischen Gesundheits- und Sozialpolitik 1 (1985), S. 9–74, hier S. 67.

12 Vgl. auch H.-W. Schmuhl, Ärzte in der Anstalt Bethel 1870–1945, Bielefeld 1998, S. 46.

13 v. Bodelschwingh an Braune, 14.5.1940, zit. bei Hochmuth, Spurensuche, S. 68.

14 Ebd., S. 74.

15 Zit. nach ebd., S. 299.

16 Schreiben Wurms an General Osswald, 22.10.1940; Denkschrift Wurms über »Planwirtschaftliche Maßnahmen in Heil- und Pflegeanstalten«, Oktober 1940, Landeskirchliches Archiv Stuttgart, D1, 113, 1.

17 Schreiben Meichßners an Wurm, 4.10.1940, Landeskirchliches Archiv Stuttgart 148aa Altreg.

18 Zit. nach Dörner, Krieg, S. 118.

19 E. Pelke, Der Lübecker Christenprozeß 1943, Mainz [2]1963.

20 Das folgende nach B. Frings, Zu melden sind sämtliche Patienten ... NS-»Euthanasie« und Heil- und Pflegeanstalten im Bistum Münster, Münster 1994, S. 32–34, 88–96. Zum kommunalen Kontext: H.-W. Schmuhl, Nationalsozialismus und Stadtgesellschaft, in: W. Frese (Hg.), Geschichte der Stadt Telgte, Münster 1999, S. 578–600.

21 Frings, Patienten, S. 94.

22 Zit. nach ebd.

23 Übersicht über die Verteilung der in Heil- und Pflegeanstalten nicht mehr für Geisteskranke verwendeten Betten, 3.8.1943, Bundesarchiv Berlin R 95 I/6. Doch konnte der Bettenbedarf der Wehrmacht auch hemmend auf die »Euthanasie« einwirken. So mußte die »Forschungsabteilung« der Heil- und Pflegeanstalt Brandenburg-Görden, wo unter Leitung von Prof. Hans Heinze »Euthanasie«-Opfer vor ihrem Tod klinisch untersucht wurden, die Hälfte ihrer Betten der Wehrmacht überlassen, so daß die Forschung auf vergleichsweise wenige Fälle beschränkt werden mußte. Bericht über die bisherige Tätigkeit der Beobachtungs- und Forschungsabteilung der Landesheilanstalt Görden, Bundesarchiv Berlin R 96 I/5. Vgl. Schmuhl, Rassenhygiene, S. 279–281.

24 Vgl. A. Ebbinghaus u. G. Preissler, Die Ermordung psychisch kranker Menschen in der Sowjetunion. Dokumentation, in: Beiträge zur nationalsozialistischen Gesundheits- und Sozialpolitik 1 (1985), S. 75–107.

25 Zit. nach: Der Prozeß gegen die Hauptkriegsverbrecher vor dem Internationalen Militärgerichtshof: Nürnberg 14. November 1945–1. Oktober 1946, Nürnberg 1949, Bd. XXXVII, 2. Teil, S. 691.

26 H. Krausnick, Hitlers Einsatzgruppen. Die Truppe des Weltanschauungskrieges 1938–1942, Frankfurt 1985, S. 237 f.

27 Ebbinghaus/Preissler, S. 77; Krausnick, Einsatzgruppen, S. 237.

28 Wehrmachtsangehörige waren im Vorfeld des Zweiten Weltkrieges eine der Zielgruppen rassenhygienischer Propaganda. In der Heil- und Pflegeanstalt Eglfing-Haar etwa wurden zwischen 1933 und 1939 nicht weniger als 195 »Erbbiologische Anschauungskurse« mit 21.142 Teilnehmern abgehalten. Seit 1938/39 wurden insgesamt 1.600 Wehrmachtsangehörige zu solchen Kursen abkommandiert. Sie stellten hinter der SS (5.990), dem NS-Reichslager für Beamte (5.420), der SA (1.990) und den Politischen Leitern der NSDAP die fünftgrößte Besuchergruppe. Vgl. G. Schmidt, Selektion in der Heilanstalt 1939–1945, Frankfurt 1983, S. 26.

29 Das folgende vor allem nach Zimmermann, Rassenutopie. Vgl. fer-

ner W. Wippermann, »Wie die Zigeuner«. Antisemitismus und Antiziganismus im Vergleich, Berlin 1997.

30 Zimmermann, Rassenutopie, S. 96 f. Dazu auch R. Gilsenbach, Marzahn – Hitlers erstes Lager für »Fremdrassige«, in: pogrom 122 (1986), S. 15–17; U. Brucker-Boroujerdi/W. Wippermann, Das »Zigeunerlager« Berlin-Marzahn 1936–1945, in: pogrom 130 (1987), S. 77–80.

31 Dazu auch W. Wippermann, Das Leben in Frankfurt zur NS-Zeit, Bd. 2: Die nationalsozialistische Zigeunerverfolgung, Frankfurt 1986, S. 19–27.

32 Vgl. Zimmermann, Rassenutopie, S. 86–92.

33 Zit. nach ebd., S. 108.

34 Ebd., S. 118–24. Dazu auch F. Pingel, Häftlinge unter SS-Herrschaft. Widerstand, Selbstbehauptung und Vernichtung im Konzentrationslager, Hamburg 1978, S. 85–87.

35 Zimmermann, Rassenutopie, S. 343.

36 Ebd., S. 304.

37 Das folgende nach ebd., S. 193–199. Zum Spionagemotiv vgl. auch J.S. Hohmann, Geschichte der Zigeunerverfolgung in Deutschland, Frankfurt 1988, S. 18–21.

38 Vgl. auch R. Hehemann, Die »Bekämpfung des Zigeunerunwesens« im Wilhelminischen Deutschland und in der Weimarer Republik, 1871–1933, Frankfurt 1987, S. 327–340.

39 Zit. nach Zimmermann, Rassenutopie, S. 195.

40 Zit. nach ebd.

41 Zit. nach ebd., S. 197.

42 Zit. nach ebd., S. 198.

43 Zit. nach ebd.

44 Ebd.

45 Das folgende nach W. Manoschek, »Serbien ist judenfrei!« Militärische Besatzungspolitik und Judenvernichtung in Serbien 1941/42, München 1993; ders., »Gehst mit Juden erschießen?« Die Vernichtung der Juden in Serbien, in: H. Heer u. K. Naumann (Hg.), Vernichtungskrieg. Verbrechen der Wehrmacht 1941–1944, Hamburg 1995, S. 39–56; Zimmermann, Rassenutopie, S. 248–58; K. Fings/C. Lissner/F. Sparing, ». . . einziges Land, in dem Judenfrage und Zigeunerfrage gelöst.« Die Verfolgung der Roma im faschistisch besetzten Jugoslawien 1941–1945, Köln 1992.

46 Vgl. Zimmermann, Rassenutopie, S. 284–286; Fings/Lissner/Sparing, S. 17–27, 30; V. Dedijer, Jasenovac – Das jugoslawische Auschwitz und der Vatikan, Freiburg 1988.

47 Zit. nach Zimmermann, Rassenutopie, S. 249.

48 Zit. nach Manoschek, Juden, S. 45.

49 Zit. nach Zimmermann, Rassenutopie, S. 252.

50 Zit. nach Manoschek, Juden, S. 48.

51 Vgl. Zimmermann, S. 258. Dagegen haben D. Kenrick/G. Puxon, Sinti und Roma. Die Vernichtung eines Volkes im NS-Staat, Göttingen 1981, S. 135, die Zahl der ermordeten serbischen Roma auf 12.000 geschätzt.

52 Zit. nach ebd.

53 Ebd., S. 265.

54 Zit. nach ebd., S. 266.

Karl Heinrich Pohl

»Vernichtungskrieg. Verbrechen der Wehrmacht 1941–1944«[1]

Überlegungen zu einer Ausstellung aus didaktischer Perspektive

Die neuere Forschung zur Geschichte der Wehrmacht im Zweiten Weltkrieg und besonders zur deutschen Kriegführung in Jugoslawien und der UdSSR läßt kaum Zweifel daran, daß die Auffassung irrig ist, die deutsche Wehrmacht habe einen Krieg geführt, den man als »rein« oder »normal« bezeichnen könne.[2] Sie war keine »saubere« Organisation, die im Rahmen des geltenden Völkerrechts nur fair gegen den militärischen Gegner gekämpft und keine rassistischen nationalsozialistischen Zielsetzungen verfolgt hat. Tatsächlich war sie massiv an den verbrecherischen Aktivitäten des nationalsozialistischen Regimes beteiligt.[3]

Trotzdem aber ist das Bild, das eine breitere Öffentlichkeit von der deutschen Wehrmacht besitzt, weitgehend anders. Positiv besetzte Mythen oder geradezu »profunde Unkenntnis«, irrationale Verklärung und massive Schönfärberei haben das »öffentliche Geschichtsbewußtsein« über die Wehrmacht bislang im wesentlichen geprägt. Dieses Bild wird auch heute noch durch eine unkritische Berichterstattung in vielen Medien weiterverbreitet.[4]

Die in historisch-aufklärerischer Absicht entstandene Ausstellung »Vernichtungskrieg. Verbrechen der Wehrmacht 1941 bis 1944«, initiiert, gestaltet und der Öffentlichkeit präsentiert von dem Hamburger Institut für Sozialwissenschaften, das von Jan Philipp Reemtsma gegründet wurde und das von ihm auch finanziert wird, versucht, diesen Mythos zu entschleiern und zu demontieren.[5] Sie schließt daher eine große Lücke in der wissenschaftlich-pädagogischen Aufklärung, indem sie dieses scheinbar festgefügte, aber unrichtige Bild für eine breite Öffentlichkeit unübersehbar in Frage stellt und die »Schattenseiten« der Kriegführung der Wehrmacht im Osten und in Jugoslawien in den Mittelpunkt der öffentlichen Betrachtung rückt.[6]

Inzwischen haben rund 750.000 Menschen die Ausstellung auf ihren etwa dreißig Stationen in Deutschland besucht.[7] Durch eine breite Diskussion sind die Thesen der Ausstellungsmacher einer großen Öffentlichkeit im In- und Ausland bekannt geworden. Die historische Fachwissenschaft, die mit ihren Ergebnissen bislang niemals eine solche Resonanz zu erzielen vermochte, kann insofern die Ausstellung nur begrüßen. Sie muß sich allerdings auch fragen, warum sie selber bislang bei der Verbreitung ihrer Erkenntnisse so weitgehend erfolglos war.

Die folgenden Überlegungen zur Rolle der Wehrmacht im nationalsozialistischen System und zur Kritik an ihrer Kriegführung zwischen 1941 und 1944 sollen im wesentlichen nicht durch fachwissenschaftliche Elemente bestimmt, sondern durch einige grundsätzliche didaktische Überlegungen geprägt werden. Es geht also nicht um eine Auseinandersetzung mit der – oder den – These(n), die in der Ausstellung (sehr massiv) präsentiert werden, sondern um einige allgemeine Bemerkungen zu den Aussagen und Trends dieser Ausstellung aus Besucherperspektive. Vor allem geht es um ihre möglichen Wirkungen auf den »vergangenheitsinteressierten« Besucher. Um den Hauptkritikpunkt gleich zu Anfang zu nennen: Von einer geschlossenen didaktischen Konzeption, die auch die Interessen der Ausstellungsbesucher ernst nimmt und die dem Publikum die Annahme der intendierten Thesen erleichtern könnte, wird man bei dieser Ausstellung nicht sprechen dürfen.

Um die Konsequenzen dieses Mankos zu verdeutlichen, sollen in einem ersten Schritt die möglichen Erwartungshorizonte verschiedener Besuchergruppen skizziert und anschließend einige Vorschläge gemacht werden, wie man die Defizite der Ausstellung möglicherweise abbauen und die Ausstellung für ein breites Publikum (noch) fruchtbarer machen könnte. Dann kann das angestrebte Ziel, nämlich einen Wandel im öffentlichen Geschichtsbewußtsein zu bewirken, noch besser erreicht werden.

I

Der Hauptthese der Ausstellungsmacher, daß die deutsche Wehrmacht als Gesamtorganisation an den Verbrechen der Nationalsozialisten maßgeblich beteiligt war, an Verbrechen, die u. a. auf die Vernichtung der Juden, der Kriegsgefangenen und der Zivilbevölkerung in vielen eroberten Gebiete abzielten und zu einem unerhörten Massenmorden führten, muß man im großem und ganzen zustimmen. Dies tut auch, wie bereits erwähnt, die Mehrheit der seriösen historischen Forschung – und dies schon seit einer geraumen Zeit.[8] Die Wehrmachtsführung war bei der Erstellung der Pläne zu diesem Vernichtungskrieg nicht nur passiv, sondern aktiv beteiligt: zustimmend, vorbereitend und ausführend. Die Intentionen von politischer und militärischer Führung waren in vielen Bereichen sehr ähnlich, ja sie deckten sich häufig sogar vollständig.[9]

Für die Beurteilung des Grades, inwieweit einzelne Teile der Wehrmacht bis herunter zum einfachen Soldaten aktive Handlanger bei dieser gemeinsamen Strategie des Vernichtungskrieges waren, gibt es verschiedene Interpretationsmöglichkeiten. Hier ist noch eine erhebliche Forschungsarbeit zu leisten, ehe man auch im einzelnen zu fundierten und wissenschaftlich tragenden Ergebnissen kommen kann. Daß die Wehrmacht aber von ihrer Führung bis herunter zur kleinsten militärischen Einheit – dies gilt auch für die für lange Zeit über jeden »Verdacht« erhabenen Fronttruppen[10] – prinzipiell und nachweislich an Verbrechen beteiligt war, ist schon jetzt sehr konkret belegt. Der Gesamtumfang der »Kollaboration« ist jedoch – wie erwähnt – noch nicht abschließend geklärt.

Erleichtert hat diese Zusammenarbeit sicherlich die Tradition des deutschen Militärs. Hierauf wird von den Ausstellungsmachern zu Recht hingewiesen.[11] Innenpolitischer Gegner war für das deutsche Militär in seiner gesamten Geschichte fast immer die freiheitliche Demokratie, niemals aber der autoritäre Obrigkeitsstaat oder gar ein überzogener Nationalismus. Das Feindbild aller deutschen Armeen seit 1848 bestand dementsprechend fast immer aus Demokraten und Sozialisten, aus »Parlamentarismus« und auch aus Juden. Vieles – nicht alles – was »Führer« und Nationalsozialistische Partei seit 1933 von der deutschen Wehrmacht verlangten, stand insofern in großer

Übereinstimmung mit der eigenen Tradition und der vorherrschenden Ideologie.

Ein Bündnis und eine intensive Kooperation mit dem »Dritten Reich« verlangten von der Wehrmacht daher in vielen Punkten kein wesentliches Umdenken.[12] Diese Tatsache hilft mit zu erklären, warum es zu einer so intensiven Kooperation mit dem Nationalsozialismus kommen konnte. Sie sagt jedoch wenig darüber aus, warum die Wehrmacht so eindeutig auch die verbrecherischen und völkerrechtswidrigen Ziele des Nationalsozialismus übernahm.

Auch den auf den ersten Blick etwas reißerisch anmutenden Titel der Ausstellung, »Vernichtungskrieg. Verbrechen der Wehrmacht 1941–1944«, muß man aus fachwissenschaftlicher Sicht zumindest tolerieren.[13] Er ist in keinem Fall diskriminierend.[14] Die Wehrmacht *war* ein Teil des nationalsozialistischen Systems, exekutives Organ des Machtapparates und darüber hinaus *das* entscheidende Machtmittel der Politik. Ohne Zustimmung und aktive Beteiligung der Wehrmacht hätte der Krieg nicht stattfinden können. Die Wehrmacht hat mithin als entscheidende Größe die Umsetzung der nationalsozialistischen Ideologie außerhalb der Grenzen des Reiches ermöglicht. Sie hat um die verbrecherischen Ziele des Systems gewußt und war bei ihrer Verwirklichung – ohne nennenswerten, später mit erfolglosem Widerstand – aktiv und bewußt beteiligt. Der Titel der Ausstellung sagt daher zu Recht aus, daß die Wehrmacht als Institution verbrecherisch war.[15]

Der Umkehrschluß hingegen, daß jeder Soldat der Wehrmacht auch notwendigerweise ein Verbrecher gewesen sein müsse, ist nicht zulässig. Dieser Umkehrschluß wird in der Ausstellung allerdings auch nirgendwo gezogen. Der Titel weist jedoch zu Recht und mit Nachdruck darauf hin, daß eine verbrecherische Organisation nur mit Hilfe von tätigen Helfern ihre Verbrechen begehen konnte. Daß dies zutrifft, wird wiederum nicht nur von der wissenschaftlichen Literatur, sondern auch durch die Ausstellung selber hinreichend belegt. Bislang offenbleiben muß nur der Umfang dieser Hilfe.

Neben der Hauptthese ist auch eine zweite Grundvorstellung der Ausstellung – nämlich daß diese Erkenntnis der Öffentlichkeit nahegebracht werden müsse – fachwissenschaftlich und geschichtsdidaktisch nicht zu beanstanden. Die Geschichtswissenschaft hat eine öffentliche gesellschaftliche Aufgabe und muß auch über das eigene Fach hinaus kritisch wirken. Nur auf diese Weise kann sie ihre gewonnenen Erkenntnisse im öffentlichen Bewußtsein verankern und eine unzulässige und unreflektierte Inanspruchnahme der Geschichte als identitätsstiftendes Medium verhindern. Insofern ist es richtig und notwendig, über die Wehrmacht, deren Wirken die deutsche Geschichte massiv beeinflußt hat, eine Debatte nicht nur zu eröffnen, sondern diese auch weiterhin – gegen allen politischen Widerstand – zu führen.

Schließlich ist auch der historisch-analytische Ansatz, den die Ausstellungsmacher vertreten, methodisch akzeptabel und fachwissenschaftlich nicht angreifbar: Die Wehrmacht führte einen sehr »komplexen« Krieg, einen Krieg, der sich auf verschiedenen Ebenen, in verschiedenen Regionen gleichzeitig abspielte und verschiedene Zielsetzungen hatte. Er wies also verschiedene Varianten auf und unterschied sich in dieser Komplexität von Kriegen in anderen Zeiten, aber – was die Zielsetzungen angeht – wohl auch von der Kriegführung anderer Staaten zur gleichen Zeit.

Um dieser Komplexität gerecht zu werden und sie zu erfassen, ist es – was in der Öffentlichkeit allerdings oft nicht genug beachtet wird – wissenschaftlich nicht nur erlaubt, sondern geradezu notwendig, analytisch verschiedene Ebenen dieser Kriegführung herauszuarbeiten und idealtypisch zu argumentieren. Nur auf diese Weise kann man der Komplexität des Geschehens Herr werden – und methodisch sauber arbeiten. Dabei ist selbstverständlich, daß das analytische Zerlegen nur ein Hilfsmittel ist, um einen komplexen Vorgang in seiner Gesamtheit besser erfassen zu können. Die Analyse *einer* Ebene kann daher – auch wenn sich die Fragestellung bewußt darauf beschränkt – immer nur einen Teil des Ganzen wiedergeben.

Die Komplexität des Handelns der Wehrmacht läßt sich nun analytisch in zwei Stränge auflösen – andere Gliederungsmöglichkeiten wären aber durchaus möglich. Zum einen ist das die Ebene des gewissermaßen »normalen« Krieges, also des Krieges, wie er schon vorher in der Geschichte häufig genug geführt wurde. Auf diesen Aspekt kann die deutsche Kriegführung im Zweiten Weltkrieg jedoch nicht beschränkt bleiben – selbst wenn dieser Aspekt in der reichhaltigen Memoirenliteratur, in vielen Kriegsromanen und auch in der älteren wissenschaftlichen Literatur oft im Mittelpunkt steht.[16]

Untrennbar verbunden mit dieser »normalen« Kriegführung (eine Begrifflichkeit, die einen eigentlich schaudernd macht), aber analytisch von der ersten Ebene durchaus zu trennen, existierte eine zweite Ebene der deutschen Kriegführung: die Ebene des Vernichtungskrieges gegen Juden, Kriegsgefangene und die Zivilbevölkerung. Dieser Strang des historischen Geschehens wurde in der Vergangenheit von der Wissenschaft nicht immer mit allem Nachdruck verfolgt und spielte in der populärwissenschaftlichen Literatur eine – um es freundlich auszudrücken – untergeordnete Rolle.

Beide Stränge gehören jedoch untrennbar zur Geschichte der Wehrmacht und kennzeichnen die Gesamtheit ihres Wirkens. Es mag sein, daß sie in verschiedenen Regionen, zu verschiedenen Zeiten und aus verschiedenen Perspektiven (vor allem auch der der Akteure selber) jeweils ein verschiedenes Gewicht eingenommen haben. Sie waren aber grundsätzlich und strukturell immer gleichzeitig vorhanden und gehören untrennbar zusammen. Sie stellen eine der konstitutiven Strukturbedingungen der Wehrmacht im nationalsozialistischen Deutschland dar.

Die Ausstellung beschreitet nun diesen »analytischen Weg«, bietet einen Aspekt aus dem gesamten Zusammenhang, in dem sie besonders die »zweite Ebene« herausarbeitet:[17] »Die Wehrmacht führte 1941 bis 1944 auf dem Balkan und in der Sowjetunion keinen ›normalen‹ Krieg, sondern einen Vernichtungskrieg gegen Juden, Kriegsgefangene und Zivilbevölkerung, dem Millionen Menschen zum Opfer fielen. Die deutsche Militärgeschichtsschreibung hat zwar viel zur Aufklärung dieses Tatbestandes beigetragen, sie weigert sich aber, einzugestehen, daß die Wehrmacht an allen diesen Verbrechen aktiv und als Gesamtorganisation beteiligt war. Die Ausstellung will genau diesen Beweis führen.«

Ein solches Verfahren ist fachwissenschaftlich – um es noch einmal zu betonen – möglich, sinnvoll und nicht anzugreifen. Es ist wissenschaftlich um so korrekter, als das Vorgehen und die »Einseitigkeit« des methodischen Zugriffs eindeutig erwähnt und somit für den Besucher sichtbar und nachvollziehbar gemacht werden. Das Erkenntnisinteresse liegt also offen. Das Verfahren ist zudem insofern geradezu zwingend, als die hier verfolgte Perspektive bislang deutlich vernachlässigt wurde.

Zu bemerken ist zudem, daß ein wichtiger Komplex, der die Verbrechen der Wehrmacht noch stärker in den Mittelpunkt gerückt hätte, von den Ausstellungsmachern bei ihrer Auswahl nicht einmal besonders intensiv berücksichtigt wurde, nämlich die Behandlung der sowjetischen Kriegsgefangenen durch die deutsche Wehrmacht.[18]

Zusammenfassend kann man also sagen, daß die Ausstellung grundsätzlichen fachwissenschaftlichen Kriterien genügt, daß die zentralen Aussagen belegt und einsichtig gemacht werden, auch wenn es eine Reihe von handwerklichen Mängeln und fachlich bedingten Einwänden gibt. Zu nennen wäre hier etwa die Tatsache, daß die Verbrechen der Wehrmacht häufig eher indirekt – nämlich durch photographisch dokumentierte Taten von SS und SD – wiedergegeben werden, denen die Wehrmacht gewissermaßen unsichtbar »nur« zuarbeitete. Auch die teilweise ungenaue Datierung, die zwar immer offengelegt wird, aber dem unaufmerksamen Beobachter nicht auffallen muß, kann man kritisieren. Hier liegt in der Tat manches im argen, und methodisch müßte noch viel stärker reflektiert werden.[19] Es liegt jedoch in keinem Fall – so mein Eindruck – ein direkter Täuschungsversuch vor.

Hinzu kommen konkrete Fehler: Erwähnt sei etwa die Verwechslung von zwei Bildern bei der Dokumentierung der 2.300 Opfer in Kragujevac (zwei gleiche Paßbilder werden verschiedenen Personen zugeordnet). Auch die meiner Ansicht nach unzulässige Zuordnung des Filmes »Die Brücke« (Regie: Bernhard Wicki) unter »kriegsverherrlichende Filme«[20] gehört in diesen Zusammenhang. Solche Fehler können jedoch grundsätzlich vorkommen und wurden zum Teil bereits korrigiert. Der fachwissenschaftliche Anspruch an eine Ausstellung ist zudem, wie etwa jeder Schulbuchautor zur Genüge weiß, immer besonders schwer zu erfüllen. Auslassungen, unzulässige Verkürzungen, eine nicht genügende Differenzierung wird der Fachmann immer finden können, wenn er sie denn systematisch sucht.

II

Diese wissenschaftlich immerhin akzeptable Leistung der Ausstellungsmacher ist der eine Aspekt, die didaktische Konzeption, also etwa die Frage, wie das Publikum, das die Ausstellung besucht, mit den dort vertretenen Thesen konfrontiert wird, stellt eine andere, gleichgewichtige Komponente für die Beurteilung des Wertes der Ausstellung dar. Diese zu berücksichtigen ist um so notwendiger, als sich die Ausstellung an ein breites Publikum wendet. Sie ist also keine rein fachwissenschaftliche Veranstaltung im internen Zirkel, die sich um die Vermittlung nicht zu kümmern hat, sondern sie hat Wissenschaft und Publikum gleichzeitig zu befriedigen – und dies so, daß keiner der beiden Aspekte zu kurz kommt.

Neben dem Versuch, fachlichen Kriterien zu genügen, wäre es mithin die Aufgabe der Ausstellungsmacher gewesen, die Befindlichkeiten der potentiellen Besucher zu analysieren und deren Bedürfnisse gegebenenfalls, sofern es die Ergebnisse der Fachwissenschaft zulassen sollten, bei der Konzeption der Ausstellung deutlich zu berücksichtigen.

Darum soll es im folgenden gehen. Aus diesem Grunde stehen auch speziell ausstellungsdidaktische Probleme nicht im Mittelpunkt. Dazu würde z. B. die Auseinandersetzung mit der Frage gehören, ob die vielen Bilder zu klein oder in dieser Größe gerade richtig wären. Man hätte zu diskutieren, ob die Menge an »Flachware«, also der massive Überhang an Texten, didaktisch sinnvoll oder nicht sinnvoll ist oder ob es nicht auch gegenständliche Quellen gegeben hätte, die die Ausstellung mehr auflockern würden. Auch die wichtige Tatsache, daß Text und Bilder bei der Ausstellung nicht immer zusammengehören und Bezüge suggerieren (könnten), die so tatsächlich nicht bestehen, bleibt – trotz aller Wichtigkeit – unerörtert. Es geht hier vor allem um das generelle Defizit der Ausstellung: die mangelnde Hinwendung zum Besucher.

Die persönliche Befindlichkeit beim Besuch der Ausstellung spielt wohl vor allem bei zwei Besuchergruppen eine besondere Rolle: Zum einen handelt es sich um diejenige der Älteren, die den Krieg noch selber erlebt haben, zum anderen um diejenige der Jüngeren, für die der Zweite Weltkrieg bereits ferne Geschichte ist, die sie persönlich nur noch höchst indirekt betrifft und von der sie – wenn überhaupt – nur aus zweiter oder dritter Hand wissen.

Die Gruppe der ehemaligen Kriegsteilnehmer ist an Geschichte meist sehr interessiert.[21] Sie steht dem Ausstellungsthema in der Regel nicht »neutral« gegenüber, vielmehr sind ihre Mitglieder tief Betroffene. Sie haben häufig versucht – was menschlich verständlich ist –, mit den zwölf Jahren der »Nazidiktatur« (und ihrer Rolle darin) auf irgendeine Weise ihren Frieden zu schließen. Sie mußten schließlich trotz dieser Vergangenheit versuchen, nach 1945 »normal« weiter zu leben. Zu diesem Prozeß gehörte für die Männer, auch ihre Tätigkeit als Soldaten einzuordnen und zu »bewältigen«. Dabei geholfen hat ihnen eher selten das Gespräch über diese Vergangenheit. Über Sprachlosigkeit zwischen der Generation der am Krieg Beteiligten und ihren Kindern und Enkeln wird jedenfalls gerade in der Ausstellung und den mit ihr verbundenen Veranstaltungen und Diskussionen immer wieder hingewiesen.[22]

Geholfen hat ihnen häufig mehr ein Prozeß, den man als positive »Verklärung« bezeichnen könnte, ein Prozeß also, dem jedes historische Geschehen aus der Sicht der Beteiligten unterworfen ist. Bei ehemaligen Flüchtlingen aus den Ostgebieten nach 1945 z. B. ist das ebenfalls gut zu beobachten. Die Zeit nach 1945 erscheint vielen von ihnen heute, nachdem fast alle Probleme überwunden sind, in einem eher »goldenen Licht«, Schwierigkeiten verblassen – alles scheint gut gewesen zu sein.[23] Auf ähnliche Weise »verklärte« sich vielfach auch die Vergangenheit vieler Wehrmachtsangehöriger. Die »gute Kameradschaft« trat hervor, der harte, aber faire Kampf, die gemeinsame Anstrengung, das elementare Erlebnis des Kampfes. Das Grausame und das Verbrechen verloren sich mehr und mehr im Hintergrund.

Viele Kriegsteilnehmer wollen – das ist das Ergebnis dieser Art von Verarbeitung – heute, wenn überhaupt, nur noch etwas von der »normalen« Ebene des Krieges (die ja schon schlimm genug war) gesehen, wollen nur noch dort mitgewirkt haben. Hierbei handelt es sich aber nur um die »positive« Teilmenge des Gesamtkrieges. »Verdrängung«, »Verklärung« und »Abwehr« zusammen ergeben ein sehr einseitiges Bild, lösen sich nicht selten von der im Krieg tatsächlich erlebten Realität. Für fast jeden Soldaten aber bestand – um es noch einmal zu betonen – dieser Krieg nicht nur aus der positiven »Teilmenge«, sondern aus dem »ganzen« Krieg. Die eine und die andere Seite waren in der Regel immer – wenn auch möglicherweise in verschiedener Intensität – gleichzeitig vorhanden.

Diese Voreinstellung eines Teiles der älteren Besucher (und möglicherweise auch ihrer nächsten Angehörigen) hat die Ausstellung zu berücksichtigen, wenn sie aufklärend wirken will. Diese Menschen haben meistens schon die zwölf Jahre des Dritten Reiches als »verloren« abschreiben müssen, denn selbst der verbohrteste Nationalsozialist wird von diesen zwölf Jahren kaum etwas Positives in die Gegenwart transportiert haben können. Weder Autobahnbau noch Jugenderlebnisse bei der Hitlerjugend können normalerweise zu einer wirklich ins Positive gewendeten Interpretation dieser Zeit beitragen. Das hat denn auch in den meisten Biographien zu einem Bruch oder zu einer Leere geführt, die in vielen Fällen immer noch sehr schmerzlich empfunden wird. Die Last, die viele dieser Menschen mit sich herumtrugen und noch tragen, darf nicht unterschätzt werden. Sie muß von einer Ausstellung als gegebene Größe einkalkuliert werden.

Gerade die Soldatenzeit hat nun bei vielen Männern eine wichtige Rolle für die Bewältigung des Nationalsozialismus insgesamt eingenommen. Sie hat häufig zu dem Phänomen geführt, daß man wenigstens diese Zeit aus der »Minusrechnung« der Vergangenheit herausnehmen wollte. Wenn schon die Zeit des Nationalsozialismus in der Biographie nicht mehr ins Positive gewendet werden konnte, dann sollte wenigstens die Soldatenzeit dahingehend interpretiert werden. Sie sollte die »verlorene Zeit« gewissermaßen verkleinern helfen. Diese uminterpretierte »gute Zeit« nun ebenfalls ins »Negative« zerren zu sollen – und das verlangt die Ausstellung massiv –, muß vielen dieser Besucher deswegen besonders schwerfallen. Die Stoßrichtung der Ausstellung wird daher auf diese Besuchergruppe in erster Linie nur schockierend und abstoßend wirken.

Solche Besucher muß die (wissenschaftlich völlig korrekte, da als solche kenntlich gemachte) »Einseitigkeit« der Ausstellung also besonders negativ treffen. Wird mit ihr doch nicht nur auf Vergessenes und Verdrängtes hingewiesen, sondern möglicherweise zugleich auch die gesamte neuentworfene und möglicherweise »geschönte« Biographie zerstört. Bei diesem Besucherkreis kann die Zielsetzung, rational und aufklärerisch wirken zu wollen, daher nicht greifen. Die Möglichkeit, emotionsarm, kühl und rational auf die Ausstellung zuzugehen, ist bei ihnen von vornherein nicht vorhanden.

Inwieweit eine Konzeption (wenn es denn eine bewußte ist) sinnvoll ist, die bei älteren Männern auf eine harte Schockwirkung setzt, um sie zu einer kritischeren Sichtweise ihrer eigenen Vergangenheit zu bringen, sei dahingestellt. Ob nicht vielmehr der gegenteilige Effekt erreicht wird, nämlich daß sich diese Besucher den Aussagen der Ausstellung – auf welche Weise auch immer – vollständig verweigern, ist jedenfalls nicht auszuschließen.

Eine Antwort darauf, wie diese Kriegsteilnehmer besser für die Ausstellung gewonnen bzw. besser auf sie eingestellt werden können, ist schwer zu geben. Eine solche Ausstellung kann ja nicht durch eine zweite Veranstaltung gewissermaßen eingerahmt werden, die vor allem den »normalen« Krieg darstellt. Die Wucht der Argumente und Emotionen würde dadurch entscheidend abgeschwächt, die Überzeugungskraft mithin verringert werden.

Vielleicht haben die Ausstellungsmacher daher recht, wenn sie die Konfrontationsmethode benutzen, um zu schnell – und manchmal auch zu selbstmitleidig oder zu selbstgefällig – gewonnene, verharmlosende Geschichtsbilder einer älteren Generation »aufzubrechen«. Die Massivität der Verbrechen ist nun einmal überwältigend. Insofern kann man nicht – um der Psyche einiger Besucher willen – einfach nur ein »bißchen Verbrechen« zugestehen, aber das herrschende, verklärende Geschichtsbild nicht verändern wollen. Vielleicht soll man es also in der Tat unterlassen, diejenigen »Verbohrten« erreichen zu wollen, die nicht erreicht werden können. Pädagogisch bleibt eine solche Einstellung allerdings immer unbefriedigend. Vielleicht aber sind in diesen Fällen in der Tat eher Psychologen oder Theologen gefragt. Historische *Argumente* und Rationalität zählen hier oft wohl wirklich nicht mehr.

Hinzu kommt allerdings: Mit einer solchen Konfrontationsmethode wird man auch diejenigen Kriegsteilnehmer nur schwer erreichen können, die *nicht* nur die gerade noch für sie erträgliche Erinnerung zur Wahrheit umstilisiert haben, sondern die bereit wären, sich auch an die andere, die »schwarze« Seite des Krieges und damit auch ihrer eigenen Geschichte heranzutasten. Auch sie haben es mit dieser Ausstellung schwer. Die Massivität, Suggestionskraft und der Druck ihrer Beweise sowie ihre geradezu »gnadenlos« entlarvende Darstellung bilden möglicherweise auch für diese Gruppe eine zu schwere psychologische Barriere, machen einen Zugang fast unmöglich. Sie dürfte in vielen Fällen, wenn nicht eine ungewöhnliche Fähigkeit zur inneren Konfliktbewältigung bei den Besuchern vorhanden ist, eher von der kritischen Selbstreflexion abschrecken als, wie eigentlich gewollt, diese fördern.

Notwendig wäre daher wohl – so eine didaktische Minimalkonsequenz –, daß der idealtypische analytische Ansatz der Ausstellung noch stärker verdeutlicht würde. Es muß absolut klar sein, daß hier zugespitzt *ein* – wenn auch ein sehr zwingender – Ansatz von mehreren möglichen Interpretationsansätzen im Vordergrund steht. Es muß jedem deutlich werden, daß in der Ausstellung vor allem diese eine Ebene des Krieges gezeigt wird, und die Begründung dafür, warum dies sehr notwendig ist, muß jedermann verständlich sein. Daran aber scheint es in der Ausstellung zu mangeln.

Hinzu kommen müßte eine Betreuung, die den älteren Besuchern in einer ersten Phase erlaubt, *ihr* Bild von der *Wirklichkeit der Vergangenheit* angstfrei und ohne vorverurteilende Kommentare von moralisierenden »Gutmenschen« darstellen zu können. In einem zweiten Schritt könnte dann vorsichtig versucht werden, diese Perspektive zu erweitern, gewissermaßen zu »objektivieren«. Um aber kein Mißverständnis aufkommen zu lassen: Auf die älteren Menschen zuzugehen, soll nicht heißen, die Vergangenheit zu schönen. Es bedeutet nur, alle Möglichkeiten auszuschöpfen, um sie eventuell doch noch zu erreichen. Die Erfolgsquote wird auch hierbei sicherlich nicht sehr hoch sein.

III

Junge Nachgeborene – die andere Besuchergruppe – haben es in dieser Beziehung leichter. Für sie gibt es in der Regel kaum Schwierigkeiten, den in der Ausstellung gezeigten Teilausschnitt der Geschichte der Wehrmacht als »Teilwahrheit« zu akzeptieren. Sie sind eher in der Lage, sich auf die Ebene des »zweiten Krieges« zu beschränken. Ihre Persönlichkeit wird durch eine analytische Zerlegung des Problems nicht in dem Maße in Frage gestellt, wie das bei ehemaligen Kriegsteilnehmern der Fall sein kann, auch wenn die jüngeren Zuschauer die Massivität der gezeigten Verbrechen sicherlich erschüttert. Sie sind jedoch nicht – wie die Kriegsgeneration – auf die »scheinbare« Moralität der ersten Ebene, des »ehrenhaften« Krieges angewiesen, um sich als Menschen wertschätzen zu können. Sie haben häufig – wenn es denn bei diesen Bildern möglich ist – eher den nüchternen Blick des neugierigen Interessierten.

Diese Gruppe unterliegt jedoch einer anderen Gefahr, die die Ausstellung ebenfalls nur unzulänglich berücksichtigt. Geschichtswissenschaft – so sehr sie sich auch bemüht – bietet immer nur Ausschnitte aus der Totalität des vergangenen Geschehens. Diese Ausschnitte sind zwar nicht beliebig, sondern werden auf Grund historischer Methoden gewonnen, sie bleiben aber immer diskussionswürdig. Gerade darin besteht ja einer der Reize der Geschichtswissenschaft. Ein didaktisch vernünftig aufbereitetes historisches Produkt – und eine Ausstellung allemal – muß auch diesem Aspekt gerecht werden.

In der Praxis heißt das: Auch diese Ausstellung hat sich mit möglichen Gegenargumenten zu der eigenen Aussage öffentlich auseinanderzusetzen, muß diese – selbst bei der Favorisierung eigener Thesen – in irgendeiner Form berücksichtigen. Dies gilt allemal dann in verstärktem Maße, wenn Aussagen nicht nur für den engsten Kreis der Fachwissenschaftler bestimmt sind, die Argumente und Gegenargumente kennen und »Fehlendes« eventuell von sich aus und ohne fremde Hilfe ergänzen können.

Ein Produkt wie die Ausstellung, die vor allem *eine* These vertritt, *eine* spezielle Ebene herausarbeitet, steht insofern vor einem Dilemma. Einerseits soll – und darf – die eigene These verstärkt herausgearbeitet und überzeugend präsentiert werden, andererseits müssen dem entgegenstehende Argumente ebenfalls berücksichtigt werden. Wo ist hier die Grenze zu ziehen, wie kann man dem Dilemma entkommen?

Die Geschichtsdidaktik kennt hier den Begriff des »Überwältigungsverbotes«.[24] Damit ist gemeint, daß der Konsument von historischen Erkenntnissen, also etwa der Schüler gegenüber dem Lehrer, der Ausstellungsbesucher gegenüber dem Ausstellungsmacher, der Leser gegenüber dem Buchautor, in die Lage versetzt werden muß, kritischen »Widerstand« gegenüber allzu suggestiven Präsentationen und Argumentationen entgegensetzen zu können. Konkret auf die Ausstellung bezogen heißt das: Der einsehbaren These der Ausstellungsmacher müssen alle Gegenpositionen und -argumente sowie der Gesamtzusammenhang vom Besucher gegenübergestellt werden können, damit er sich ein eigenes Urteil erarbeiten und nicht der Massivität der Eindrücke (auch emotional) zum irrationalen Opfer fallen kann.

Überraschend – aber auch gefährlich – ist nämlich, wie zwingend, wenn nicht gar suggestiv die Ausstellung auf viele Jugendliche wirkt. Man möchte annehmen, daß pädagogisch alte Materialien wie Bilder (dazu noch massenhaft und im Kleinformat) und Texte heutzutage bei einer »mediengestählten« Besuchergruppe wenig ausrichten könnten. Tatsächlich aber – so wenigstens die subjektiven Beobachtungen der begleitenden Führungen in Kiel – ist der Eindruck auf viele Jugendliche extrem groß. Kaum ein jugendlicher Besucher kann sich der Macht der Photographien entziehen. Mit ihnen scheint es in der Tat gelungen zu sein, die Kriegsverbrechen der Wehrmacht auf eine Art und Weise zu »verdichten«, wie es der schriftlichen Darstellung bisher nur selten möglich war.[25]

Um die Position noch einmal zu verdeutlichen: Es geht nicht darum, die grundsätzlichen Thesen der Ausstellung zu kritisieren oder die grundsätzliche Fragestellung abzulehnen, sondern vielmehr um das der Geschichtswissenschaft innewohnende Prinzip, kontroverse Diskussionen über alle historischen Positionen zuzulassen und zu ermöglichen. Emotionale und fachliche »Überwältigung« dürfen nicht stattfinden. Diese Prinzipien werden jedoch – und das ist zu betonen – in der Ausstellung nicht eingehalten. Es ist also festzuhalten, daß die Besucher – und schon gar nicht Besuchermengen –, bei denen intensiver »Erklärungs-, Informations- und Aufklärungsbedarf« besteht und die mit der Materie und den möglichen Kontroversen weitgehend nicht vertraut sind, von den Initiatoren offensichtlich gar nicht ins Kalkül gezogen wurden. Die Ausstellungsmacher, die wohl nur mit einem Spezialpublikum gerechnet hatten, wurden wahrscheinlich überrascht. Ohne Schuldzuweisung an die Ausstellungsmacher muß aber festgestellt werden, daß in diesem Sinne die Ausstellung »besucherfeindlich« ist.

Für das jüngere Publikum geht es nun darum, etwas zu ergänzen oder nachzuholen, was die Ausstellung (bewußt) ausläßt. Die jüngeren Besucher müssen in die Lage versetzt werden, sich in der Ausstellung gegen deren Tendenz zu behaupten, müssen sich dagegen »wehren« können – wenn sie es denn wollen. Was die einen, die Älteren, schon aus psychologischen Gründen zu schnell und zu viel tun, muß bei den Jüngeren erst als Möglichkeit angelegt werden.

Wie kann nun den jüngeren Besuchern – so das didaktische Problem – die Möglichkeit gegeben werden, sich gegen diese

Wirkung der Ausstellung zu behaupten, wie kann es ihnen gelingen, sich selbständig eine eigene Meinung zu bilden, selbständig zu fragen, eigene kritische Reflexion einzubringen? Hier setzt die Aufgabe einer zusätzlichen Betreuung, einer didaktischen Begleitung und Vorbereitung ein.[26] Ein absolutes »Muß« einer jeden Begehung der Ausstellung durch diesen jungen Teilnehmerkreis ist dementsprechend nicht nur eine gründliche Vorbereitung auf die Ausstellung, sondern auch eine sachkundige Begleitung während des Besuches.

Hierbei geht es sicherlich auch darum, die Aussagen der Ausstellung zu vertiefen, weitere Kenntnisse über den Krieg und den Kriegsverlauf sowie seine Hintergründe zu gewinnen, Rangabzeichen und Dienststellungen von Soldaten zu erörtern, um nur wenige Beispiele zu nennen. Ferner müssen der Krieg, die Wehrmacht und die Kriegführung in den Gesamtzusammenhang des Weltkrieges und des nationalsozialistischen Systems gestellt werden. Dabei darf die Begleitung jedoch nicht stehenbleiben. Vielmehr geht es dabei – und vielleicht vor allem – darum, den analytischen Ansatz der Ausstellung hervorzuheben und die Besucher zu befähigen, die Problematik eines solchen Ansatzes zu erkennen und darüber zu diskutieren.

Auch diesen jungen Besuchern muß deutlich werden, daß mit der Ausstellung eine (angreifbare und diskussionswürdige) These »bewiesen« werden soll. Es muß ihnen klar werden, daß eine solche kritische Auseinandersetzung konstitutiv für die Geschichtswissenschaft ist, daß diese davon lebt, daß die Tragfähigkeit einer jeden historischen (Re)Konstruktion im kritischen Dialog immer wieder neu überprüft und gegebenenfalls korrigiert wird. Kritik muß als unverzichtbarer Bestandteil der Geschichtswissenschaft begriffen werden. Sie muß aber auch als Aufgabe von den Besuchern akzeptiert werden.

IV

Diese notwendige Kritikfähigkeit läßt sich auf verschiedenen Wegen erreichen. Eine Möglichkeit ist etwa, an ausgewählten Quellen anzusetzen und gemeinsam deren Ambivalenz herauszuarbeiten. Dabei kann dann eine auf den ersten Blick äußerst stringente Argumentation in Frage gestellt werden. In der Geschichtswissenschaft gibt es ja keine Quelle, die nur ein-eindeutig ist, sondern jede Quelle läßt immer differenzierte Interpretationen oder auch gleichzeitig solche zu, die der jeweils vertretenen These entgegenstehen. Solche abweichenden Interpretationsmöglichkeiten aber kommen in der Ausstellung in der Regel nicht zur Geltung.[27]

Alle Quellen der Ausstellung können (und sollen) daher von dem Besucher auch »gegen den Strich« gelesen werden. Nur dann können Argumente, die gegen die These der Aussteller sprechen, von den Besuchern der Ausstellung zur eigenen Meinungsbildung auch genutzt werden. Gelingt dies, ist es auch möglich, daß weitere Argumente von den (jugendlichen) Besuchern selber thematisiert und zur eigenen Meinungsbildung genutzt werden können, ein eigenes, vielleicht abweichendes Urteil gebildet werden kann.

In einigen Fällen leistet die Ausstellung selber bereits wesentliche Vorarbeiten für ein solch kritisches Verfahren. Dies gilt etwa für den Bereich, in dem die nationalsozialistische Sprachverschleierung klug thematisiert wird. Die Mitteilung der Kampfgruppe von Gottberg[28] – »Die Verminung der meisten Wege und Stege macht die Herrichtung von behelfsmäßigen Minensuchgeräten zur Notwendigkeit. Das von Btl. Dirlewanger hergestellte Minensuchgerät hat sich gut bewährt« – entlarvt sich nach einer kritischen Analyse als das, was sie tatsächlich war: als eine Meldung über einen Massenmord. Diese harmlose »Information« gab nämlich Auskunft über den verbrecherischen Tatbestand, daß Menschen über minenverseuchte Felder und Straßen getrieben und gewissermaßen als »lebendiges Räumgerät« mißbraucht wurden. Wenn einer von ihnen auf eine Mine trat, flog er buchstäblich in die Luft.

Die Auseinandersetzung mit solchen Tatbeständen schärft den Blick des Ausstellungsbesuchers nicht nur für die Verschleierung, die der nationalsozialistischen Sprache innewohnte, sondern auch für sprachliche Manipulationen im allgemeinen. Mit dieser Kompetenz kann die gesamte Ausstellung mit ganz anderen Augen betrachtet werden.

Einige weitere Beispiele für ein Verfahren, das zur Kritikfähigkeit führen kann, seien angeführt. Die einführenden Worte des »Reichenau-Befehls«[29] etwa – der in seiner Tendenz an sich ziemlich eindeutig Position bezieht – läßt immerhin auch denkbare Interpretationsvarianten zu, die die Tendenz der Ausstellungsmacher nur mittelbar stützen. Die Passage:[30] »[...] hinsichtlich des Verhaltens der Truppe gegenüber dem bolschewistischen System bestehen vielfach noch unklare Vorstellungen«, läßt doch wohl auch die Vermutung zu, daß sich dessen Intentionen in der Truppe bis zum Zeitpunkt des Befehls noch keineswegs überall durchgesetzt hatten. Es bedurfte also eines eindeutigen Befehls, um die nationalsozialistische Vernichtungsideologie überall fest zu verankern.

Neben der von den Ausstellungsmachern vorgegeben Interpretationslinie gibt es also theoretisch noch eine zweite. Die Linien gegeneinander abzuwägen und erst dann zu einem eigenen Urteil zu kommen (das wahrscheinlich dem der Ausstellungsmacher entsprechen würde), wäre der Sinn einer solchen Vorbereitung.

Auch die Spannung, die zwischen den beiden Befehlen von General Böhme vom 22. und 25. September 1941 liegt, kann den kritischen Verstand schärfen. Auf der einen Seite heißt es im Befehl zur »Säuberung des Macva-Gebietes rund um die Stadt Sabac«, daß auch die gesamte weibliche Bevölkerung »vom ersten Tag an zu den gleichen Arbeiten heranzuziehen oder zum Arbeitseinsatz zu zwingen« sei wie alle anderen.[31] Auf der anderen Seite, im Dokument vom 25. 9.1941, das in der Ausstellung direkt daneben zitiert wird, heißt es wiederum, daß Frauen zur Zwangsarbeit nicht herangezogen werden dürften.[32] Eine Erklärung für die beiden doch auf den ersten Blick recht unterschiedlichen Befehle fehlt jedoch. Durch Hinweis auf diese Lücke kann die Phantasie der Besucher angeregt und eine selbständige Interpretation sicherlich in Gang gesetzt werden.

Es geht allerdings auch in diesem Fall nicht in erster Linie darum, die historische Stoßrichtung, die die Ausstellung vertritt, zu konterkarieren, sondern vielmehr darum, die Ausstellungsbesucher nach einem eigenständigen Denkprozeß zu einem eigenen Ergebnis kommen zu lassen, das dem der Ausstellungsmacher durchaus entsprechen kann, aber nicht muß. Der *Weg* zum eigenen Urteil wäre auch hier also das Ziel.

Bei der Darstellung der Verarbeitung des Krieges in den Medien kann man ebenfalls ansetzen. Auch hier könnte der scheinbaren Massivität der Beweisführung der Ausstellung Eigenständigkeit der Besucher entgegengesetzt, kritisches Bewußtsein geschärft werden. Die Darstellung etwa, daß in den

Medien der Nachkriegszeit die »Behauptung vom ganz normalen Krieg, der von anständigen Soldaten und vorbildlichen Offizieren angeführt war, eine plausible und erinnerungswürdige Form« fand,[33] kann sicherlich durch die meisten der dort dokumentierten Filme belegt werden. Bei jungen Besuchern, die den Film »Die Brücke« von Bernhard Wicki, der als Beweis für diese These mitangeführt wird,[34] vorher selber analysiert haben, würde aber eine solche allgemeine Behauptung sicherlich auf Bedenken stoßen. Eine solche Vorbereitung wäre daher nicht nur didaktisch sinnvoll, sondern würde auch das kritische Bewußtsein gegenüber *Behauptungen,* die im Katalog vertreten werden, schärfen.

Schließlich ist auch das »Eiserne Kreuz« – allein schon durch die enge, fast einlineare Verbindung, die zum nationalsozialistischen System hergestellt wird – ein diskussionswürdiger Gegenstand, auf den man vorbereitet sein sollte. Zudem sind auch die einzelnen Texte im Kreuz selbst höchst interpretationswürdig und -bedürftig. Die dort u. a. abgedruckten Aussagen von Ernst Jünger und Ernst von Salomon[35] – beides wahrlich keine Pazifisten – belegen im Sinne der Ausstellungsmacher in der Tat das militaristische Denken dieser beiden Männer. Sie können – nicht zuletzt wegen der Verbreitung, die ihre Schriften in der Weimarer Republik fanden – durchaus *auch* als Beleg für deren Kampf gegen die zivile Weimarer Republik mit militaristischem und undemokratischem Denken dienen. Die Verherrlichung des Krieges, die Mitbeteiligung Salomons am Rathenau-Mord, die Verachtung von Frieden und Demokratie sind bei den beiden in der Tat fast mit der Hand zu greifen.[36]

Das aber ist nur eine Seite einer möglichen Interpretation. Bei einer Würdigung der Biographie Salomons etwa kann man das Verhalten des 1902 geborenen Mannes, kann man seine markigen militaristischen Worte durchaus auch versöhnlicher interpretieren – ohne seine Taten zu verharmlosen.[37] Zweifellos waren er und Jünger – wie andere auch – indirekte Vorbereiter des Nationalsozialismus. Beide forderten den autoritären Staat. Aber sie beide nun gerade als wichtige Mitschuldige für die »entfesselte« verbrecherische Kriegführung der deutschen Wehrmacht in der Sowjetunion oder in Serbien zu machen, sie geradezu als »Kronzeugen« dafür anzuführen, muß umstritten bleiben.[38]

Persönlich ist ihnen wohl nichts nachzuweisen, eine wichtige Rolle im Krieg haben sie nicht gespielt – und wenn man Jünger auch nicht gerade zum späten Widerstandskämpfer ernennen muß[39] –, unmittelbare Nationalsozialisten und Kriegsverbrecher waren sie beide sicherlich nicht. Wenn man denn *den* Verbrechertyp der Wehrmacht dingfest machen will, Salomon und Jünger sind es schwerlich gewesen. Wie dieser »harmlose Typ« möglicherweise aussah, kann die Arbeit von Christopher Browning[40] sicherlich weit besser verdeutlichen, als dies die Ausstellung tut.

Zuletzt wären der Ausstellung – auch wenn man damit wohl ein »Tabu« anspricht – einige Ergänzungen anzuraten. Ein Beispiel: Zu einer möglichen kritischen Auseinandersetzung mit der These, die Wehrmacht sei eine verbrecherische Organisation gewesen, gehört auch, daß man die Grundlagen für dieses Urteil auch auf rechtlicher Ebene deutlich macht und die Möglichkeit gibt, das Publikum diese Überlegungen nachzuvollziehen. Ein Abdruck der wesentlichen Passagen der Haager Landkriegsordnung aus dem Jahre 1907 etwa würde dies sicherlich erleichtern.

V

Welches Resümee läßt sich nun ziehen? Aus fachwissenschaftlicher Sicht muß die Ausstellung als legitim, wichtig und fachlich weitgehend korrekt bezeichnet werden – soweit eine für ein breites Publikum geöffnete Ausstellung diese Bedingungen überhaupt erfüllen kann. Die Konzentration auf eine analytische Ebene ist absolut schlüssig, unangreifbar – und die Beweisführung auf dieser Ebene ist stringent, selbst wenn es im einzelnen diverse Kritikpunkte gibt. Insofern ist die Ausstellung gegen jede generelle Kritik in Schutz zu nehmen. Sie ist zudem notwendig und sinnvoll, wie die Annahme der Ausstellung bei der Bevölkerung belegt.

Ansatzpunkte für eine Kritik liegen daher nicht in erster Linie in der Sache selber, sondern in der geradezu rücksichtslosen Vernachlässigung der Befindlichkeit der Besucher. Offensichtlich haben die Ausstellungsmacher diese Dimension ihres Werkes weitgehend ausgeklammert. Rücksicht auf die hier untersuchten beiden wichtigen Besuchergruppen scheinen sie jedenfalls nicht im besonderen Maße genommen zu haben. Das ist zu beklagen.

Dabei sollte man jedoch nicht stehenbleiben. Wenn für einen Besuch der Wehrmachtsausstellung mit jungen (und älteren) Menschen auch kein sinnvolles didaktisches und methodisches Konzept von den Ausstellungsmachern selber geliefert wurde, darf man das nicht nur als Mangel interpretieren, sondern sollte es eher als Aufforderung begreifen, dieses Manko durch Materialien, begleitende Führungen und sonstige Vorarbeiten auszugleichen. Dann ist die Ausstellung nicht nur ein Gewinn für die Geschichtswissenschaft, sondern zugleich auch ein erheblicher Beitrag zur Erweiterung des Geschichtsbewußtseins der in Deutschland lebenden Menschen. Dies scheint aber dringend notwendig zu sein.

Anmerkungen

1 Gemeint ist die Ausstellung des Hamburger Instituts für Sozialforschung, »Vernichtungskrieg. Verbrechen der Wehrmacht 1941 bis 1944«.

2 Vgl. hierzu nur stellvertretend für eine Fülle neuerer Darstellungen Ulrich Herbert (Hg.), Nationalsozialistische Vernichtungspolitik 1939–1945. Neue Forschungen und Kontroversen, Frankfurt ²1998 und Christian Gerlach, Krieg, Ernährung, Völkermord: Forschungen zur deutschen Vernichtungspolitik im Zweiten Weltkrieg, Hamburg 1998. Zur Einführung hilfreich: Gehorsam bis zum Mord? Der verschwiegene Krieg der deutschen Wehrmacht – Fakten, Analysen, Debatte (ZEIT-Punkte 3/1995); zur fachwissenschaftlichen Sicht der Ausstellungsmacher: Hannes Heer/Klaus Naumann (Hg.), Vernichtungskrieg. Verbrechen der Wehrmacht 1941–1944, Hamburg 1995. Eine dezidierte Gegenposition wird vor allem eingenommen von Franz W. Seidler (Hg.), Verbrechen an der Wehrmacht. Kriegsgreuel der Roten Armee 1941/42, Selent ²1998. Immerhin konzediert auch er: »Es wäre dumm, die Wehrmacht reinwaschen zu wollen«, ebd., S. 15.

3 Eine nützliche kurze Bibliographie findet sich in Sonja Begalke u. a. (Hg.), Vernichtungskrieg an der Heimatfront. Analysen und Dokumente aus Hannover, Bielefeld 1998, S. 165–169.

4 Daran haben auch die Vielzahl der in ZDF und ARD ausgestrahlten Sendungen über das deutsche Militär und *den* deutschen Soldaten nichts wesentliches geändert. Immerhin bahnt sich in letzter Zeit eine gewisse Modifikation der Berichterstattung auch beim ZDF an. Vgl. etwa die Sendung vom 28.2.1999 »Unser Jahrhundert – Deutsche Schicksalstage: Unternehmen Barbarossa – 22. Juni 1941«.

5 Die Ausstellung entstand im Rahmen und als Teil eines Projektes, das »den Versuch unternahm, unter dem Stichwort ›Zivilisation und Bar-

barei‹ die Destruktivität des zu Ende gehenden Jahrhunderts zu untersuchen und Aufschluß zu geben, mit welchem Erbe belastet wir in das 21. Jahrhundert gehen« (Hannes Heer, Von der Schwierigkeit, einen Krieg zu beenden. Reaktionen auf die Ausstellung »Vernichtungskrieg. Verbrechen der Wehrmacht 1941 bis 1944«, in: ZfG 45 (1997), S. 1086–1100, hier S. 1086).

6 Zur öffentlichen Diskussion vgl. auch Heribert Prantl (Hg.), Wehrmachtsverbrechen. Eine deutsche Kontroverse, Hamburg 1997.

7 Stationen der Ausstellung bis 1998 in: Helmut Donat/Arn Strohmeyer (Hg.), Befreiung von der Wehrmacht? Dokumentation der Auseinandersetzung über die Ausstellung »Vernichtungskrieg – Verbrechen der Wehrmacht 1941 bis 1944« in Bremen 1996/97, Bremen 1997, S. 252. Allein in Kiel, wo die Ausstellung im Januar und Februar 1999 zu sehen war, wurde sie von über 70.000 Menschen besucht.

8 Hingewiesen sei hier nur auf Helmut Krausnick/Hans-Heinrich Wilhelm, Die Truppe des Weltanschauungskrieges. Die Einsatzgruppen der Sicherheitspolizei und des SD 1938–1942, Stuttgart 1981 (Quellen und Darstellungen zur Zeitgeschichte, 22), und Gerd R. Ueberschär/Wolfram Wette, Unternehmen »Barbarossa«: der deutsche Überfall auf die Sowjetunion 1941. Berichte, Analysen, Dokumente, Paderborn 1984. Zum Problem der nationalsozialistischen Vergangenheitsbewältigung in den ersten Jahren der Bundesrepublik allgemein: Norbert Frei, Vergangenheitspolitik. Amnestie, Integration und die Abgrenzung vom Nationalsozialismus in den Anfangsjahren der Bundesrepublik, München 1996.

9 Zusammenfassend den Stand der gegenwärtigen Forschung diskutierend Ulrich Herbert, Vernichtungspolitik. Neue Antworten und Fragen zur Geschichte des »Holocaust«, in: Ders. (Hg.), Nationalsozialistische Vernichtungspolitik, S. 9–66.

10 Vgl. hierzu den Beitrag von Christian Gerlach in diesem Band, S. 89.

11 Vgl. hierzu die Ausführungen im »Eisernen Kreuz«, Ausstellungskatalog, S. 178.

12 Manfred Messerschmidt, in: Gehorsam bis zum Mord?, S. 49–53.

13 Zur Diskussion des Titels der Ausstellung vgl. auch Christoph Dette, Die Wehrmachtsausstellung in Bremen im Spiegel der Leserbriefe, in: Donat/Strohmeyer (Hg.), Befreiung von der Wehrmacht?, S. 37–52, hier S. 39 f.

14 Vgl. demgegenüber die vehemente Argumentation der Gegner dieser Ausstellung, z. B. Hans Poeppel u. a. (Hg.), Die Soldaten der Wehrmacht, München ²1998 (Klappentext: »Bald nach Kriegsende erschienen neben der Erlebnisliteratur zunehmend Veröffentlichungen von Autoren, die neuerdings in einer beispiellosen Kampagne gegen die Wehrmacht gipfelten. Ihren Höhepunkt fand diese in einem Artikel in der ›Zeit‹, in dem die Wehrmacht als ›größte Mord- und Terrororganisation der Geschichte‹ bezeichnet wurde, und in der Wanderausstellung ›Vernichtungskrieg. Verbrechen der Wehrmacht 1941 bis 1944‹, die derzeit in zahlreichen deutschen Städten ihre unseriöse Agitation betreibt«); Sylvia Green-Meschke, Die Reemtsma-Ausstellung. Propaganda oder historische Ausstellung?, Hamburg 1999, und Franz W. Seidler (Hg.), Verbrechen an der Wehrmacht.

15 Dies gegen die Argumentation von Seidler, Verbrechen an der Wehrmacht, S. 16.

16 Vgl. hierzu knapp die Ausführungen in: Hamburger Institut für Sozialforschung (Hg.), Vernichtungskrieg. Verbrechen der Wehrmacht 1941 bis 1944, Hamburg ^{3}1997, S. 9–17.

17 Ausstellungskatalog, S. 7.

18 Vgl. hierzu als ersten Christian Streit, »Keine Kameraden«. Die Wehrmacht und die sowjetischen Kriegsgefangenen 1941–1945, Stuttgart 1978.

19 Vgl. hierzu Green-Meschke, S. 23. Seidler, Verbrechen an der Wehrmacht, S. 11 behauptet, daß für 90 % der Photos kein Quellennachweis bestünde. Ferner stellt er fest (S. 11 f.): »Von den 314 Fotos im Kleinformat tragen 208 die Bezeichnung ›unbekannter Ort‹. 62 lassen keine Beteiligung von Wehrmachtseinheiten erkennen. 19 stammen aus Polen vor 1941. 15 zeigen Kriegsgeschehen, z. B. brennende Häuser, ohne Bezug zum Thema und 10 betreffen nicht die Wehrmacht, sondern SS, SD oder RAD«. Gänzlich wegzuwischen ist eine solche massive Kritik sicherlich nicht.

20 Ausstellungskatalog, S. 15. Das Plakat von diesem Film war in der Ausstellung in Kiel bereits entfernt worden.

21 Hier beziehe ich mich jeweils auf die Ausstellung in Kiel und die Beobachtung der studentischen Führer und Begleiter dieser Ausstellung, die insgesamt etwa 200 Gruppen, rund 7.500 Personen, in der Ausstellung betreut haben. Es handelte sich hierbei um das Projekt »Historiker in der Praxis« in Kiel, das sich zum Ziel gesetzt hat, Studierenden zusätzliche Qualifikationen und Kompetenzen zu vermitteln.

22 Vgl. hierzu etwa den Beitrag von Frederike-Juliane Cornelßen, in: Eine Ausstellung im Streit. Die Auseinandersetzung um die Ausstellung des Hamburger Instituts für Sozialforschung *Vernichtungskrieg. Verbrechen der Wehrmacht 1941 bis 1944,* 9. Januar 1999, Kiel 1999, S. 88 f.
Als frappierendste Beobachtung erklärten alle studentischen Begleiter bei dieser Ausstellung in Kiel, daß die Ausstellung in hohem Maße zum Gespräch zwischen den verschiedenen Generationen geführt habe. Oftmals seien die Standpunkte nicht anzunähern gewesen, die Diskussion selber aber habe bereits auf viele der älteren Besucher höchst befreiend gewirkt. Auf diese eher indirekte Art ist insofern die Ausstellung auch von den Kriegsteilnehmern »angenommen« worden und hat ihnen geholfen, über ihre Probleme (manchmal zum ersten Mal) reden zu können. Zum Problem insgesamt: Carl Schüddekopf, Krieg. Erzählungen aus dem Schweigen. Deutsche Soldaten über den Zweiten Weltkrieg, Reinbek 1997.

23 Vgl. dazu Tobias Herrmann/Karl Heinrich Pohl (Hg.), Flüchtlinge in Schleswig-Holstein – zwischen Ausgrenzung und Integration, Bielefeld 1999.

24 Vgl. zur didaktischen Diskussion über diese Problematik Heidi Clausnitzer (Hg.), Demokratischer Geschichtsunterricht – eine uneingelöste Forderung historisch-politischer Bildung?, Bielefeld 1991, und Wolfgang Emer/Uwe Horst (Hg.), Praxis eines demokratischen Geschichtsunterrichts. Perspektiven – Lernorte – Methoden, Bielefeld 1995.

25 Um so wichtiger ist in diesem Falle allerdings, daß die Aussagen der Bilder jeder fachwissenschaftlichen Quellenkritik standhalten.

26 Zur Begleitung der Ausstellung gibt es bereits eine Reihe von auch fachdidaktisch hervorragenden Materialien. Beispielhaft für andere: Gott-

fried Kößler (Hg.), Vernichtungskrieg. Verbrechen der Wehrmacht 1941 bis 1944. Eine Ausstellung des Hamburger Instituts für Sozialforschung. Bausteine für den Unterricht zur Vor- und Nachbereitung des Ausstellungsbesuchs, Frankfurt a. M. 1997 (Fritz Bauer Institut, Pädagogische Materialien, 3).

27 Etwa der Widerstand von Oberstleutnant Groscurth, Ausstellungskatalog, S. 76.

28 Ebd., S. 170.

29 Ausstellungskatalog, S. 80.

30 Ebd.

31 Ebd., S. 38.

32 Dieser Befehl ist im Katalog nicht abgedruckt und nur in der Ausstellung selber zu lesen.

33 Ausstellungskatalog, S. 9.

34 Ebd., S. 15.

35 Ebd., S. 178.

36 Vgl. hierzu die teilweise autobiographische Darstellung von Ernst von Salomon, Die Geächteten, Hamburg 1962, S. 141 ff.

37 Vgl. Ernst von Salomon, Die Kadetten, Hamburg 1957.

38 Vgl. die autobiographischen Notizen von Ernst von Salomon, Der Fragebogen, Hamburg 1951.

39 Inwieweit Ernst Jünger sogar dem Widerstand zuzurechnen ist, soll hier unerörtert bleiben. Vgl. dazu u. a. Norbert Dietka: Ernst Jünger – vom Weltkrieg zum Weltfrieden: Biographie und Werkübersicht 1895–1945, Bad Honnef 1994, und Hans Harald Müller (Hg.): Ernst Jünger im 20. Jahrhundert, München 1995.

40 Christopher R. Browning, Ganz normale Männer. Das Reserve-Polizeibataillon 101 und die »Endlösung« in Polen, Reinbek 1996.

Autoren

Christian Gerlach, geb. 1963, Dr. phil., wissenschaftlicher Mitarbeiter bei der Hamburger Stiftung zur Förderung von Wissenschaft und Kultur. *Veröffentlichungen u. a.:* Deutsche Wirtschaftsinteressen, Besatzungspolitik und der Mord an den Juden in Weißrußland 1941–1943, in: Ulrich Herbert (Hg.), Nationalsozialistische Vernichtungspolitik 1939–1945. Neue Forschungen und Kontroversen, Frankfurt/M. 1998; Vernichtungspolitik und Wirtschaftsinteressen. Die deutsche Besatzung in der Sowjetunion, in: Johannes Klotz (Hg.), Vorbild Wehrmacht? Wehrmachtsverbrechen, Rechtsextremismus und Bundeswehr, Köln 1998; Krieg, Ernährung, Völkermord. Forschungen zur deutschen Vernichtungspolitik im Zweiten Weltkrieg, Hamburg 1998; als Mitherausgeber: Der Dienstkalender Heinrich Himmlers 1941/42, Hamburg 1998.

Jochen-Christoph Kaiser, geb. 1948, Prof. Dr. phil., Professur für Kirchengeschichte am Fachbereich Evangelische Theologie der Philipps-Universität Marburg. *Veröffentlichungen u. a.:* Arbeiterbewegung und organisierte Religionskritik. Proletarische Freidenkerverbände in Kaiserreich und Weimarer Republik, Stuttgart 1981; Sozialer Protestantismus im 20. Jahrhundert. Studien zur Geschichte der Inneren Mission 1814–1945, München 1989; als Herausgeber: Soziale Arbeit in historischer Perspektive. Zum geschichtlichen Ort der Diakonie in Deutschland, 1997; geschäftsführender Reihenherausgeber von: Konfession und Gesellschaft, 1988 ff.

Karl Heinrich Pohl, geb. 1943, Prof. Dr. phil., Professur für Geschichte und ihre Didaktik an der Christian-Albrechts-Universität zu Kiel. *Veröffentlichungen u. a.:* Die Münchener Arbeiterbewegung. Sozialdemokratische Partei, Freie Gewerkschaften, Staat und Gesellschaft in München 1890–1914, München 1992; Adolf Müller. Geheimagent und Gesandter in Kaiserreich und

Weimarer Republik, Köln 1995; als Herausgeber: Historiker in der DDR, Göttingen 1997; Regionalgeschichte heute. Das Flüchtlingsproblem in Schleswig-Holstein nach 1945, Bielefeld 1997.

Thomas Sandkühler, geb. 1962, Dr. phil., wissenschaftlicher Assistent an der Fakultät für Geschichtswissenschaft und Philosophie der Universität Bielefeld, 1997–1999 Leiter des deutschen Forschungsteams der »Unabhängigen Expertenkommission: Schweiz – Zweiter Weltkrieg«. *Veröffentlichungen u. a.:* „Endlösung» in Galizien. Der Judenmord in Ostpolen und die Rettungsinitiativen von Berthold Beitz, Bonn 1996; Judenpolitik und Judenmord im Distrikt Galizien, 1941–1942, in: Ulrich Herbert (Hg.), Nationalsozialistische Vernichtungspolitik 1939–1945. Neue Forschungen und Kontroversen, Frankfurt/M. 1998; als Mitherausgeber: Dimensionen der Historik. Geschichtstheorie, Wissenschaftsgeschichte und Geschichtskultur heute, Köln 1998.

Hans-Walter Schmuhl, geb. 1957, PD Dr. phil., Privatdozent an der Fakultät für Geschichtswissenschaft und Philosophie der Universität Bielefeld. *Veröffentlichungen u. a.:* Rassenhygiene, Nationalsozialismus, Euthanasie. Von der Verhütung zur Vernichtung »lebensunwerten« Lebens 1890–1945, Göttingen 1987, ²1992; Die Herren der Stadt. Bürgerliche Eliten und städtische Selbstverwaltung in Nürnberg und Braunschweig vom Ende des 18. Jahrhunderts bis 1918, Gießen 1998; Ärzte in der Anstalt Bethel 1890–1945, Bielefeld 1999.

Peter Steinbach, geb. 1948, Prof. Dr. phil., Professur für Historische Grundlagen der Politik an der Freien Universität Berlin und Leiter der Forschungsstelle Widerstandsgeschichte an der FU Berlin; wissenschaftlicher Leiter der ständigen Ausstellung »Widerstand gegen den Nationalsozialismus« in Berlin. *Veröffentlichungen u. a.:* Die Zähmung des politischen Massenmarktes. Reichstagswahlkämpfe in der Bismarckzeit, 3 Bde., Passau 1991; Widerstand im Widerstreit. Die Deutschen und der Widerstand gegen den Nationalsozialismus, Paderborn 1994, ²1995; Die deutsche Gesellschaft und der Widerstand gegen den Nationalsozialismus, München ²1994; (zusammen mit J. Tuchel), Lexikon des Widerstandes, München 1994; Lesebuch des Widerstandes, München 1994; Widerstand gegen den Nationalsozialismus, Berlin 1994.

Literaturverzeichnis

Adam, Uwe Dietrich, Judenpolitik im Dritten Reich, Düsseldorf 1972.

Ahrendt, Hannah, Eichmann in Jerusalem. Ein Bericht über die Banalität des Bösen, München 1964.

Aly, Götz, »Endlösung«. Völkerverschiebung und der Mord an den europäischen Juden, Frankfurt/M. 1995.

–, Medizin gegen Unbrauchbare, in: Beiträge zur nationalsozialistischen Gesundheits- und Sozialpolitik 1/1985, S. 9–74.

– /Heim, Susanne, Vordenker der Vernichtung. Auschwitz und die deutschen Pläne für eine neue europäische Ordnung, Hamburg 1991.

Arad, Yitzhak, Belzec, Sobibór, Treblinka: The Operation Reinhard Death Camps, Bloomington 1987.

Ayaß, Wolfgang, »Asoziale« im Nationalsozialismus, Stuttgart 1995.

Bähr, Johannes (unter Mitarbeit von Michael C. Schneider), Der Goldhandel der Dresdner Bank im Zweiten Weltkrieg, Leipzig 1999.

Bajohr, Frank, »Arisierung« in Hamburg. Die Verdrängung der jüdischen Unternehmer 1933–45, Hamburg 1997.

Bartov, Omer, Hitler's Army, New York 1991.

–, Hitlers Wehrmacht, Soldaten, Fanatismus und die Brutalisierung des Krieges, Reinbek 1995.

Beese, Dieter, Seelsorger in Uniform. Evangelische Militärseelsorge im Zweiten Weltkrieg. Aufgabe-Leitung-Predigt, Hannover 1995.

Begalke, Sonja u. a. (Hg.), Vernichtungskrieg an der Heimatfront. Analysen und Dokumente aus Hannover, Bielefeld 1998.

Benz, Wolfgang (Hg.), Dimension des Völkermords. Die Zahl der jüdischen Opfer des Nationalsozialismus, München 1991.

Birn, Ruth Bettina, Revising the Holocaust, in: The Historical Journal 40 (1997), Heft 1, S. 195–215.

Bohn, Robert (Hg.), Die deutsche Herrschaft in den »germanischen« Ländern 1940–1945, Stuttgart 1997.

Boll, Bernd/Safrian, Hans, Vernichtungsfeldzug. Auf dem Weg nach Stalingrad. Die 6. Armee 1941/1942, in: Heer, Hannes/Naumann, Klaus (Hg.), Vernichtungskrieg, S. 260–296.

Bor, Adam le, Hitler's Secret Bankers. How Switzerland Profited from Nazi Genocide, London 1997.

Brechtken, Magnus, »Madagaskar für die Juden«: Antisemitische Idee und politische Praxis 1885–1945, München 1997.

Breitman, Richard, Der Architekt der Endlösung. Himmler und die Vernichtung der europäischen Juden, München 1996.

–, Plans for the Final Solution in Early 1941, in: German Studies Review 17 (1994), S. 483–493.

Bromberger, Barbara/Mausbach, Hans, Feinde des Lebens. NS-Verbrechen an Kindern, Köln ²1987.

Broszat, Martin: Der Staat Hitlers. Grundlegung und Entwicklung seiner inneren Verfassung, München ¹²1989.

–, Soziale Motivation und Führer-Bindung des Nationalsozialismus, in: Ders., Nach Hitler. Der schwierige Umgang mit unserer Geschichte, München 1988, S. 11–33.

Browning, Christopher, Der Weg zur »Endlösung«. Entscheidung und Täter, Bonn 1998.

–, Die Debatte über die Täter des Holocaust, in: Herbert, Ulrich, Nationalsozialistische Vernichtungspolitik, S. 148–169.

–, Ganz normale Männer. Das Reserve-Polizeibataillon 101 und die »Endlösung« in Polen, Reinbek 1996.

–, The Final Solution and the German Foreign Office. A Study of Referat D III of Abteilung Deutschland 1940–1943, New York 1978.

Bruckner-Boroujerdi, Ute/Wippermann, Wolfgang, Das »Zigeunerlager« Berlin-Marzahn 1936–1945, in: pogrom 130/1987, S. 77–80.

Buchbender, Ortwin, Das tönende Erz. Deutsche Propaganda gegen die Rote Armee im Zweiten Weltkrieg, Stuttgart 1978.

– /Sterz, Reinhold (Hg.), Das andere Gesicht des Krieges. Deutsche Feldpostbriefe 1939–1945. München 1982.

Buchheim, Hans, Befehl und Gehorsam, in: Ders., Anatomie des SS-Staates, Gutachten des Instituts für Zeitgeschichte, 2 Bde., München ⁵1989, Bd. 1, S. 215–318.

–, Das Dritte Reich. Grundlagen und politische Entwicklung, München 1967.

Cholawsky, Shalom, Soldiers from the Ghetto, San Diego 1982.

Cullen, Michael S. (Hg.), Das Holocaust-Mahnmal. Dokumentation einer Debatte, Zürich 1999.

Datner, Szymon, 55 dni Wehrmachtu w Polsce, Warschau 1967.

–, Crimes Committed by the Wehrmacht During the September Campaign and the Period of Military Government (1. Sept. – 25 Oct. 1939), in: Polish Western Affairs 3 (1962), S. 294–338.

–, Crimes Against POW's. Responsibility of the Wehrmacht, Warschau 1964.

Dedijer, Vladimir, Jasenovac – Das jugoslawische Auschwitz und der Vatikan, Freiburg 1988.

Dette, Christoph, Die Wehrmachtsausstellung in Bremen im Spiegel der Leserbriefe, in: Donat, Helmut/Strohmeyer, Arn (Hg.), Befreiung von der Wehrmacht?, S. 37–52.

Dieckmann, Christoph, Der Krieg und die Ermordung der litauischen Juden, in: Herbert, Ulrich (Hg.), Nationalsozialistische Vernichtungspolitik 1939–1945, S. 292–329.

Donat, Helmut/Strohmeyer, Arn (Hg.), Befreiung von der Wehrmacht? Dokumentation der Auseinandersetzung über die Ausstellung »Vernichtungskrieg. Verbrechen der Wehrmacht 1941–1944« in Bremen 1996/1997, Bremen 1997.

Dörner, Klaus u. a. (Hg.), Der Krieg gegen die psychisch Kranken. Nach »Holocaust«: Erkennen-Trauern-Begegnen, Rehberg-Loccum 1980.

Döscher, Hans-Jürgen, SS und Auswärtiges Amt im Dritten Reich. Diplomatie im Schatten der »Endlösung«, Frankfurt/M. 1991.

Ebbinghaus, Angelika/Preissler, Gerd, Die Ermordung psychisch kranker Menschen in der Sowjetunion. Dokumentation, in: Beiträge zur nationalsozialistischen Gesundheits- und Sozialpolitik 1/1985, S. 75–107.

Fings, Karola u. a., »... einziges Land, in dem Judenfrage und Zigeunerfrage gelöst.« Die Verfolgung der Roma im faschistisch besetzten Jugoslawien 1941–1945, Köln 1992.

Frei, Norbert, Vergangenheitspolitik. Amnestie, Integration und die Abgrenzung vom Nationalsozialismus in den Anfangsjahren der Bundesrepublik, München 1996.

Friedländer, Henry, Der Weg zum NS-Genozid. Von der Euthanasie zur Endlösung, Berlin 1997.

Friedrich, Jörg, Das Gesetz des Krieges. Das deutsche Heer in Rußland 1941–1945, München 1993.

–, Die kalte Amnestie. NS-Täter in der Bundesrepublik, Frankfurt/M. 1984.

Frings, Bernhard, Zu melden sind sämtliche Patienten ... NS-»Euthanasie« und Heil- und Pflegeanstalten im Bistum Münster, Münster 1994.

Fritz, Stephen G., Hitlers Frontsoldaten. Der erzählte Krieg, Berlin 1998 (engl. 1995).

Gehorsam bis zum Mord? Der verschwiegene Krieg der deutschen Wehrmacht. Fakten, Analysen, Debatte, ZEIT-Punkte 3/1995.

Gerlach, Christian, Krieg, Ernährung, Völkermord, Forschungen zur deutschen Vernichtungspolitik im Zweiten Weltkrieg, Hamburg 1998.

–, Die Wannsee-Konferenz, das Schicksal der deutschen Juden und Hitlers politische Grundsatzentscheidung, alle Juden Europas zu ermorden, in: Ders., Krieg, Ernährung, Völkermord, S. 85–166.

–, Die deutsche Wirtschafts- und Vernichtungspolitik in Weißrußland 1941–44, Phil. Diss. TU Berlin 1997.

–, Die Einsatzgruppe B, in: Klein, Peter (Hg.), Die Einsatzgruppen in der besetzten Sowjetunion 1941/42. Die Tätigkeits- und Lageberichte des Chefs der Sicherheitspolizei und des SD, Berlin 1997, S. 52–70

–, Männer des 20. Juli und der Krieg gegen die Sowjetunion, in: Heer, Hannes/Naumann, Klaus (Hg), Vernichtungskrieg, S. 427–446.

Gilsenbach, Reimar, Marzahn – Hitlers erstes Lager für »Fremdrassige«, in: pogrom 122/1986, S. 15–17.

Goldhagen, Daniel J., Briefe an Goldhagen, Berlin 1997.

–, Hitlers willige Vollstrecker. Ganz gewöhnliche Deutsche und der Holocaust, Berlin 1996.

Graml, Hermann, Der Fall Oster, in: Vierteljahrshefte für Zeitgeschichte 14 (1966), H.1, S. 26–39.

Green-Meschke, Sylvia, Die Reemtsma-Ausstellung. Propaganda oder historische Ausstellung? Hamburg 1999.

Halder, Franz, Kriegstagebuch, Bd. 3, bearbeitet von Hans-Adolf Jacobsen, Stuttgart 1964.

Hamann, Brigitte, Hitlers Wien. Lehrjahre eines Diktators, München 1996.

Hartmann, Christian, Halder – Generalstabschef Hitlers 1938–1942, Paderborn 1991.

Heer, Hannes, Von der Schwierigkeit, einen Krieg zu beenden. Reaktionen auf die Ausstellung »Vernichtungskrieg. Verbrechen der Wehrmacht 1941–1944«, in: ZfG 45 (1997), S. 1086–1100.

–, Killing Fields. Die Wehrmacht und der Holocaust, in: Ders./Naumann, Klaus (Hg.), Vernichtungskrieg, S. 57–77.

–, »Stets zu erschießen sind Frauen, die in der Roten Armee dienen.« Geständnisse deutscher Kriegsgefangener über ihren Einsatz an der Ostfront, Hamburg 1995.

–, Bittere Pflicht. Der Rassenkrieg der Wehrmacht und seine Voraussetzungen, in: »Mittelweg 36« 4 (1995), S. 116–141.

– /Naumann, Klaus (Hg.), Vernichtungskrieg. Verbrechen der Wehrmacht 1941 bis 1944, Hamburg 1995.

Hehemann, Rainer, Die Bekämpfung des »Zigeunerunwesens« im Wilhelminischen Deutschland und in der Weimarer Republik, 1871–1933, Frankfurt/M. 1987.

Heinemann, Ulrich, Ein konservativer Rebell. Fritz Dietlof Graf von der Schulenburg und der 20. Juli 1944, Berlin 1990.

Herbert, Ulrich (Hg.), Nationalsozialistische Vernichtungspolitik 1939–1945. Neue Forschungen und Kontroversen, Frankfurt/M. ²1998.

–, Vernichtungspolitik. Neue Antworten und Fragen zur Geschichte des Holocaust. In: Ders. (Hg.), Nationalsozialistische Vernichtungspolitik, S. 9–66.

–, Best, biographische Studien über Radikalismus, Weltanschauung und Vernunft, 1903–1989, Berlin 1996.

– (Hg.), Europa und der Reichseinsatz. Ausländische Zivilarbeiter, Kriegsgefangene und KZ-Häftlinge in Deutschland 1938–1945, Essen 1991.

–, Fremdarbeiter. Politik und Praxis des »Ausländer-Einsatzes« in der Kriegswirtschaft des Dritten Reiches, Berlin 1985.

Hilberg, Raul, Die Vernichtung der europäischen Juden, 3 Bde., überarbeitete Taschenbuchausgabe, Frankfurt/M. 1990.

Hillgruber, Andreas, Zweierlei Untergang, Die Zerschlagung des Deutschen Reiches und das Ende des europäischen Judentums, Berlin 1986.

– (Hg.), Staatsmänner und Diplomaten bei Hitler, Frankfurt/M. 1967.

Hiszowicz, Lukasz, The Holocaust in the Soviet Mirror, in: Dobroszycki, Lucjan/Gurrock, Jeffrey S. (Hg.), The Holocaust in the Soviet Union, Armonk 1991.

Hochmuth, Anneliese, Spurensuche. Eugenik, Sterilisation, Patientenmorde und die v. Bodelschwinghschen Anstalten Bethel 1929–1945, Bielefeld 1997.

Hockerts, Hans-Günter, Die Sittlichkeitsprozesse gegen katholische Ordensangehörige und Priester 1936/37. Eine Studie zur nationalsozialistischen Herrschaftstechnik und zum Kirchenkampf, Mainz 1971.

Höhne, Heinz, »Gebt mir vier Jahre Zeit«, Hitler und die Anfänge des Dritten Reiches, Berlin 1996.

Hohmann, Joachim S., Geschichte der Zigeunerverfolgung in Deutschland, Frankfurt/M. 1988.

Hoßbach, Friedrich, Zwischen Wehrmacht und Hitler 1934–1938, Wolfenbüttel 1949.

Jäckel, Eberhard, Hitlers Herrschaft, Stuttgart 1986.

Jäger, Herbert, Verbrechen unter totalitärer Herrschaft. Studien zur nationalsozialistischen Gewaltkriminalität, Olten 1967.

Jaroszewski, Zdisław, Die Ermordung der Geisteskranken in Polen 1939–1945, Warschau 1993.

Jaspers, Karl, Die Schuldfrage. Für Völkermord gibt es keine Verjährung, München 1979.

Kaiser, Jochen-Christoph, Krieg und Frieden als Thema der zeitgeschichtlichen kirchlichen Mentalitätsforschung, in: Boll, Friedhelm (Hg.), Volksreligiosität und Kriegserleben (Jahrbuch für historische Friedensforschung, 6), Münster 1997, S. 9–25.

–, Diakonie und Kirche zwischen 1933 und 1945 im Rückblick. Aus den Aufzeichnungen Constantin Fricks Ende der 1940er Jahre, in: Freiheit gestalten. Zum Demokratieverständnis des deutschen Protestantismus. Quellentexte 1789–1989, Göttingen 1996, S. 349–361.

–, Sozialer Protestantismus im 20. Jahrhundert. Studien zur Geschichte der Inneren Mission, München 1989.

Kenrick, Donald/Puxon, Grattan, Sinti und Roma. Die Vernichtung eines Volkes im NS-Staat, Göttingen 1981.

Kershaw, Ian, Der NS-Staat. Geschichtsinterpretationen und Kontroversen im Überblick, Reinbek 1988.

Kielmannsegg, Johann Adolf Graf von, Gedanken eines Soldaten zum Widerstand, in: Walle, Heinrich (Hg.), Aufstand des Gewissens, Militärischer Widerstand gegen Hitler und das NS-Regime 1933–1945, Herford ^{4}1994, S. 205–218.

Klee, Ernst, »Euthanasie« im NS-Staat. Die Vernichtung »lebensunwerten Lebens«, Frankfurt/M. 1983.

Klink, Ernst, Die Operationsführung – Heer und Kriegsmarine, in: Boog, Horst u. a. (Hg.), Der Angriff auf die Sowjetunion, Frankfurt/M. 1991.

Koch, Peter Ferdinand, Geheim-Depot Schweiz. Wie die Banken am Holocaust verdienen, München 1997.

Kohl, Paul, Der Krieg der deutschen Wehrmacht und der Polizei 1941–1944. Sowjetische Überlebende berichten, Frankfurt/M. 1991.

Kößler, Gottfried (Hg.), Vernichtungskrieg. Verbrechen der Wehrmacht 1941–1944. Eine Ausstellung des Hamburger Instituts für Sozialforschung. Bausteine für den Unterricht zur Vor- und Nachbereitung des Ausstellungsbesuches, Frankfurt/M. 1997 (Fritz Bauer Institut, Pädagogische Materialien, 3).

Krausnick, Helmut, Hitlers Einsatzgruppen. Die Truppe des Weltanschauungskrieges 1938–1942, Frankfurt/M. 1985.

–, Die Einsatzgruppen vom Anschluß Österreichs bis zum Feldzug gegen die Sowjetunion, in: Ders.,/Wilhelm, Hans-Heinrich, Die Truppe des

Weltanschauungskrieges. Die Einsatzgruppen der Sicherheitspolizei und des SD 1938–1942, Stuttgart 1981, S. 42–51.

Kunst, Hermann (Hg.), Gott läßt sich nicht spotten. Franz Dohrmann. Feldbischof unter Hitler, Hannover 1983.

Langbein, Hermann, Der Auschwitz-Prozeß. Eine Dokumentation, Wien 1965.

Latzel, Klaus, Deutsche Soldaten – nationalsozialistischer Krieg? Kriegserlebnis – Kriegserfahrung 1939–1945, Paderborn 1998.

Lenhard, Hartmut (Hg.), »Lebensraum im Osten«. Deutsche in Belorußland 1941–1944, Düsseldorf 1991.

Lerner, Paul, »Ein Sieg deutschen Willens«. Wille und Gemeinschaft in der deutschen Kriegspsychiatrie, in: Eckart, Wolfgang U./Gradmann, Christoph (Hg.), Die Medizin und der Erste Weltkrieg, Pfaffenweiler 1996, S. 85– 107.

Lichtenstein, Heiner, NS-Prozesse, in: Ders./Romberg, Otto R. (Hg.), Täter-Opfer-Folgen. Der Holocaust in Geschichte und Gegenwart (Schriftenreihe der Bundeszentrale für politische Bildung). Bonn [2]1997, S. 114–124.

Litani, Dora, The Destruction of the Jews of Odessa in the Light of Romanian Documents, in: Yad Vashem Studies 6 (1967), S. 135–154.

Lohalm, Uwe/Wildt, Michael (Redaktion), Der Dienstkalender Heinrich Himmlers 1941/42 (Hamburger Beiträge zur Sozial- und Zeitgeschichte, Bd. 3), Hamburg 1999.

Longerich, Peter, Politik der Vernichtung. Eine Gesamtdarstellung der nationalsozialistischen Judenverfolgung, München 1998.

Madajczyk, Czeslaw (Hg.), Vom Generalplan Ost zum Generalsiedlungsplan, München 1994.

–, Die Okkupationspolitik Nazideutschlands in Polen 1939–1945, Köln 1988.

Maier, Dieter, Arbeitseinsatz und Deportation. Die Mitwirkung der Arbeitsverwaltung bei der nationalsozialistischen Judenverfolgung in den Jahren 1938–1945, Berlin 1994.

Manoschek, Walter, (Hg.), »Es gibt nur eins für das Judentum, Vernichtung.« Das Judenbild in deutschen Soldatenbriefen 1939–1944, Hamburg 1995.

–, »Gehst mit Juden erschießen?« Die Vernichtung der Juden in Serbien, in: Heer, Hannes/Naumann, Klaus (Hg.), Vernichtungskrieg, S. 39–56.

–, »Serbien ist judenfrei!«. Militärische Besatzungspolitik und Judenvernichtung in Serbien 1941/42, München 1993.

Maron, Gottfried, Frieden und Krieg. Ein Blick in die Theologie- und Kirchengeschichte, in: Herrmann, Peter (Hg.), Glaubenskriege in Vergangenheit und Gegenwart. Symposion der Joachim-Jungius-Gesellschaft der Wissenschaften, Göttingen 1996, S. 17–35.

Meier, Kurt, Evangelische Kirche und Erster Weltkrieg, in: Michalka, Wolfgang (Hg.), Der Erste Weltkrieg. Wirkung, Wahrnehmung, Analyse, München 1994, S. 691–724.

–, Kreuz und Hakenkreuz. Die evangelische Kirche im Dritten Reich, München 1992.

–, Der evangelische Kirchenkampf als Widerstandsproblem, in: Ders., Der

Evangelische Kirchenkampf, Bd. 3, Im Zeichen des Zweiten Weltkrieges, Halle 1984, S. 587–616.
–, Kirche und Judentum. Die Haltung der evangelischen Kirche zur Judenpolitik des Dritten Reiches, Halle 1968.
Messerschmidt, Manfred, Zur Militärseelsorgepolitik im Zweiten Weltkrieg, in: MGM 2 (1969), S. 37–85.
–, Aspekte der Militärseelsorgepolitik in nationalsozialistischer Zeit, in: MGM 1 (1968), S. 63–105.
Moll, Christiane, Die Weiße Rose, in: Steinbach, Peter/Tuchel, Johannes (Hg.), Widerstand gegen den Nationalsozialismus, Berlin 1994, S. 443–467.
Moltke, Helmuth James Graf von, Briefe an Freya 1939–1945, hg. von Beate Ruhm von Oppen, München 1988.
Müller, Klaus-Jürgen, Generaloberst Ludwig Becks Entwicklung vom regimebejahenden General zur Zentralfigur des Widerstandes (Führungsakademie aktuell. 1), Hamburg 1998.
Müller, Norbert/Vestermanis, Margers, Verbrechen der faschistischen Wehrmacht an sowjetischen Kriegsgefangenen 1941–1945, in: Zeitschrift für Militärgeschichte 16 (1977), S. 15–27.
Müller, Norbert, Wehrmacht und Okkupation 1941–1944, Berlin/O. 1971.
–, Zur Rolle der Wehrmachtsführung bei der Planung und Vorbereitung des faschistischen Okkupationsregimes in den zeitweilig besetzten Gebieten der UdSSR (1940/1941), in: Zeitschrift für Militärgeschichte 6 (1967), S. 415–431.
Müller, Rolf-Dieter/Volkmann, Hans Erich (Hg.), Die Wehrmacht. Mythos und Realität, München 1999.
Naumann, Bernd, Auschwitz. Bericht über die Strafsache gegen Kulka u. a., Frankfurt/M. 1968.
Pelke, Else, Der Lübecker Christenprozeß 1943, Mainz [2]1963.
Pingel, Falk, Häftlinge unter SS-Herrschaft. Widerstand, Selbstbehauptung und Vernichtung im Konzentrationslager, Hamburg 1978.
Poeppel, Hans u. a. (Hg.), Die Soldaten der Wehrmacht, München [2]1998.
Pohl, Dieter, Die Holocaust-Forschung und Goldhagens Thesen, in: Vierteljahrshefte für Zeitgeschichte 45 (1997), S. 1–48.
–, Nationalsozialistische Judenverfolgung in Ostgalizien 1941–1944. Organisation und Durchführung eines staatlichen Massenverbrechens, München 1996.
Prantl, Heribert (Hg.), Wehrmachtsverbrechen. Eine deutsche Kontroverse, Hamburg 1997.
Reitlinger, Gerald, The Final Solution – The Attempt to Exterminate the Jews of Europe, 1939–1945, London 1953 (deutsche Ausgabe unter dem Titel: Die Endlösung. Hitlers Versuch der Ausrottung der Juden Europas 1939–1945, Berlin 1992).
Reuth, Ralf Georg, Erwin Rommel, Des Führers General, München 1987.
Roon, Ger van (Hg.), Helmuth James Graf von Moltke, Völkerrecht im Dienste der Menschen, Berlin 1986.
Rose, Romani, Bürgerrechte für Sinti und Roma. Das Buch zum Rassismus in Deutschland, Heidelberg 1987.

Rückerl, Adalbert (Hg.), NS-Verbrechen vor Gericht. Versuch einer Vergangenheitsbewältigung, Heidelberg 1984.

– (Hg.), Die Strafverfolgung von NS-Verbrechen 1945–1978. Eine Dokumentation, Heidelberg 1979.

– (Hg.), NS-Vernichtungslager im Spiegel deutscher Strafprozesse. Belzec, Sobibór, Chełmno, München 1977.

– (Hg.), NS-Prozesse. Nach 25 Jahren Strafverfolgung, Karlsruhe 1971.

Safrian, Hans, Die Eichmann-Männer, Wien 1993.

Sahm, Ulrich, Rudolf von Scheliha 1897–1942, Ein deutscher Diplomat gegen Hitler, München 1990.

Sandkühler, Thomas, »Endlösung« in Galizien. Der Judenmord in Ostpolen und die Rettungsinitiativen von Berthold Beitz 1941–1944, Bonn 1996.

Scheffler, Wolfgang, Judenverfolgung im Dritten Reich 1933–1945, Berlin 1960.

– /Grabitz, Helga, Der Ghetto-Aufstand Warschau 1943 aus der Sicht der Täter und Opfer in Aussagen vor deutschen Gerichten, München 1993.

– /Grabitz, Helga, Letzte Spuren, Berlin 1988.

Schlabrendorff, Fabian von, Offiziere gegen Hitler, Erlebnisbericht, Zürich 1946.

Schmidt, Gerhard, Selektion in der Heilanstalt 1939–1945, Frankfurt/M. 1983.

Schmuhl, Hans-Walter, Ärzte in der Anstalt Bethel 1870–1945, Bielefeld 1998.

–, Rassismus unter den Bedingungen charismatischer Herrschaft – zum Übergang von der Verfolgung zur Vernichtung gesellschaftlicher Minderheiten im Dritten Reich, in: Bracher, Karl Dietrich/Jacobsen, Hans-Adolf/Funke, Manfred (Hg.), Politik und Gesellschaft im Dritten Reich, Bonn ²1993, S. 182–197.

–, Rassenhygiene, Nationalsozialismus, Euthanasie. Von der Verhütung zur Vernichtung »lebensunwerten Lebens«, 1890–1945, Göttingen ²1992.

Schoeps, Julius H. (Hg.), Ein Volk von Mördern? Die Dokumente zur Goldhagen-Kontroverse. Die Rolle der Deutschen im Holocaust, Hamburg 1996.

Schröder, Hans-Joachim, Die gestohlenen Jahre. Erzählgeschichten und Geschichtserzählung im Interview, Der Zweite Weltkrieg aus der Sicht ehemaliger Mannschaftssoldaten, Tübingen 1992.

–, Erfahrungen deutscher Mannschaftssoldaten während der ersten Phase des Rußlandkrieges, in: Wegner, Bernd (Hg.), Zwei Wege nach Moskau. Vom Hitler-Stalin-Pakt zum »Unternehmen Barbarossa«, München 1991, S. 309–325.

Schüddekopf, Carl, Krieg. Erzählungen aus dem Schweigen. Deutsche Soldaten über den Zweiten Weltkrieg, Reinbek 1997.

Seidler, Franz W., Verbrechen an der Wehrmacht. Kriegsgreuel der Roten Armee 1941/42, Selent ²1998.

Smolar, Hersh, The Minsk Ghetto, New York 1989.

Steinbach, Peter, NS-Prozesse und historische Forschung, in: Lichtenstein, Heiner/Romberg, Otto R. (Hg.), Täter-Opfer-Folgen, S. 136–153.

Streim, Alfred, Sowjetische Gefangene in Hitlers Vernichtungskrieg, Berichte und Dokumente 1941–1945, Heidelberg 1982.

–, Die Behandlung sowjetischer Kriegsgefangener im »Fall Barbarossa«, Eine Dokumentation, Karlsruhe 1981.

Streit, Christian, »Keine Kameraden«. Die Wehrmacht und die sowjetischen Kriegsgefangenen 1941–1945, Bonn [2]1991.

Tec, Nechama, Bewaffneter Widerstand. Jüdische Partisanen im Zweiten Weltkrieg, Gerlingen 1996.

Ueberschär, Gerd R./Bezymenskij, Lev A. (Hg.), Der deutsche Angriff auf die Sowjetunion 1941, Die Kontroverse um die Präventivkriegsthese, Darmstadt 1998.

– /Wette, Wolfram, Unternehmen »Barbarossa«, der deutsche Überfall auf die Sowjetunion 1941. Berichte, Analysen, Dokumente, Paderborn 1984.

Vernichtungskrieg. Verbrechen der Wehrmacht 1941–1944, hg. v. Hamburger Institut für Sozialforschung, Hamburg 1995.

Vestermanis, Margers, Ortskommandantur Libau. Zwei Monate deutscher Besatzung im Sommer 1941, in: Heer/Naumann (Hg.), Vernichtungskrieg, S. 241–260.

Volkmann, Hans-Erich (Hg.), Das Rußlandbild im Dritten Reich, Köln 1994.

Vollnhals, Clemens, Die evangelische Kirche zwischen Traditionswahrung und Neuorientierung, in: Broszat, Martin/Henke, Klaus Dietmar/Woller, Hans (Hg.), Von Stalingrad bis zur Währungsreform. Zur Sozialgeschichte des Umbruchs in Deutschland, München 1988, S. 113–167.

Walther, Christian (Hg.), Atomwaffen und Ethik. Der deutsche Protestantismus und die atomare Aufrüstung 1954–1961. Dokumente und Kommentare, München 1981.

Wette, Wolfram (Hg.), Der Krieg des kleinen Mannes. Eine Militärgeschichte von unten, München 1992.

Wiehn, Erhard R., Die Schoa von Babij Jar. Das Massaker deutscher Sonderkommandos an der jüdischen Bevölkerung von Kiew 1941, fünfzig Jahre danach zum Gedenken, Konstanz 1991.

Wildt, Michael (Hg.), Die Judenpolitik des SD 1935 bis 1938. Eine Dokumentation, München 1995.

Wippermann, Wolfgang, »Wie die Zigeuner«. Antisemitismus und Antiziganismus im Vergleich, Berlin 1997.

–, Das Leben in Frankfurt zur NS-Zeit, Bd. 2: Die nationalsozialistische Zigeunerverfolgung, Frankfurt/M. 1986.

Wucher, Albert, »Seit 5 Uhr 45 wird zurückgeschossen«, Ein Dokumentarbericht über Vorgeschichte und Beginn des Zweiten Weltkrieges, München 1959.

Zayas, Alfred M. de, Die Wehrmacht-Untersuchungsstelle. Deutsche Ermittlungen über alliierte Kriegsrechtsverletzungen im Zweiten Weltkrieg, München 1979.

Zimmermann, Michael, Rassenutopie und Genozid. Die nationalsozialistische »Lösung der Zigeunerfrage«, Hamburg 1996.

–, Die nationalsozialistische Vernichtungspolitik gegen Sinti und Roma, Essen 1989.